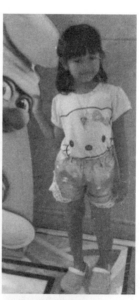

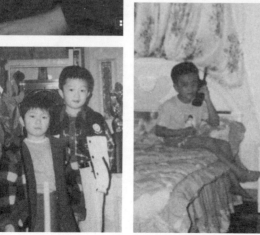

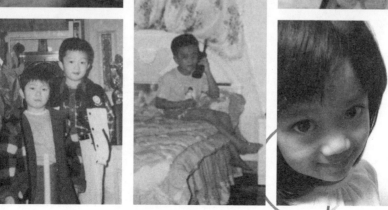

U0152105

作者施少偉身為澳門特區一份子，作者於本書銷售所得的全數收益，作者將不計成本代價，全數捐出作為祖國貴州從江扶貧之用！

月醉湖詩

河洛子與女兒

深山月影冷

幽谷百花靜

明月照落花

花落酒月驚

目錄

第一節 圓圈學   6

  1. 佛系運動理論與方圓運動   6

  2. 圓圈的前世今生   10

  3. 圓玄緣珠易元   14

  4. 高低維度神佛鬼怪虛擬神話之存在   20

  5. 四五六維神鬼之存在與生命狀態生活方式   24

  6. 金字塔的奧秘   30

  7. 維度   34

  8. 維度二之上帝！   39

  9. 人生百態人情世故   51

  10. 六圓咒超渡亡魂 佈施恩養金秋   55

  11. 上帝維度升華雜談   56

  12. 大雜談   60

  13. 雜談二   64

  14. 夢   68

  15. 宇宙大爆炸和上帝維度   73

  16. 我的前半生   76

  17. 維度大解密   78

  18. 大宇宙大維度大雜談   83

  19. 黑洞質能維度與光   88

  20. 暗物質將來 暗能量過去 黑洞維度 圓學   91

第二節 閩南客   94

第三節 阿茂與阿壽   166

第四節 金偵卦   199

感言   200

預言   201

第一節　圓圈學

1. 佛系運動理論與方圓運動

　　世上事物可以這樣理解，首先都由一個圓心點定位，然後大概以波和絃的運動方式從圓心向四周以不太規則的形式不無窮擴展。為什麼會是不規則和不無窮呢？那正如世上沒有一個天然的完全平滑的平面一樣，經由後天加工使之更平滑，但仍無法做到絕對平滑，並且在這過程中肯定會遇到瓶頸，磨滑到一定程度便幾乎不能更上一層樓了！這與所有種種醫文科哲學說的實踐過程近乎完全脗合！唐詩到達頂峰後無以為繼，於是宋朝另闢了宋詞；儒家思想在清末封建制度幾近崩潰時也跟著消沉；當物體以接近光速運動時，經典力學不再適用；再比電子質子中子的微觀運動就只能用量子力學去解釋而不是傳統以來的經典力學！

　　試想想有無數圓圓，到最後絕大部份圓圈已於中途破滅消亡，只餘下小數的圓圈得以繼續發展擴大，這就如物競天擇適者生存！最能解釋人類天性的精子運動就是這樣方式進行著的。現實上，一樣會有一些學說因為滿足了一定的條件，與當時當地社會發展需要比較契合，便會（好命的）在人們推波作力的情況下較大程度的發展下去。如儒家思想八股文和釋道耶伊等宗教的發展等便應此例。

　　一堆圓圈比一個圓圈更完善，更適合生存進化！但很多時都是先發展一個圓圈，等條件成熟時，單個圓已經潛力用盡無以為繼時，再發展一堆圓圈，就像是先有單細胞身物再有多細胞生物一樣。為什麼思想比較解放的今天推崇的是百家爭鳴而不是獨尊儒術，這就很好的解釋了一堆圓圈便勝單個。但不可否認的是，有時候社會條件比較落後有缺憾，未能承受百家什至千家爭鳴帶來的震憾，先用一種學說來夯實基礎，比如獨尊儒術，也是無可厚非的！可當社會條件越趨成熟，這個獨圓越大外界的阻力也就越大，即使不算外界張力，單個獨圓所能承受的內部張力也很有限，達到臨界點時隨時就會爆破！獨尊儒術是一圓，百家爭鳴是多圓，老莊無為而治思想似是無圓卻有圓，無學說論者為無圓，既然無圓就沒有消亡和破滅，無生何來死耶！無圓看似無極發展，也似乎從來沒有發展！這與我們古來的無極太極學說何其相通！

談談航天學，地球大地作一個圓，人類天性使然，不斷的嚮往探索月球火星什至太陽系外的其他星球，看看是否適合人類繼續發展生存繁衍下去。地球是我們自身舊圓，其他可能適合居住的星球則是新圓。理性想一下，當我們在追逐其它新圓時，無可能先去毀滅這個大地母親吧！但總有些信心不足理性不夠狂性壓倒人性的人愚昧的認定——要找新圓，必先滅舊圓，而不是突破之！其實，從舊圓得到的東西可以將其發揚光大，並同時學會感恩，然後繼續懷著不斷發展下去從而取得更多的私心，一直往外突。這才符合荀孟性本惡善二者並尊的人類天性呀。還有，太陽是太陽系圓心，地核亦是地球圓心，珠峰被認為是大地之母陸地中心，這些事實都證明瞭，這些圓心孕育了人類，然而人類只會背靠這個圓往外突，絕不能亦不會往圓心回頭奔的。

這有好比時光不會倒流而又使人緬懷；人手哺其子而心敬其母，人的手一般情況下不會浦其母；太陽地核珠峰這些（圓心）雖不適合人類直接居住，而又使他們心懷敬意。地作舊圓為母，天作為引臨我們走出去的臨界圓周為父，外邊的其他無數圓圈為妻子孫社會萬事萬物等……這又何嘗不符合我們的陰陽循環學說呢。為何有人說所有學說的至高境界都有異曲同工之妙？試用圓圈學說解釋之。因為人們都推動這些學說去突破自身固有的舊圓，然後各種學說幾乎玉帛相見（舊圓的外衣去了），都懷著自己絕技（舊圓心）交滙融通，互相創造出一個或多個更高層次的圓。以上的玉帛相見處，便解釋了人們提出的異曲同工之惑了！

形象的說，A圓B圓各自突破，玉帛相見，才可能融合交滙出更大的AB圓，然而新的AB圓終會被突破，又再與CD圓玉帛相見，交滙合出更偉大的ABCD圓，這A圓B圓C圓D圓四個圓也不是隨機的，而是都通過精子運動般的千挑萬選而來的。各種偉大的事物和學說都必然朝著更偉大的方向（抱團）發展下去。所以，百家比一家好，多元比單元好，什至宗教膚色國家共融發展也比單一封閉肯定更強，就如混血兒幾乎一定比近親兒更好一樣道理！圓圈學說認為，凡是優秀又存活下來有一定時間的萬事萬物，都有一定通性，便最終都會作某程度上的融合來變得更優秀，從而應付競爭日漸激烈的生存環境，破除舊圓，才能玉帛相見，才能融合出更偉大的新圓！

圓圈定律跟運動定律一樣，所有物件（圓圈亦是）都處於不斷運動狀態，即使學術人事甚至人性亦一樣道理。圓圈學說在乎自身不斷擴展然後突破舊圓，再與外界圓圈融合新圓，然後又破又合⋯⋯

緊記：找緊圓心，任何時侯不能丟，以波和絃的運動方式向四周不斷擴展，就如世上沒有絕對平滑平面一樣，無論舊圓張力多大，始終都會為外界阻力吞噬，比如八股文已經不合時宜，而清末時期就有一批又一批的人（好比阻力）拋棄鞭撻之！圓圈學說提倡的便是在這個形勢完全形成之前，適時突破自己舊圓，別忘了帶上那個如核心般珍貴的精華圓心，再打鐵趁熱，在這個圓心價值仍在的時侯帶上她儘快與外部其它圓圈交滙融合，創造出更偉大更合乎時宜的新圓！

圓圈學說與宇宙學運動學一樣，一直一直的繼續著自身的更新進化過程，沒有涯際，沒有終點！釋迦佛之所以偉大，也是與這些學說完美契合！由於佛是無法相，亦即可以完全不以這個宇宙甚至其它中低階的宇宙的形式存在於此，換句話說，亦即可以不受這些宇宙內所有生物所受的生老病死甚至輪迴之苦！那麼，就沒有一個與佛同階同維的宇宙嗎？妙就妙在佛與平行宇宙一樣自身也在不斷自生自滅又自生的循環演化著的！當佛生於目前最高維度的宇宙時，祂又可隨之共滅共復生也！佛家這兩點無法相跟自滅復自生理論不謹很好的契合了平行宇宙學說，而且也很好解釋了釋迦佛為何可以永遠極樂的原因！而且，佛經還指明佛祖先登最高維極樂世界，亦可伸手一扶後來者了！我們暫且把以上一系列的演化過程定名為佛系運動理論吧！有沒有佛？至少佛家的理論幾乎是最絕妙的，而且在千百年前早已有之！至於如何到達極樂，佛家的中心思想是慧根二字。哲學統理全科，又如少無相功，但細節決定成敗，每一科學說都有自己的竅門。

佛系運動理論首先要符合三要素：無法相如虛懷若穀不受這某特定

維階宇由裡的生老病死的法則制約、不斷自新自滅又復生的積極的運動著（自我涅槃復生是進化的極高階運動）和藉以上兩點去吸引周邊的由近而遠的同階同維或較低維階的事物，使大家各展所長集結為一個沒有最高只有更高維階的整體！而以上三步曲皆由我以發以我為主！多麼絕妙的法理呀！

如果自生自滅又自復生成為可能，而不必通過父母陰陽溝和這個載體，可見在不受三維空間裡肉體上的生老病死所制約的四維空間裡，陰陽這套理論可能已未必適用，三維世界裡的七情六慾更是隨之湮滅，這似乎暗合追求精神上更高境界的佛理，菩提本無樹，明境亦非台，心中無一物，何處惹塵埃！然而，圓的兩邊作陰陽太極，以正心那個圓心虛點，即亦可視為無極，即宇宙大爆炸前的小過芝麻的宇宙無有狀態，而圓不斷膨漲出去然後衰退收縮後，不斷進行佛系運動，佛系運動理論上可以把我們帶到更高維階的平行宇宙裡去。

又或者這樣說，我們所做的破圓而出然後存取圓心的佛系運動，可能在某程度上就是開闢蟲洞並且保持洞口張開的一個過程，這也可能是偉大的佛系運動中的其中一小部份。宇宙是相對有序發展的（近方之圓），蟲洞是相對無序的不規則圓。從近方之圓的宇宙邊破幾個不規則小蟲洞口，就如隔海陸地的大橋兩端的互通往來，優化發展。

佛系運動可以稱為宏觀運動，她解釋了這個大宇宙甚至無限限宇宙內裡的一切怎樣去生存進化，乃至突破自身涅槃重生！既然我們有宏觀運動，就一定有相對應的微觀運動。我們可以這樣看，告子善惡並存的理論乃具有一定超時性，世代皆宜；而荀孟性善性惡各偏執一端，那為順應當時當代潮流思潮的適時性物。超時性有圓的特質，適時性則為方形邊形。我說圓可以生出無限個等邊形，以圓心為中點，半徑為用，輕輕一掃，便得出一個底部為圓弧狀的X邊形，然後將之180度對角展開，生出另一個同等大小的X邊形，兩個X形的底部圓弧互根，一個具有適時功用的多邊形便出來了，那兩個圓弧為根部養份，使這個新的多邊形更壯實！這個運動一陰一陽，一表一裡，超時與適時共存，我們姑且將之命名為方圓運動吧！圓為體為陰，方形為用為陽。

本人從哲學與佛理中發現出共通處，並創立出佛系運動這樣一條理論，就是明明白白的呼籲大家，不要輕視甚至歧視曲解各派偉大的宗教和哺育出袘們的思想體系，這是多麼的傲慢無知之舉！近年來港澳民間甚至官方層面對佛系思想極盡幽默之能事，甚至已達到無知諷刺的地步！那是人們還未瞭解佛系思想的積極入世為用之涵意，只是片面曲解甚至無限誇張放大了佛系的出世思想那一方面去！其實，佛系以出世為體，入世為用！體用兼備，內外兼修，尤如陰陽日夜冬夏四季之自然轉換！絕無可能只有日沒有夜，只有陰沒有陽，只有進沒有退，只有張沒有縮的，多麼無知的想法！其實不光是佛教，每個正統的宗教也有值得我們學習，至少是尊重的思想精神。

2. 圓圈的前世今生

圓，完，完滿的完，不是完結，不是終點，而是從新出發再次獲得成就，在戴譽而歸的同時又保持虛懷若谷，隨時可以輕裝上陣，泰山鴻毛之間游刃有餘舉重若輕！圓完二字，自古相近互補充，可見古賢們的智慧深沉。

我在圓圈學首篇文中開創了兩個運動公式：佛系運動和方圓運動！一宏觀一為微觀，佛系運動有三要素：無法相即虛懷若谷開放互通、自我不斷涅槃復生從而不斷提昇進步如耶穌之復生進步和萬物歸心且帶領她們不斷共同進步不斷向上達到更高階維宇宙且沒有崖際終點永不停息！而方圓運則是以圓心為中心半徑為柄，任意劃出雪糕筒狀體，然後再橫向水平衍生出一個相等的雪糕狀體，兩個雪糕狀體一陽一陰一有一無一虛一實，水平合併頭部重疊兩個圓弧互根，組成一個方形，方為用圓為體，千變萬化隨時應用！

然而，這兩個運動的成立必須有一個前提，就是圓心、完整的圓周和另有一個看不見似乎不存在的而又與這個本圓幾乎一模一樣甚至達到完美公整的虛圓。虛圓這物大有玄機，一虛一實兩個圓必須要有，如果本圓只有自己一個實圓，沒有虛圓，形像的講就如人無影肉體沒有靈魂日無月白晝獨而沒有黑夜，這個圓必是沒有生命力的假劣死圓，一個沒有生命力的死圓根本無力存在，而且沒有動態變化，那根本無沒可能造出如佛系運動和方圓運動等偉大運動！此為陰陽圓定理，為本人首創！

陰陽圓定理就是一個從無極混沌到一個完整生命體的自我生成階段，實際點講，如美國在一二戰之前奉行的孤立主義，即是在完成自我偉大生成之前，先把自己與外界隔絕孤立一下，趁這機會自我生長強壯，又如從前武林中人下山之前的閉關練功！當自我強大了，完整了，如陰陽圓生成了，才可以開始佛系運動和方圓運動！

圓有體用變秘，萬事萬物所有學科也一樣，一理而推，萬物之理了然於胸也！體為圓用為方變為橢圓形心形拋物圓秘為虛圓即甚至三維空間裡不存在的而與本圓有孖生影子關係的完美工整圓，或其它一些因圓而起又暫未知名或未解的種種現像。深刻的了解一下圓的體用變秘四字，則對於世間萬事萬物百千學科的研究掌握，思過半矣！

虛圓可以比做單一因素，實圓本圓則是多重因素！單一因素孕育出為陰為人造的公整宗美的簡單至極的甚至是實際上不存在的事物，如古人因應太歲木星造出來的歲陰，太歲木星為實歲陰為虛而工整完美！而多重因素則孕育出了真實三維世界的萬事萬物，大如星星月亮地球太陽山水甚至馬路平面，這些事物都是由三維宇宙裡我們所知曉的多因素造成的，而不是實驗室概念上未經臨床試驗甚至無法在三維世界條件約束下創造提供出來的事物！

那為何要有如虛圓般虛的單因素易於掌握預測的事物的存在呢？怎樣證明這些虛的工整宗美條件單一易於掌握百分百可以預測之事物的存在呢？因為這虛的更簡單的事物必然是我們去認知掌握比我們複雜得多的四維甚至更多維宇宙的界面！對，要掌握更複雜更高維度的宇宙事物必須先返樸歸真去蕪存菁的去使自己心境思維更透近於這些虛的事物，虛的事物如歲陰虛圓完美平滑跑道等看似無有看似簡單，卻往往包含比我們這個三維宇宙裡所謂實的萬事萬物更深奧的哲理，原因即在於此，在於袘們是我們通往更高維度宇宙的界面途徑甚至乎袘們可能本身就是那些更高維度宇宙的具像！

　　弗洛伊德和榮格兩位巨匠的橫空出世，加深了人們對夢的了解！他們二老猶如雙子星座，二老理論其實是互補的，為何要因學術而反目成仇甚至互相攻擊？姑且強行將他們二派分為夢的左派和右派吧！不單是夢學，世上任何學問都至少可以分左右兩派如荀孟的性本惡和性于善。大凡在任何學術的左右兩派甚至更多派別間成形之際，尤如多個未成形的破圓，資源是有限的房子也只有一個（一門學科比作一個房子），一個房子裡只有這些資源，而同時又有那麼多圓即那麼多學派正處於修正成長階段，大家都要拼命的汲取有限資源去維護自己成長，這叫競爭，競爭是自然而然的事！當該成長的圓成長了基本成熟了，沒有前途該破滅的圓破滅了，脫穎而出的圓至少必須多於一個，這個房子才算是一個健康的有營養的可以繼續生存下去的房子！同理，至少要有左右兩派，一門學科才算是有生命力有價值的學科！這時候，脫穎而出的成熟的圓就不會再如一開始般的激烈競爭，而是競爭之中更加強調互補合作！有一點像美國現在成熟了的共和黨和民主黨的強調互補合作嗎？

　　言歸正傳，談談夢的本身，一天有廿四小時十二時辰大家都知道，即子丑寅卯辰巳午未申酉戌亥，亦即東南西北東南東北西南西北，亦即十二個月分春夏秋冬！所有這些，古人們都劃成了圓，恰巧現代鐘表 12 小時陰陽兩轉亦是圓形！設使我們一天睡八小時，清醒時的十六小時頭腦在工作，那麼睡眠的八小時頭腦即休息死寂嗎？肯定不是，睡著的八小時頭腦會以不同形式工作而已！把廿四小時視為一個圓，清醒時的十六小時的頭腦工作並不代表我們人類思維的全部，我們人類思維為何如此高深，正因為睡著的八小時亦以類似潛意識般的工作，這廿四小時的頭腦思維的工作，才構成一個完整的我完整的人類！把廿四小時視為水中一個球體，睡眠那八小時思維即是水底下我們肉眼沒有見著的一部份！也如月亮的背面，只要我們站在地球，肉眼直望過去，永遠也不會看到月背的！清醒時為陽實太陽顯睡眠時為陰虛月亮出！那麼又一個問題，清醒時十六小時為眼眠時的二倍，那麼清醒時則更高深的思維嗎？而且清醒時又為陽實多因素作用，睡眠時為陰虛單因素作用！答案似乎是否定的，無分高下嗎？這答案似乎有點和稀泥。答案是因為清醒時我們頭腦思維有很多不同事情事物要處理，即佛家講的六根未淨，處理的事多了反而使這時的思維深度大大的短淺了。而睡眠時我們六根相對來說十分清淨，所以思維比較可以進入深淵，亦即單因素虛圓虛物反而是貼近更高維度宇宙的，而這個更高維度宇宙有點可能就是古人所講的前世今生甚至來世超越輪迴之概念亦未可知！按圖索驥，虛圓實圓單因素多因素反樸歸真這些字眼亦可以使我們近明白夢的本質，有可能是以我們三維世界的物像資訊形式去表達更高維階世界的訊息，從而使我們人類思維更完滿完整完美更深沉更接近高維階世界！

還有，我們造夢時的所謂虛擬世界可能是某些其他維階或同維階物種的（真實）世界，而我們這十六小時清醒的（真實）世界亦可能是某些其他維階或同維階物種的虛擬世界即我們可能是祂們或它們的夢亦未可知！我們意識雖存在於自己夢中，但可以肯定的是我們幾乎不可能確實影響到自己夢境裡的生態（因為很可能我們的夢境並非處於三維世界）。同樣地，我們雖可能存在於祂或它們的夢中，然而由於祂或它們處於不同維階世界，所以祂或它們雖時時存在，卻幾乎不可能來影響我們這個三維世界的生態！

但我們當然不可以捨本逐沒顧此失彼，放棄這個我們處身於的三維宇宙的實的多因素力作用的思考，而身在曹營心在漢的去專求那些其它維階的在我們這個三維宇宙裡以虛的單一因素甚至無有因素的形式而存在的力的思考！這樣無異於廿四小時都處夢中而不清醒不起床，用天文望遠鏡不去觀察木星太歲而專求那根本不存的歲陰，不求人生實際顯意識而專求夢中或前世虛無的潛意識！也可以這樣講，身處在我們這個三維宇裡里，若沒有以三維形式存在的木星又何來以其它維階或無維階存在的歲陰呢？沒有我們這個以三維形式存在的肉身，又何來以其它維階形式（存在於）我們這個三維宇宙裡的靈魂呢！一個地基一個空天，虛實陰陽顯隱有無二者互為表裡缺一不可，而且不分高低。

我與圓的緣份，幼小五歲前在鄉下生活，因長的像台灣一位童星貢丸而被人直呼貢丸，我一直以來雖不喜歡這名字，而回想貢丸本身就是圓的球體。長大一點後，一年級的時候，班裡有廿四人，自己又是第廿四號（一天 24 小時為一個圓時鐘的虛實陰陽兩個圓），有一回老師派禮物，廿四條尾巾，順著學號去派，廿三條是公仔的，這些公仔是甚麼？相信當時的廿三位同學與我今天都是忘了的，但一生忘不了的是剩下的那一條滿佈波波的毛巾，當然作為一個小學一年級生，當時的我對這條波波毛巾十分失望，竟想隨意的送給其他同學，可當時一來是老師送禮的心意，二來其他人對我手上這條無趣的波波毛巾一點興趣也沒有。最後，我只得勉強將它流了下來帶回家去用。而現在我想，那條波波毛巾大概有廿四個圓波波，用想像力將那些波波劃出一個個足球藍球網球棒球冰球手球排球板球水球木球鉛球壘球合球壁球台球手球保齡球乒乓球太空球太陽月亮眼球貢丸和地球！自己好笑的想一想，不知是那些公仔有趣呢，還是當初六歲的自己手上那條充滿這廿四種球的毛巾有趣呢？這一切恰巧命運的安排，三十三歲回首從前六歲 (3 加 3=6)，對這個宇宙世界生命圓球的愛，竟遲到了廿幾年，正因錯過了這份長年歲月，所以這份愛更加深沉，我的餘生為這一個個圓球而活！

方圓之道，方為小為實為靜為用，圓為大為虛為動為體，人們生於圓球地球這個體上，而我們建了而且長住在無數的方形樓房裡，在作息睡眠之時我們要靜，不希望這個時候仍時時刻刻感受外在世界地球不斷的公轉自轉動時流不斷的流行，只願這片刻時間裡置身於在這小小的有角的 (因為四角使方形相對不動從而忽略了時間流動萬物躁動) 房子裡，動時人們在地球在大圓上工作活動，靜時人們置身於房子這一片小小方形空間裡作息睡眠敍天倫，因此，我們得出一個等式，名為方圓等式，即如下：

方形 = 圓形 減去 時間

總結一下我們兩篇文章共開創出四個公式定理，即佛系運動定理、方圓運動、陰陽圓定理和方圓等式！

3. 圓玄緣珠易元

地殼為圓踏在人類腳下，海陸空中動植萬物為圓圍在人類四周，頭頂有圓圓的大氣層作保護罩保護我們。地殼為火土，動植萬物作木，海水為金水，而大氣層作水木。古賢論金木水火土五行，動植萬物各佔一二鮮有三者兼之，唯人乃萬物之類集齊天地五行之氣，所以自古論節氣者強調五行中和水火既濟金木雕塑成器者也！然又生出一套理論：圓為金方為土長形木尖角火波浪水也！

圓為金方為土，土金相生，土與屬金之礦物實屬一體難分離，所謂金無百分純者即是此理。然而古人又有天圓地方之說，我將以以下一段文證之！

記得我在圓圈學 1 和 2 裡，分別創出各一條等式，方圓運動和方圓等式。方圓運動即從圓心伸出兩條半徑，第一條在 1 點正位置，第二條則在四點正位置，兩條半徑夾角剛好為 90 度，加上兩條半徑之間的一段對應 90 度的弧，組成一個裝滿雪糕的雪糕筒狀。然而，我的陰陽圓定理指出，陰陽圓一陽一陰一肉體一靈魂也，必須二者共有之才能稱之為一個有生命的圓，兩圓的兩個雪糕筒呈 180 度水平展開狀，兩個弧頂相交重合，就組成了一個正方形！還記得嗎？方圓等式指出，正方形等如圓形減去時間，圓形的弧可以滾動，動即為時間，方形無弧，方對圓來說為相對靜止，因直綫非弧不能滾動！從上論述可知，充滿生命力的陰陽孖圓生出來的方形的中間，實穩含了一只我們看不見的由兩個弧組成的橢圓形眼，這兩個弧可以滾動所以為能量為時間。然而這橢圓形眼實為兩個橢圓形互根重疊，所以共四個弧而不是兩個！將這四個能滾動有能量含時間的弧在這個方形的上下左右各四邊各砌上去，又成為一個圓形的，當然，剛才的方形之眼實乃陰陽二圓所生成，所以反過來說，現在這個又方形眼搭出來的新圓也自然同樣隱含著陰陽二圓，而不是獨孤一個簡單死圓，各人所謂孤陰不生獨陽不長亦暗合吾首創之陰陽圓定理也！

那麼深一層來說，既然圓為地殼大氣層，亦作細胞水滴，甚至日月精卵，大地之尊和宇宙之母！那麼，自必然也五行盡在其中矣？對，五行盡在其中！吾試釋之！

從方圓運動可以得出一個圓隨時可以劃出一個直角三角形，不過一邊是由虛弧而非直綫所組成，而陰陽圓定理可以推出陰陽孖圓可以生出一個正方形！最後，試用立體圖像觀之，想像一支可口可樂汽水罐，上下各一圓，即陰陽兩圓者也！中間是一個方形，即陰陽孖圓肚裡誕出的那個方形，這二圓一方圍出一個汽水罐之圓筒狀！圓為金，半圓為弧似波浪作水，三角尖為火，二個三角成一方形為土，汽水罐上下二圓加中間一個拉長了的正方為長形為木（因為陰陽二圓水平上下拉出一個立體，所以自然它們肚裡的那個正方形也被上下兩端面積更大質量更大的圓拉長了！一對富有生命力的陰陽孖圓，五行自然盡在其中矣！五行缺一不可，缺一即為形殘缺而不足也！

火土金水都在同一平面上的兩個圓裡很好解釋，唯獨有木則涉及到立體圖案，陰陽二圓一上一水水平平行，而且完全重疊，二圓之間隔了一道長方形，假設二圓直徑均為 10 厘米，則二圓之間距大約 15 厘米，所以為一長 15 厘米潤 10 厘米的長方形，二圓加長方組成一個圓柱體，圓柱體非常有力量，火箭導彈子彈屋柱水桶汽水罐主體也是圓柱體的。而且，由兩個 180 度同平面左右對圓，拉成同一立體空間裡上下重疊的兩個圓，這不是一個簡單的直綫上升運動，而是一個圓靜止另一個則造螺旋上升運動！螺旋運動比直綫運動更有力量，更能代表自然界植物之生長運動，也更合乎五行中之木為風為氣騰上而無所升的情況。最後，陰陽二圓一上一下完全重疊，可各自的 45 度三角形卻並不形成一個正方形，而是兩個 45 度之頂角交接的三角形，成一交叉狀，這 [木意味了陰陽二者有所缺有所錯位的情況了，這本身也就表達了陰陽之同中有異也！再談談五行之木，五行火土金水均基本表示地球上之死物如岩漿地殼礦物質海水水汽等，唯有木則基本可表示為有生長力有"氣"的動植萬物，死物作平面沒有氣動，生物作立面有氣動而上升騰，沒有木即沒有生物沒有生氣，陰陽二圓圖沒有木就自然組不成立面，不成立就不能稱作三為世界宇宙，所以金木水火土五行共同組成三維世界，缺一不可！

圓乃中央暗藏一雙眼之方，這雙眼由本來之陰陽孖圓之弧所組成，這組弧帶有力量與時間；而方乃陰陽孖圓各取四成一所組成！另外，古之天圓地方說，再加上人類所宜居之山形正是屬土金之方形圓形，而不是波浪尖長形山。所有這些，都在說明方圓之一體性和獨特性。

再談談心理夢學雙子大師弗洛依德和榮格。人們認為弗氏之偉大貢獻在於劃定出本我自我與超我，尤其是提出了圓心的最中點的本我潛意識的概念，使現代精神學上了一個枱階。而榮格的偉大貢獻在於在那個圓心點的本我潛意識的概念上提在集體潛意識！用圓圈學去解釋兩位大師的貢獻，弗氏的本我潛意識無喑於圓圈中的圓心點，本我則是圓心到圓周的有限范圍，至於超我則又是圓外邊的廣袤宇宙。圓心就是一個童年初始黑洞，內邊的潛意識就如童年過往的被社會自我和超我壓抑的慾望，食色性也，而人類的發展，尤其是西方先進社會，除短暫的戰爭和大災難之外溫飽是沒有問題的，那麼弗老之被壓抑的慾望自然基本是指性慾望了！至於其它更偉大廣泛的意義和事物呢，弗老認為還是有的，不過得到圓周外的超我世界去追尋，而那個超我世界對於弗老來看，與人類的夢不是那麼切身也相對次要，所以重點自然是於在那個圓心的關於性的潛意識上去！而榮格由於站在弗老基礎上和他行萬里路尋求格種人類原始文化宗教玄學之關係，發現了圓心點的被壓抑性慾潛意識外，還發現了轟動世界的圓心點裡藏着的大千千億世界，即集體潛意識和一些未知名的神秘外力量，這多麼合於我們中國的無極太極理論呢！切想宇宙在生成的大爆炸之前只有小於芝麻的一小點甚至無有，這即古人的無極概念，大爆炇之外的其它千億不同維階之平行宇宙理論上來說，只有從兩個方向去尋，一是圓周以外的廣袤宇宙，二是圓心點裡的無極空間。對，榮格就可能是第一個從圓心點往裡探去找尋無盡無極世界的偉人！性慾就是一個圓心點即本我潛意識，而集體潛意識和與些可能相干的未知事物世界就是圓心點裡的數之不盡的無極宇宙！

或者從另一角度看，我們可以從圓周外去探求無極宇宙嗎？可以的！從圓心裡和向圓周外探求二者方法一裡一外，二方法互相關係甚至互聯互通，從圓周外怎麼找呢？無限擴大圓周乃至把其它周邊的圓包括在本圓肚裡嗎？這是好方法，但不會得到人的重視，因為圓周本身就是有極限的，而且擴的太大最離本我圓心越遠，與自我的關係越薄，弗氏似乎以這種思路去看，所以研究夢時就不太看重外圍超我了，獨尊圓心本我，至於對圓心本我的挖掘，這世上幾乎無人能出榮格之右了！那怎麼往圓周外去探求而又不假借自身圓周擴大去包納其它圓這個望眼可知的方法呢？答案同樣也是專從圓心去求。法門在那？法門就在於忘了自身圓周，也與了周邊圓圈的圓周，破除大家這個梏桎，緊記是忘記圓周而不是焚書坑儒式的全然滅絕，大家即以圓心對圓心，心靈坦蕩相見，先用佛系運動去修練自身本圓，這樣其它圓心就以一定程度和距離的被本圓吸引過來，然後眾星拱月般的圍著本圓去轉！這時，本圓仍然是一個圓心，然而本圓內和周邊同時亦包納了無窮無盡的次圓心！最後呢？怎樣更上一層樓達到近乎最高境界呢？由於佛系運動指出，境界沒有至高，只有更高，永無涯際！所以要無限接近這個至高境界，就不能單依靠自身強大力量和周邊比自己弱的力量的圓圈了，甚至要依靠那些可能比我們自身本圓更偉大而且可能反吞我們的巨圓了！對，成就偉大可能就得近乎無私的瘋狂氣量，但談何容呢？本圓被甘願比巨圓吞噬的同時又有活力的保留自己圓心本性（就如同本圓吞小圓時，我一直強調小圓圓周可以被吞被滅，而圓心卻永不滅，當本圓作為相對小圓被巨圓吞噬時，這個道理就出來了），但真的談何容易呢？連無比偉大且與榮格親如父子的弗氏也做不到（弗氏是排斥榮格的），更遑論世普羅大眾了！可能只有真正的血緣父子和肉帛坦城相見的偉大心靈了，又或者如佛系般游遊間的豁然態度了。而且，本圓被巨圓吞噬後的其它運動我們更是茫不可知了！但有一點蛛絲馬跡的，大約是借自身本圓圓心這個無極點的玄妙之處了！對，越高越是大乘的境界就要越還原基本步，最稚嫩的東西亦可能是最高境界，雖然這不是大乘運動頂端的全部，但肯定是有相互關係的。剛才已經說過，將探圓心和出破圓周二法相互結合互溶，最後可能還是奇妙的互聯互通的！

　　以上這個被巨圓反噬的概念為佛系運動的更高層運動，我們枯且稱之為大乘佛系運動吧！但大乘佛系運動渺不可捉，更不像佛系運動一樣有公式可依，有跡可循。試想一下我們處身三維宇宙，又怎麼清晰的完全掌握四五甚至更高維宇宙的規律呢！大乘佛系運動正是因為如此近頂之高維性，而又貼合沒有最高只有更高的至理，所以我們人類實難以一窺全豹，只能用有限的智慧去部分揣摩了。雖然我們不能盡然掌握佛系運動和大乘佛系運動之至理，但也是有方法盡量去朝這個方向學習感悟的。請切記以下六字真言：

圓玄緣珠昜元

　　先講講地球地殼動植萬物加大氣層之五行構成次序，火土金水木火，沒錯，是火土金水木火，而不是火土金水木！火土金水木只含五行而未分陰陽，火土金水木火六字則既含五行亦分陰陽，只有五行而沒有陰陽，則萬物雖五行備然亦不得生命，只有陰陽二者作用運轉五行才能活才能運作，萬物才可能具備生命！順帶一提，大家在推測外太空星球是否具備生命時亦可參照該星球是否具備五行和陰陽原素，若具備了，則外星人便確實有存在之可能性！具體則又要再看該星球之元素如何運作等細節了。

那地球如何排出火土金水木火六字呢？答案是：岩漿地殼礦物植海水生物和大氣層上的水汽和構成大氣層本身而又捉摸不到的空氣了，古人稱之為氣！然而，最後層之火呢，當然是大氣層外射入來的太陽光啊！無太陽地球必滅矣，這個道理最明白不過！而第六個火字即太陽光，是經過第五個木字之大氣層之氣過濾而進入來的。就正是這第五字木和第六字火二字之間劃分了陰陽的，對，陰陽亦即循環者也！世人只知火土金水木，殊不知陰陽之別，循環之偉大神跡卻是藉著第五字木和第六字火表達出來的，五行具體看的見摸的著，陰陽抽像看不見亦摸不著，講穿了又不過是循環之力而已！火到土到金到水到木，易於理解。然而木又倒回去第一字火字，則古人所謂陽順陰逆，難於理解，而第六火字已不是屬於地球固有，而是往地外太陽去借尋了，一內一外，一陽一陰，前五字為內為陽，第六字為外為陰，然陰陽共存一氣，無陰則陽亦弗存，陰陽不存，五行亦不成五行了。

然而這又可以引伸出六十甲子，甚至論證古人之靈魂學說！我們皆知六十甲子為甲子乙丑丙寅丁卯戊辰己巳庚午辛未壬申癸酉一直至到甲戌乙亥。然而，我們不知隨了這明見真實的六十甲子外，還有一個真實世界不存在的"陰"的六十甲子，即甲丑乙寅丙卯丁辰戊巳己午庚未辛申壬酉癸戌直至甲亥乙子！更不知還有倒過來的癸酉壬申辛未庚午己巳戊辰丁卯丙寅乙丑甲子這樣的"虛陰"排列！更不必說癸戌壬酉辛申庚未己午戊巳丁辰丙卯乙寅甲丑這樣陰中之陰虛中之虛的排列組吧！其實這些虛陰排列組與正六十甲子既文字相同又次序組合相反顛倒！這學說何啻於肉體與靈魂陰與陽既相合又顛倒的概念呢！那麼，四五維甚至一二維世界的事物真的如我們古書摸述的靈魂嗎？確切形像三維人類肯定不知四五維世界之確切形像，只不過我們是用偉大哲理道與陰陽作符號概念去推敲理解其它維度的世界宇宙罷了，如老子所謂吾不知其名所以稱曰道也！

所以，這六字真言的第一字圓與第六字元，與火土金水木火的第一字火第六字火則有異曲同工之妙！君不見圓為金玄為水緣含火珠含木火

19

土易為日月陰陽更替，最後一元則對照第一圓同音近義，而且元亨利貞為廣博浩大，為化生出多宇宙平行宇宙的寄意，六字既含了陰陽五行大千世界平行宇宙，亦表達了希望此六字為一個循環迴圈之結界來保護我們自己，就如同大氣層保護地球一樣！哴哴上口，抑揚頓挫，誠心多唸多誦，實有保佑大家出入平安萬事如意順利之功！這六字不明指任何神靈，不直接含任何宗教色彩，卻又將大自然宇宙萬物所有神明和自己達成天人合一！一諗再諗心境詳和自有福，正氣善心吉人天佑！

圓玄緣珠易元！

4. 高低維度神佛鬼怪虛擬神話之存在

我們以下章節首先去講解一下四五六高維度空間。四維空間即是我們三維立體空間加上時間，即四維空間的祂們不受時間順行之制約，可以隨意往返過去，但未能改變過去任何事實！而五維空間的祂們就可以隨便選擇過去的可能性！而六維空間祂們不但可以隨意選擇任何一種過去將來，更可以隨意改變任何一種過去將來！直白一點，三維的人類，比如我們三十歲當了醫生，直至六十五歲退休，現在六十五歲的我們因為在三十歲時見過一位美女病人，現在想回去看她一眼，對不起，我們的三維世界達成不了你這個願望！而四維世界則可以隨時回到自己三十歲時去看那個美女病人一眼，四維世界已經幾乎肯定可以裝脫我們現在人類的生老病死了！然而若果我想反悔，三十歲不當醫生了，想當總統，那麼四維世界幫不了你！而五維世界的你，設想自己人生有 X 多個選項，A 是醫生 B 是總統 C 是富商……，那麼五維世界的你可以反悔，三十歲時選 A，卻在六十五歲反悔倒回三十歲的 B 總統！然而如果你慾望無窮，想三十歲是醫生四十歲則換了 B 總統人生，而六十五歲時又想過回 A 醫生人生呢？六維世界可以幫到你，對，六維世界你可以這樣為所慾為！然而，如果你瘋狂的想化身恐龍或一座大火山甚至是一個不死超人呢？第七維不同物理化學規律的另一宇宙幫到你！一個七維宇宙可能仍然滿足不了你當上帝的慾望，那麼八維宇宙的無窮七維組合，可以幫你隨意選擇武器神功庫的能量而且組合它們而產生新的能量元素！再上九維的祢可能已經是無所不能的神了，越無所不能慾望倒反越小了，十維能力更大慾望更小，如此類推！維數越高越無慾求，越像二維一維甚至無維度幾乎無存在又無思考更談不上慾求的低等生物了！但以圓圈學眼光看之，無維即無限接近於極高維度，所有事都是一個或多個圓圈循環往復的，無論祢身處多那高的維度，也逃不出這個基本理論，因為所有維度就像串珠一樣，只不過以我們看不見想不通的方式一個接一個的串下去，最終極高維度又無限歸零維度！如果不存在圓圈循環，極高維度就不會歸零，那麼一定就會存在著一個至高維度，至高其一無可再高無可再發展，其二永遠僵死不會進步！這絕對不符合圓圈學和佛系運動理論！

講到這裡，我們又以圓圈學創出一個理論了：極高維度歸零維度串佛珠理論！首先，極高歸零符合大道至簡的圓圈學概念，即所有維度實乃一串佛珠，循環往返，只是極高維度至零維度這段佛珠不斷變化運動難以追摸而已！這樣理解，如果現在這串佛珠有 N 個維度，那麼第一粒與最後一粒即第 N 粒佛珠之間不斷有不知名的佛珠增生，這些不知名的佛珠，你可以稱之為第零粒、第 N+1 粒，甚至第 N+X 粒！其二，正是剛才所說的，維度越高，能力越大，慾望就自然越小，自然越入化境，這第 N+X 粒佛珠世界的無慾無求與第零粒幾乎無存在之佛珠維度的無意識慾求何其相近，大道至簡反撲歸真！其三，佛系運動和圓圈學理論指出，所有事物發展，不管處在甚麼維度，都必須不斷發展無有涯際不進則退！而且事物軌跡不該以直綫無終之奔，而該以圓循環往返，周而不息！這合乎我們地球四季日月更替的道理，而我們三維地球又像佛珠串中其中一粒，與其它維度的佛珠緊緊相扣互相影響，那麼我們的大道某程度也應該能應用到幾乎所有維度上去！

再深一個層次，上文跟圓圈學有甚麼深度關係呢？陰陽圓定理，佛系運動和大乘佛系運動！佛系運動至境係通過自身無法相涅槃和引領其它等圓或小圓一起更上一層樓，而大乘佛系運動不同之處在於它吸引的不是相等圓或小圓，而是直接吸引其它可能更高維階的大圓，在自身被大圓大力量扯過去同時，又不忘初衷的深融自己的圓心點，使自己圓心點和點裡面的法界與周邊大圓圓心點和裡面法界於無形無聲無息之中融化一體而又同時相互獨立！對，當自身本圓假設 A 圓被周邊巨大 B 圓吸過去時，A 圓圓心與 B 圓圓心內之法界可以互通為一！甚麼話？圓心點內竟還有無窮天地！自己想想，宇宙大爆炸之奇點即圓心點之前是否還有無窮平行宇宙之可能性？對的！不單如止，大乘佛系運動還指出，尋找外部力量隨了從圓周外去找更大圓之外，還可在附上圓從返過來從圓心點裡與更大圓之圓心點實現心連心的互通，這樣平等互通互融，可免去被其吞噬之難！總而言之，榮格之從圓心點裡即自己內心尋找一切意義與其他試圖從圓周外廣袤世界去找意義的大師，二種方法既然異曲同工，為何不能互聯互通以達更高化境！這正是大乘佛系運動之顯義，至於隱義，無邊無涯無息無形，只有多少代人去無止境的努力探求下去可能仍無法盡得！簡而言之，大乘佛系運動之隱意，尤如方才提及那串又不同維度世界組成的佛珠一樣，看似循環一理，實則在循環中無窮生長！

那麼大乘佛系運動的顯義的圓心內圓周外陰陽虛實世界互通互連，不正是三維上四維，四維達五六多維之其中一種方式嗎？對！我就是用簡單一個圓去表達至極限複雜的超多維度世界進化的軌跡方式的！總結一下，陰陽圓定理、方圓運動、方圓等式、佛系運動、極高維度歸零維度串佛珠理論和大乘佛系運動之顯義和隱義（隱義又即串佛珠理論）。

串佛珠模型原理為（火土金水木火），亦即直綫無限原理再融合圓圈返回起點之原理，兩原理相滙合，即是串佛珠之圓圈中第零維和最高維之間段一段為不可視不可測之虛無，因為直綫根本沒有終點，只有一直延伸下去，同理根本沒有最高維，因為不斷有比現在最高維的更高維度誕生，這也貼合佛系運動的永遠自強不息，但可以確定的是，越高維度越是接近零維狀態，包袱越來越少維度就越來越高，比如三維的人類已經沖破了困住二維世界的（立體）包袱，而四維世界也沖破了困住我們人類的（時間）包袱！我們用如此堅固精密的邏輯去活生生的詮釋這包話：simple is the best

以下約略講述一下多維度世界：

零維度即無極又即暗物質反物質黑洞和圓心！至於一維二維，我們本身連精卵也不是虛空無有為無極零維度圓心，父母性愛相交時的腦電波有可能是一維二維的我們，那些在未能使父母交溝而轉化成排出來的精卵的腦電波，可能就是永遠待在一維二維轉瞬即逝短命無緣我們的哎呀兄弟姊妹了，即使另外一些生成的但未能成功結合和出生的精卵可算是夭折在第一二維至第三維世界的途中了！此外，擴充一下想像，第一二維世界也可能是我們腦海裡一個閃過的意念或形象影象！對，一二維就是這麼無語無奈，只有那些在二維世界有大福份之物才能被一對情侶這種陰陽體結晶而成來到三維世界的。至於四維或更高維，試想一下古人構想的木星的完美孖兄弟歲陰，歲陰不單自身質量形狀大小完美無暇，那無解的逆時倒流的功能其實就是四維世界的功能！試問我們真實的三維世界如何可以產生這樣一個無解歲陰呢？但歲陰在完美之餘，也是以木星為版本而創的孖兄弟，若果木星沒有三維世界的屬性，根本無可能被作為模本模擬出歲陰這樣一個孖兄弟。木星是陽相對有缺憾但不實為三維世界立體物，而歲陰為陰相對三維世界的木星更完美無缺！說白了，二維世界事物很難有個四維世界的孖兄弟。歲陰就是木星的圓心和組成木星的那一道氣（木星如果缺了這道氣則只能在三維世界灰飛煙滅而降到更底等維度去了）！對，歲陰是氣是靈是力，氣靈力正是三維通往四維的奧妙，但不是二維到四維的奧妙。怎樣由三維木星進化到如歲陰般四維之瀟洒存在？首先陰陽圓相交即父母交溝帶我們入三維，佛系運動自己進修，大乘佛系運動有更高維階大神引領我們到更高維階。但切記不要忘了我們自個本初無極無維的那個本圓心！以上三維木星與歲陰關係告訴我們，我們自己本身也有一個更高維度更完美大神般存在的孖兄弟，我們三維世界的永遠課題就是向袘學習甚或至超越袘！

此外，大乘佛法運動的顯義和隱義（即極高維度歸零維度串佛珠理論）告訴我們大道至簡，即更高維度的進化並不是說我們從中多出了甚麼力量或事物，而更貼切的說，這個由低至高維度進化的過程其實就是我們脫去一層層束縛化繁為簡的過程！二維進化到三維時我們去除了立體空間制約，三維到四維時我們去除了時間的制約，四維到五維時我們又去除了概率可能性之制約！制約去的越多，我們痛苦就越少能力越大，而致最後能力大的痛苦小的使我們幾乎無慾無求！如果上了極高維階能力巨大而又不達無慾無求之境，就可能會因能力太大而產生了無生趣無聊之感，這樣就可能向下墜落到低維度去！就好比神話裡的仙女因愛上凡人而被貶下凡間的悽美情節！所以，無慾無求才能達止境化境一路向前向上卻又永無涯際的像在佛珠走循環回頭之路，可路卻可以一直走下去而不被貶摘！這不應了一句英文：SIMPLE IS THE BEST？而圓形只一劃而且無角又可以融為圓心無極太初之一點，同時又做著天下間最偉大複雜之運動！圓形不就是天下最簡最偉大之物嗎？二維世界之事物就是被長四個角使人忘乎時間之方形立體束縛住而幾乎永不得入三維空間之門的嗎？

二維世界像我們腦海閃過的印像平面，又像我們觀看的卡通電影！那麼我們三維人類又像被四五六維世界的祂們觀看的卡通人物嗎？還記得一首詩，明月裝修了你的裝子，你裝修了別人的夢！在這裡，我改一改，叮噹裝飾了你的電視，你裝飾了別人的電玩！

那麼我們本人又是否是能夠連串於零一二三四五甚至更高維度的偉大事物嗎？對的！肯定，因為我們每個人都有自己最寶貴的太初無極圓心，而且都像圓一樣被串連於佛珠鏈般的多維世界之中，那麼我們當然有權利去上下而求索！說到現在，圓心緊要嗎寶貴嗎？那麼今生今世要修心嗎？要做有意義的積德事嗎？要的！先要心誠則寧後靈！

圓玄緣珠昜元

5. 四五六維神鬼之存在與生命狀態生活方式

科學界已開始了論證更高維度的神鬼之存在！這裡我用圓圈學哲理去肯定科學界的推測！科學哲學其實可以視為一個人體，科學主外哲學主內；亦可視為一棟樹，科學為地面上看的見的樹幹和枝葉，哲學為地底下的根莖；科學為陽，哲學為陰；科學為日，哲學為月！好吧，三維世界我們人類今天認為的是科學為實哲學為虛！對，我也是這樣認為！就如古人的實的木星太歲和相對這個實的太歲木星而虛構出的歲陰概念一樣，木星只是三維世界，而歲陰時間逆行概念已經是四維，歲陰軌道完美無缺的概念已經觸及了五維甚至六維的高等空間！諸君請看，"實"的木星只是三維，"虛"的歲陰反而高達四五六維！我們的靈魂亦如是，正因為我們達到三維，即使三維相對不完美，但才能從三維的相對不完美的立體肉身的缺憾中配上一個相對完美達四五六維的靈魂！二維世界的低等平面生物不配享有高達四五維度的靈魂，它們的虛的完美的匹配體正是我們三維世界的生物！對，只是三維！它們直接觸發不了四五六維！

那麼哲學就比科學高深更勝一籌，如果真的這麼想的人，他們真是對世界一無所知坐井而觀天！常道道當時得令，我們人類是三維立體生物，科學正是當時得令研究我們三維事物的學問，而哲學卻是在這個三維世界去研究所有維度的事物，而不單是三維事物，雖然范圍看似更廣，但不當時得令，對三維世界認知肯定不比科學來得精細！就正如我們肉體與靈魂一樣，互為表裡無分高下！放諸於圓圈學，科學就是圓周，哲學正是中心那個奧秘的圓心點！

為甚麼我的串佛珠理論認為不同維度是一環緊扣一緊的有機體，而不是互相分割的獨立體呢？由以上文內容就可以簡單的確認串佛珠理論的正確性！三維木星永連系着更高維的歲陰，我們肉體也永遠有個高維度而且與我們自身肉體相對應的靈魂守護神，即是假設說靈魂為四五維，但凡是 N 維的生物，假設這個 N 是四維，那這個四維生物就有零維、一維、二維、三維和四維共五個分身合成的！零維不用解釋為無極，四維為靈魂本身，三維為我們人類現在自己肉身，而二維有好多個分身如我們死前死後在親人朋友或認識自己的人的腦海裡的印象，或者我們某年某月曾接受過電視採訪，在電視屏幕上不斷重播的平面虛擬畫像！我們自己身體當然是三維有感知思維的生物，而屏幕裡那個不斷重播的虛擬的我們則是無感知思維的二維虛擬事物！不錯，一個三維的我的肉身，可以產生無數個二維的我，不論何時何地死前死後以何株種形式！那麼照推斷四維的不受時間限制的靈魂就有着無數我們三維肉身？對！對！對！比如這一秒的我下一秒的我上一秒的我，這一微秒的我下一微秒的我上一微秒的我，甚至今天的我昨天的我明天的我今年的我上年的我下年的我……這就是較高維同時包含所有相對低維度形態之金字塔理論！（塔頂是高維生命，越是搭低，越是相對無窮多的低維度生命）

話說回來，那麼一維呢？一條直綫怎麼解釋？隔了兩個維度，我們確實不好理解，但可以把它的界限給定義出來！所有我們腦海或夢境或虛擬電腦屏幕裡未能成功產生的平面或印象，對，本可能想產生又未能成功產生的這個區間，我們都暫時定義為一維直線！至於那零維無極就更易解了，就是那一維直線上的無限個點！

從以上我們得出結論：任何 N 維的生物對於 N-1 維的生物來說，都是一個圓圈，而那個 N-1 維的小生物，就是這個圓圈上的無限個點！為甚麼不是直線而是圓圈，因為任何維度之間和自身都有關聯性和循環性，例如零和極高維度極一致而不是漸行漸遠，五行火土金水木火而不是火土金水木，我們世上萬物的生老病死再生老病死，不要單看個體的人或生物，要以整個人類或生物種的大角度去思考問題，上一代與下一代是一種延續，DNA 上的血肉上的關連性已經是明證。這公式叫做高低維度圓圈無限點公式，當然是我開創！

言歸正傳，假如真有高維度生物，我們稱之為神佛這樣對嗎？對！對！對！那麼更大膽一點提問，對於二維生物，我們就是它們的神佛對嗎？對！對！對！對！嘩，這就奇之又奇玄之又玄了，怎麼解釋呢？用圓圈學去解釋，一切盡了然！

試想想，我們三維生物看二維生物，它們簡直是蠢物！何也？電視上的卡通，我們叫它也不會回應，也聽不到我們講話因為二維世界聲音也不存在，新聞上的採訪映像在播出今天早上的美國總統川普的採訪片段，電視上的那個川普真是傻物，無論我們電視機前怎樣做講什麼語言，甚至把菜刀掏出來他也似乎聽不到看不到感覺不到，二維平面世界沒有感觀！未懂事天性仍強的小孩有時就經常對像電視屏幕裡的人的映像去叫喊去呼喚，但失望的發現它們怎麼也叫不醒！這就是一個仍有天性的三維世界小孩去呼喊接觸二維世界的生物，正如四五維世界的神明提醒我們一定要有愛與和平好生之德不要干壞事一樣，可惜的是我們人類一步步戰爭殺戮作奸犯科叫之不醒！我們裡干壞事的人，你們與電視上的蠢物映像有何分別？！有時我們會做清明夢，夢裡可以操控一切，可以作壞事，亦可以對夢裡那些其實上很可能是二維生物的人發出醒世恆言，讓他們修福修道，沖破二維世界外一層的立體牢寵，就有機會可以進化成我們三維世界來享受二維生物不配享受的生老病死聲色犬馬甚至修成四五維生命的大智慧學習機會！至於我們三維怎樣進化成四五維大智慧體？怎樣沖破時間甚至概率的牢籠？前幾篇文章的陰陽圓運動、佛系運動和大乘佛系裡的顯義和隱義的串佛珠理論自然有一切你想要的答案！本人四五歲時候，確實有個奇怪的幻像，記得那時候一個人在家看電視，節目正是方太煮食，那個幼稚天性的我竟然不斷對像屏幕裡的方太大叫大喊：你看見我嗎？你看見我嗎？也不知是否一瞬間的幻像，竟然好像看到電視裡的方太在回應我：不要那麼大聲無禮貌，我見到你！我見到你！當媽回家時，我馬上心有餘悸的告訴她剛才這一切！她只是有氣無力的回答：不要發瘋，想太多了你！

那麼我們三維生物在四五維生物眼中來說又是甚麼，四五維生命有時必須合在一起來說才好說，有時維與維之間界限並不是那麼深，就像串佛珠理論中的佛珠一樣，每一緊接維度也是有某程度相交的，顯而易見，若完全錯開而沒有相交，那麼生物從低維向高維進化便不太現實，沒有過渡，讓它們去跳越鴻溝？這種相交況況就如本人前幾篇提到的陰陽圓定理，陰當然代表更高維度但不當時得令！陰陽二圓必須各切一段等長 45 度角帶弧三角形，與後合併才能組成一個有生命力的正方形，然而兩個 45 度角三角形組成時，帶弧部分是重疊相交的，就如陽的當時得令的低維度向陰的當時得令的高維度進化一樣，都必須有個過渡區，有了過渡，這個進化高維運動才更穩定不反覆！就如同現在政府和大公司的政策都有過渡期冷靜期一樣，都是不希望硬要硬陸。至於我們如何愚蠢呢？四五維高等生物眼中，我們三維生物的一生生老病死喜怒哀樂都只不過是一瞬間之事，我們卻迷失於其中！比如今天我們離婚了，痛苦消沉，殊不知一年後等待我們的是一份更好良緣，我們不能未卜先知，可四或五維生命已經看見一切，並有良心的希望我們今天不要悲傷，可不同維度之間我們不可能直接接收到祂們訊號，祂們內心便會唉的一聲：傻物呀，講到聽唔到！還有，今天我們與朋友約好明天第五大道見早上十點，而四或五維高等生命已經掌握明天第五大道有槍擊危險，三維人類又收不到祂們訊號，祂們可想而知的嘆道：蠢物呀！還去？還去？！有時候人們會有心緒不寧預感或開心喜氣預感，未必就不是高維度生命傳送給我們的訊號！

陰暗一點的問，那麼高維度神佛可以殺絕我們嗎？同理，我們可以殺絕甚至消滅二維度空間嗎？較高維同時包含所有相對低維金字塔理論，高低維度圓圈無限點公式和串佛珠理論間接而有力的告訴我們，不能！而直接講，那個維度都有自己維度內當時得令的主宰性，任何高能維度要影響我們也得以間接形式即是好像神話裡的高維神佛化身世間三維人來普渡或消滅眾生一樣，或直接借助立體三維世界裡的天災都我們進行通常為有限度的打擊！正如我們也一樣不能直接用三維肉身跳進電視屏幕或夢裡把裡面所有映像甚至整個虛擬世界滅絕一樣！這一定程度上保障了我們的自主和尊嚴，也告訴我們古聖賢是何等智慧！

有更簡單形像的比喻嗎？有！比如我們三維是智能手機 I phone，而一二維生物是老式大哥大，我們作為 I phone 的看著大哥大這傻物，又不能用 wechat，又不能聽歌，連視頻和遊戲也用不了！靠！想教它？這台老爺大哥大又完全聽不懂！請問你作為三維的 I phone 可以有本事教懂這台低維度生物大哥大嗎？無可能！假使有那麼一瞬間福份那台低維大哥大能夠覺到三維 I phone 的傳在，一定將我們奉為神明！同理，四五高維度生命於我們也是大神般的傳在！只不過我們更多見到的都是神榀罷了！

現在的科學家搞粒子對撞，從而從消失粒子去揣摩第五維空間，這個第五維空間就很可能是古人陰陽概念中的陰概念！格拉肖展示物理極大極小的統一銜尾蛇圖，而串佛珠理論則是用來統一宇宙所有不同維度的大一統理論，串佛珠以直綫無限延伸與圓圈還原基本步二者特性結合而形成一串無始無終的佛珠鏈（因為零維度和最高維度不能定義，而佛系理論指出沒有最高維度只有更高維度）所以正是一串無始無終的佛珠鏈理論才能以哲學大一統理論去概括所有不同維度宇宙空間！

此外，串佛珠理論更以陰陽圓定理和方圓運動去展示不同維度之佛珠既獨立又相交！而由於這串佛珠無始無終好像缺了一段（這也好像方圓運動中從圓中切出一個 45 度帶弧三角形），所以這時中心圓點便處若穩若現虛虛實實之狀態，這是因為沒有完整圓周？但串佛珠鏈並不是一個殘破圓周，而是一個半實半虛半陰半陽的圓周（無始無終的那一點為虛的為陰的為冥冥中更高維度之空間和零維空間），這又稱為破圓圓心一分為二之陰陽圓心現像！何解？這時這個陰陽佛珠串已有兩個圓心，一個在原本圓心為實為陽，另一個移到那段無始無終的虛線上為陰為

虛，這個陰虛圓心代表更高維度向零維之間的不斷永恆前進，不斷永恆
創造更高維度空間！吓，怎麼創造？以佛系運動和大乘佛系運動之多圓
圓心交感互融方式去創造！這下明白為何我在之前章節不斷強調圓心的
重要性了吧！這個大佛珠串半陽實半陰虛，陽實佔八分之七長，陰虛只
佔八分之一，可以參考陰陽圓定理和方圓運動。然而，只佔八分之一長
的陰虛段卻做長高維度至零維度的最偉大運動！

還有一個問題，其實我們三維不只是與二四維有交集，即使一五
維甚至零維更高維與我們三維空間也是有交集的，歐州大陸上的粒子對
撞機是解釋我們與五維甚至更高維之間的有力例證，零維甚至是無處
不在。那我們串佛珠理論怎樣去表達這個偉大複雜而又大道至簡的理論
呢？既然稱之為大一統哲學理論，總不能表達不了如此重要的現像吧！
答案是這樣的，佛珠串上的佛珠一粒比一粒大，這個大不單純代表體積
面積，更是代表結構複雜性多維性。所以得出，代表二維空間那粒佛珠
不單與我們三維佛珠相交，其實對於二維佛珠我們三維不珠就是一個大
佛珠鏈而不是單純一粒更大佛珠，這樣二維佛珠就只不過是我們三維佛
珠鏈之大圓圈上的任意一個點而已！那麼我們三維又是四維大佛珠鏈圓
圈上任意一點，二維就是四維大圓圈上的其中任意一個佛珠點上的一個
任意點而已！通過二三四維之間關係，其它維度也就迎刃而解了，每粒
佛珠對於高一維度來看就是珠，而對於低一維度來看就是一條圓圈佛珠
鏈，二維有無限個一維，三維有無限個二維，四維有無限個三維，依此
類推……這叫做珠中有鏈鏈中有珠層層疊疊理論。

串佛珠這個包括了直綫無限延伸特質、圓循環基本步特質、陰陽圓
定理、方圓運動珠中有鏈鏈中有珠層層疊疊理論和破圓圓心一分為二之陰
陽圓心現像共六個要素！所以串佛珠理論，亦即大乘佛系運動中的隱義
部份，肯定比衛尾尾式的物理大小面積大一統理論更精密周詳，因為此
法是包羅宇宙所有維度空間的大一統哲學！而且，一個大一統理論幾乎
肯定只能由多條定理公式共同組成！這又不是 simple is the best 的范
籌，正如一本通書不能讀到老，我們在實際理論創立時不能把一句話一
個簡單概念無限上綱，這也正展示了我們的認知不全！

　　九十年代初的某一個晚上，當時我還是個孩童，做了一個非常特別的夢，第二天早上我立馬跟媽媽講述，我夢見了一尊大佛，比山還大，盤膝而坐兩掌不知是交疊丹田下還是放胸前合十，底下祥雲，升騰至半空中，背後是美妙藍天太陽和幾朵白雲，還有串串綠草如茵的山脈，遍山遍天花草樹木彩蝶翩翩，美景真的如畫！突然間，佛祖一發功，一把比山大的巨型白紙彩摺扇在半空中展開來，裡邊也有彩蝶飛出，也有花，印象最深的就是那些非常華麗盛放的牡丹，佛祖像是對我說了幾句話，內容大約是輕鬆舒快又有指點提挈性質的，當時夢醒就已經忘了。然而，有些東西卻沒有忘，就是當佛祖說完後，扇上就以非常美的書法寫出了一首五言絕句，內容我那天早上仍記得，也有跟媽講，而意思大概是什麼花開世間富貴和平幸福安康此類的讚頌祝福詞，而不是一些藝術意境高深奧妙的詩句，所以當時夢醒仍能背頌。半個世紀過去了，我個人仍碌碌無為，似乎有負上天佛祖所望！所以現在只能不斷寫些圓圈學以佛之名去造一些理論公式聊表心意！

6. 金字塔的奧秘

　　金字塔一直以來是千古難解之奧秘！太多太多籠罩在金字塔上的疑雲以我們今天廿一世紀的先進科技仍未來找到答案，以此來看，它絕對稱得上世界第一奇跡！

　　如此高深之學，憑本人之薄才，自然是怎麼也解不到的，所以一直也沒有野心去窺其堂奧！然而，可能是冥冥中之緣份吧，我在參悟圓圈學之後，無意間發現這門學竟可以將金字塔中的很多奧秘一一解開！非我之智也，實乃圓圈學之博大精深也！

　　可以解開甚麼奧秘呢？首先，金字塔的形狀是底邊正方形，以四面三角形拉出一個錐形，塔頂尖形，這個形狀被認為是千古奧秘深意內藏，那究竟有甚麼意義呢？其次，金字塔塔底四邊周長正好等於塔高乘以 2π，那又是為甚麼呢？有甚麼意味呢？其三，金字塔的頂角是 52 度，為錐角，人們稱之為自然塌落現象的極限角或穩定角。而且這個角度最抗地震風災自然災害，千百年來屹立不倒，那麼何一定是 52 度呢？是物理學使然，又或者是冥冥中自有定數呢？第四，法老木棺處有個中口，直望星空，星夜遁此孔張望，便可以看到天狼星！不是別的，正是跟太陽周期同為 365.25 日的，具有雙重星球系統，分為肉眼見到的大天狼星 A，和肉眼看不見的小天狼星 B！最後，金字塔底四邊正對東南西北四邊又有甚麼含義呢？

以下我會從陰陽圓定理，方圓運動和大乘佛系運動之穩義串佛珠理論去詳盡解釋以上五個問題。最後，諸君自會明白圓圈學盡能洞悉冥冥之事。

我們可以將金字塔視為很多個自下以上由大縮小之正方形層層叠上，組成一個四角錐體！記得我們的串佛珠理論嗎？高維度為大圓圈，低一維度為此圓圈之任何一粒佛珠，比如：五維為大圓圈，四維為五維這個大圓圈上的任意一點即一粒佛珠，而同理類頂三維又是四維上的任意一點一粒佛珠，最後零維為頂點尖點！對，這就組成了一個圓錐體！記得方圓運動的方為用為陽圓為體為陰嗎？大金字體底為方為陽為用為人們為我們較底的三維世界，而串佛珠多維度世界組成的圓錐體底部之圓為陰為體為冥冥中之高維度世界！這兩個模型有相交點嗎？有！金字塔頂尖與串佛珠圓錐體模型之頂點零維度相交，呈 kiss 狀態！以金字塔為陽為正立為可見，串佛珠圓錐體為陰為倒立為不可見！對，這就像周星馳張曼玉電影裡的情節，甚麼巴黎鐵塔式接吻，周星馳為男性為陽直立在下方，張曼玉為女性為陰倒立在下方，二人口部相交接吻！試想想陰代表女性亦代表看不見之靈魂，現在我們只看見周星馳這座陽性的可見的金字塔而看不見張曼玉這座陰性的看不見的倒立的圓錐體！這代表甚麼？就是陽間底維度事物呈四角錐體之形狀最能把所對應之陰間之高維度生物引出來又或是使我們三維生物進化到更高維度去的神奇結構！而以這個形狀所形成的金字塔內邊充滿金字塔能能使鮮花不謝肉身不朽！

其次，金字塔塔底四邊周長正好等於塔高乘以 2π，為甚麼是 2π，如果塔高是圓的直徑，塔底就等如是 2 個圓周呢！這要參考陰陽圓定理和方圓運動，答案自在其中。陰陽圓也是兩個圓周，以方圓運動中的 2 個圓中每個圓各自貢獻一個 45 度角三角帶弧形，二個這樣的三角帶弧形剛好形成一個正方形！以現在金字塔底的正方形剛好又是以塔高為直徑而劃出的 2 個圓周，這真是冥冥之數呀！

其三，金字塔頂角為 52 度為錐角，而這個塔尖角度正好組成最堅固的四角錐體，任憑萬年歲月洗禮仍屹立於風水之中而不倒！這個有點複雜。首先，要知道方圓運動劃出來的 45 度弧對其餘的 315 度弧為一比七！而以這個 52 度比 360 度為 1:6.923。另外，52 度和 45 度平均值為 48.5 度，而以這個 48.5 度除以 7 度 (52-45=7) 得出的數為 1:6.928！這兩個值誤差值小於千份之一，所以可以基本視之為等值！而這兩個數與七誤差只有百分之一！為甚麼要將 52 度和 45 度相加除以 2？這表達了陰陽圓各有一個弧度共兩個弧度。一比七和一比六點九二三這阻對比為陰陽自誤差對比；而 52 度比 360 度這阻數為宏觀對比，相對來說七度比四十八點五度這組數為微觀對比！一宏一微亦是一陰一陽，一準確一誤差又是一陰一陽！此外，這題解更多的是文字不能表達只能以神會。方圓運動裡被切了一個 45 度的圓只剩下 315 度破缺圓，而如果將 315 度補滿為 360 度之整圓，那麼同理 45 度弧的對應角也應該按這個比例加大為 51.5 度多一點，與 52 度誤差值不到百分一！一個圓被切走 45 度肯定餘下 315 度為陽為實有缺憾，無可能切了 45 度還有 360 度完封不動的，這個為陰為虛為現實不存在的完美！同理，45 度為實為陽有缺憾，52 度為陰為圓美無缺憾，因為完美所以又是自然塌落的極限角或穩定角便不難理解了，同理方圓運動的陰陽二圓各切 45 度組一個有生命力內藏圓弧之眼的正方形無這個完美 52 度的奧妙更值玩味！315 度為缺為陽 360 度完美為陰，45 度和 52 度也是這個道理，而 48.5 度除以 7 為 1:6.928，讓差值竟和 52 比 360 這阻數小於千份之一！

其四，太陽對天郎，自然是一陽對一陰，亦合陰陽圓定理！而天郎自身又有一個大的肉眼看得見的陽的天狼星 A 和一個小的肉眼看不見的陰的天狼 B，亦合陰陽圓定理！以剛好塔底正方形周長正好等如兩個以塔高為直徑的（陰陽圓）

第五，四邊對正東南西北，又為五行中之木火金水，四邊共同組成一個正方形又恰如木火金水共同寄土而生附土而存也！一個底座正方土形之上又拉出四個三角火形組成一個四角錐體，這偶意了大地火土同體，而這四個三角火形更在北回歸綫上連體組成四大火舌共同組成共同指向天空一點之太陽或天狼星！金字塔當然包羅陰陽五行，太陽為陽天狼星為陰也，而天郎星自己也由一陽一陰的 A 和 B 而組成。

　　第六，折解整個金字塔，塔高 146.5 米的十億倍剛好是地球與太陽距離，即把橢圓公轉軌道視為一個圓，塔高就是這個圓的半徑。正方形塔底的總邊長剛好為塔高乘以 2 再乘 3.14，亦即是說塔底四邊形剛好與橢圓軌道這個圓形相等！現在，我們知道塔高為軌道半徑，底部四邊形等如橢圓軌道（天圓地方，方圓互換），那麼塔頂尖點就必定是太陽無疑，而底部對應的當然是地球，且金字塔塔基正位於地球引力中心和塔重的 10 又 15 次方正好等於地球重量正引證此論點！如果把底部塔基邊長為 920 米的四邊形視為一個圓周長為 920 米的圓形，亦正是地球公轉軌道了，那麼那四個三角形的側面就是太陽照射到地球公轉軌道的一整圈陽光！對，就是陽光！不是陽光檸檬茶的陽光，而是真正意義的陽光！而且三角形對於中華文化來說，恰巧亦代表火！而這四個三角形的總面積剛好等如塔高平方乘四，塔底那個虛構的圓周為 920 米的圓的面積就是塔高平方乘以 3.14。這四個三角側面總面積正好等如塔底虛構圓的直徑之平方，亦是說這四個三角形總面積會比塔底虛圓面積多 18458 平方米，從圖面上來看正好是在這個面積為 85849 的正方形以邊長為直徑以中點為圓點劃一個圓，多出的 18458 平方米正好均分在四個多出的虛角上。圓既然為公轉軌道，那麼這虛角當然是指公轉軌道外的黑暗處，這四角黑暗處可以被視為太陽系其它角落甚至更遠之地，反正是太陽光射到的地方，這裡又一次出現了方圓互換的概念。而且這個塔底 920 米周長虛圓乘以二，正好等於赤度時分角！這代表了 920 周長之虛圓再衍生另一個圓，然後再加成為赤度，噫！這又似乎暗合陰陽圓定理和方圓運動，一對陰陽圓各劃一個 45 度帶弧三角形，二個三角形合併成一個有生命力的正方形！至此，幾乎所有的關於金字塔的數字之謎和圍繞這些數字之謎而產生的現像，我們也用圓圈學說去徹底解透了！

　　現在，不斷有科學家發現金字塔有助制作太陽能電池，這也暗合了塔身的四個三角斜面為太陽光之論證。試想像一下這樣個情景，太陽以 52 度這個自然坍塌極限角或穩定角，這樣的一個完美角度去照射去祝福保護游走在軌圓形公轉軌道上的地球，而葬在金字塔裡的法老王當然是如沐天恩！

7. 維度

真沒想到圓圈學一氣寫了這麼多篇，而且題目一篇比一篇更具挑戰性，在完全超出了本人的學識理解與想像，掛一漏萬，貽笑大方之處，還望大家雅量！

沒錯，這篇題目講維度，對於不同維度空間的描述，即使當今最偉大頂尖的一群科學家也是望蜀道而興嘆，更何況我這個不學無才之小輩乎！更何況，這篇文章更是要應用圓圈學去讀解維度事物！總之，多見諒吧！

眾所周知，零維無極一個點，一維直綫，二維平面，三維立體人類世界亦是三維，四維時間，五維曲率概率，六維無數曲率概率之隨意轉變且不受時間亦不受因果制約之轉變，七維宇宙空間規矩之編寫員級數了，八九十更高維就先不要去想吧！

首先，記得串佛珠理論嗎？記得上一篇對應金字塔的倒立圓錐體嗎？想像一下，最底端點為零維無極，上一層假設為直徑 1cm 的小圓，這個小圓為一維空間圓。再上層為大一點的直徑為 2 厘米的二維空間圓，再上一層為直徑 3 厘米的 3 維空間圓，依此類推……但有一點很緊要的，就是所有這些組成圓錐體橫切面的圓的圓心必須上下重疊不偏離！有了這個概念，對下文就能迎刃而解。

一維為直線就如一支筆，一維直綫劃出零維點，跟我們的筆尖點出的點同一個道理。回想一下，大家記得香筒裡我們儲存的直綫香嗎？可是當我們打開香筒，視覺上看見的卻不是一根根直綫的香，而是一點點以點計的香頭頂端，對嗎？不錯，一維直綫生物就是被這樣儲存起來的，一維直綫生物就是以零維點的形式被儲存限制起來的！還有一個很重要的概念必須講清楚，雖然不同維度世界就如亂麻破網互相交織交疊，但對於一維直綫生物，二維平面生物對一維直綫生物的觀察肯定比我們三維生物去解察一維生物來得清楚明白。如果非要用"理解"這個字眼，那麼二維世界比我們三維世界更能理解一維世界！不要駁斥甚麼二維世界沒有思維為虛擬平面等等這些話，我們這裡要強調的是對於低一維度事物，即二維對一維簡直如影隨形，就好比我們這個三維世界有那麼多人迷戀沉迷網上虛擬世界卡通遊戲甚至是一張美女相片等等！就正如二維平面雖然是虛，但卻如影隨形一樣的無所不在的組成我們三維世界。所以人類天說如人生如夢，虛即是實實即是虛的概念！我們可以理解為我們"實"的三維世界，就正是"虛"的二維平面相交而得出的！所以我們世界處處虛中有實實中有虛！只要兩個二維平面有機相交就能組成三維世界？那麼簡單兒嬉？對！但記住不是簡單相交，而是有機相交，即兩個二維平面必須如陰陽圓般的孖生關係，然後還要以正確的方式相交才可以的！而組成二維世界的同樣道理，亦是兩條一維直綫有機相交而成。想像一下，我們三維人類看二維電影屏幕來誤樂，那麼設使二維平面生物亦有誤樂方式的話，它們那個所謂屏幕就有很大可能是直線狀的。對，它們就在直綫裡取得"視覺"快感的，但前題是它們也得有"視覺"！雖然我們明確知道平面生物是不可能具備像我們三維生物的五官觸覺視覺體驗的。但至少我們可以確定直線裡肯定是有百彩千姿的"圖案"的或構成這些"圖案"的必要素的，不然它們怎麼憑兩兩相交組成百彩千姿的二維平面呢？

　　續上段，一維直綫如神香在"視覺"上是以零維點的方式儲存或限制起來的；那麼，二維平面的方式就是以線的方式儲存或限制起來的，比如我們書本上的一頁頁平面紙從側面看來就是好多條平行線緊俟一起。既然二維平面隨時可以被儲存或限制成一維線，那麼一維線就肯定具備組成二維平面的"有機"成份。想像激光橫看成二維線，直望就是刺眼的零維點！這又有如橫看成岭側成峰，遠近高低各不同！我們不敢排除零維一維之差別就可能是觀點與角度的問題之差異而矣！但要轉換這個所謂觀點與角度，就可能得轉換維度了，比如我們三維人觀察到的一維直線，在二維平面生物眼中，這條一維線不過是一個零維點而已！對，低一維度生物自然會把同一維度的事物看低一維，假使它們具備"觀察"能力的話！這叫做維度正比觀察定理！而以上文提到的串佛珠理論的倒立圓錐模型來看，得出的結論又成反比，即以站在二維圓圈上去觀察一維圓圈，會比站在三維圓圈上去觀察到的那個一維圓圈更大！那麼，依此理推，在我們眼中的這些平面，在二維生物的世界裡就是以線的形式出現的！我們三維世界用二維視角去看三維世界，而二維生物當是以一維視角去"看"二維世界的！甚麼？我們人類亦可以立體視覺去觀看？首先，你站在一間大屋前原地不動，請問你肉眼能看的見屋後有多少人嗎？不能！還有，如果科技足夠先進，你眼前所看到的所有事物，保證電腦系統亦可以幾乎一模一樣的在屏幕裡給你顯示出來。對！你肉眼看到的立體世界，其實就是一副副平面！同理，二維世界裡的所謂平面，都必定可以以線劃出來，不過二維生物"看"的清這些綫，而我們三維生物看不清而已！所以它們的平面世界比如卡通插圖甚至新聞畫面，總給我們一個三維立體的錯覺！為甚麼我肯定是錯覺，諸君不妨想像一下自己被人封印入去屏幕世界，那麼到時我們的"觀點"和情況就好比從牆縫裡看世界一樣！怎麼看都是一條直線！坐在屏幕前的三維世界生物看到的秀山碧水大江大河，不好意思，被封印進裡面的你是看不到的，你會就像從屏幕側邊看過去一樣，關於屏幕內容你什麼也看不到，只看到一條線！正因為如此，我們可以簡單想像的到二維世平面都是以線的形式儲存封印起來的！

　　至於三維世界事物，當然是以二維平面形式封印儲存起來，如相片屏幕等……記得古人怕被影相嗎？據說會攝魂的，如此類似概念。但必須清晰一點，就是凡是在三維空間裡以二維平面形式儲存或展示出來的都是無生命或至少無完整生命的！以此理推，凡是二維空間裡以線儲存或展示的都是無"生命"或至少無"完整生命"的。

　　記得剛才的串佛珠圓錐嗎？每一個圓橫截面都代表一個維度，圓心代表自己圍度，圓周代表上一維度。比如三維圓的圓心是空間，圓周時間；二維圓圓心平面，圓周空間等等……想像一下每個圓都有一支半徑針，正常情況下半徑針橫向圓周移動，世界生命照常運作！正常情況下這支針不斷轉呀轉的在圓周上運動，但由於我們破不了自身圓周，比如三維人類沖破不了我們的時間圓周，結果不進則退，這支火徑針越磨越短，結果最後及不著圓心而垂直掉了下去，掉到那裡？第二維度的圓心對嗎？對！第二維度圓心是平面嗎？是！降了一級，被封印了！就像人死後只餘下遺照也是二維平面又或是人們腦海裡的平面印像！而如果想像一下有得道高人，他們這支半徑精神針也力量充沛，自然可以擺脫地心引力或惰性，針自然難磨選之餘又會虎虎生風的向上飛揚（當然三維這個圓周不斷快轉同時也會產生向上風把這支針推上去，而且人為人往高望之積極性，人性都是身背低維度不好東西而面向高維度美好事物），這時若果足夠接近圓心上邊的圓心的磁性對這支針產生作用力，就會上一個維度的台階，當然，這是小數！這個現象又好比地心吸力是向下的不錯，但從那個零維度點射出的光源又是向上的！這個偉大串佛珠圓錐，竟同時並存經典重力作用，電磁力學，強作用力和弱作用力，強弱作用力二者保證倒立圓錐体圖那個最底點亦即零維無極點又為金字塔的太陽點，即那顆太陽光源源源不絕且足夠巨力正常運作！那個底太陽光源向上直射，引領我們苦海的慈航明燈也！這一倒立串佛珠全維度大一統哲學圖同時包含括了四大作用力！這可能是一條終極大一統哲學理論公式！

藉此再完善一下大乘佛法裡的串佛珠理論，就如上文一樣，串佛珠理論中的不同維度空間可以用一個虛擬的倒立的尖頂處與金字塔頂成kiss狀的圓錐體去表達。我們也知道圓錐體內有無窮多個圓形橫切面代表了多個維度空間，塔尖一點是零維無極，認真來說這一點就是一個虛擬圓心點，而不是圓！我都真楚的表述過串佛珠虛擬圓錐體的特性：只有圓圈才能算作一個維度，一點不算一個維度，剛好只有零維是一點，所以零維可以看成是一個維度空間，同時也不是一個維度空間！就是一個混沌期，這一點非常重要，尤其要明白這一點才能理解下文：維度二之上帝！那麼又有個問題出現，不都是說維度越高，越接近零維嗎？零維只有一點，那為甚麼這個圓錐體維度越高圈卻越大呢？對！維度越高那個橫切圓越大，而且高不見頂，永遠不見，因為沒有所謂最高維度，只有更高維度！這樣，我們就永遠理解不了那個所謂最高維度，所謂最高維度的要素共有兩點：第一最高維度最近零維點，更高一層更近零維點；第二，最高維度還有一個定義是沒有最高只有更高，所以那個圓錐體基部最大圓就要用虛綫去劃，而不是用實綫！另外，為甚麼剛才說零維既是維度，同時又不是維度嗎？這個倒立圓錐圖已經有答案了：零維無極點處於最底的尖點和最頂的那個基部虛綫圓！造化就是如此奧妙！非真情真心真意之人，斷不能領略其於萬一！

言歸正傳，這個倒立圓錐體由不同橫切圓組成，設定最底零維叫A，一維圓叫 B，二維圓 C，三維圓 D，四維圓 E，五維圓 F，六維圓 G 依此類推……但我早已說過，每個維度之間的界限並不是那麼清晰（這一點會在下一章"維度二之上帝"一文中詳細解釋），既然這個概念如此重要，那麼在我們大乘佛系運動這條哲學全維度大一統理論裡怎麼可能把如此重要的概念忽略呢！

運用一下想像，比如二維那個實綫圓圈叫 B，三維實圈 D，那麼二維實綫圈和三維實綫圈各自上下至少還有各一條虛點圈，其它維度亦然，除了零維點和至高維度虛綫圈是為例外！三維圈 D 的上方有個虛點圈 D 甲，D 甲這個圈雖屬於三維但同時亦比三維本圈之實綫圈 D 更接近代表四維的實綫圈 F。同時三維本圈實線圈 D 的下方亦有一個虛點圈叫 D 乙，D 乙這個虛點圈比 D 這個三維本圈更接近二維本圈 C，其它維度同理也有各自的甲乙虛點圈！還可以這樣理解，D 甲之上還有一個更接近四維的 D 甲甲虛點圈，D 乙之下還有一個更接近二維 D 乙乙！作為活在實線圈 D 的三維人類，我們當然更希望向上到 D 甲甚 D 甲甲，甚至四維！還記得佛系理論嗎？很多個同級圓一起圓心對圓心圓周對圓周運動的佛系理論呀！我們當然可以看作是這裡的 D 圓和 D 甲 D 甲甲 D 乙 D 乙乙一起涅槃重生一起集體運動。至於大乘佛系運動中我們亦是與更高級的圓做圓心對圓心圓周對圓周的集體涅槃重生之運動呀，這又看作是 D 圓和 D 甲圓 D 甲甲圓一起與 F 圓 F 甲 F 乙圓等一起做心對心圈對圈的運動呀！D 甲甲虛點圓已經無限接近其至重疊上 F 乙乙之虛點圓了，因為虛點圓，所以不怕無限底甚至重疊亦不怕！

都說點對點圈對圈之運動，虛叠虛可以理解，因為每個圈大小都不一樣就如樹本年輪一樣永不附上並吃了對方，圓心點對圓心點一來虛無，二來一定會重叠附上和吃了對方，再也分不出這個圓心點到底屬於那一個圓的，這樣不成理呀！對，不成理，所以我們上文提出半徑線這個概念，有慧根的生物自然更大機會可以將這根半徑線一柱擎天，頂到上一層維度的圓心點去！這樣，就沒有了圓心點依附重疊甚至吃掉另一個圓心點而使我們混淆其中之憂了！

8. 維度二之上帝！

四維世界生物可以以三維生物形式加入到我們宇宙甚至地球這個三維空間裡來嗎？可以！多個維度空間本身就已各自維度的形式交叉重疊，圓圈學告訴我們對待空間這個概念我們頭腦不能那麼死板，要有想像力，要有複雜邏輯思維，同時亦要用心去感悟！不同維度之間實際上是那麼遠又這麼近，遠到超越距離概念，近的如電影上之男女主角擦身而過卻不自知！

那四五維甚至更高維的空間裡的祂們又知不知道自己經常親身到過我們這裡？甚至與我們擦肩而過？我們三維空間只不過是祂們那個空間大圓圈中的任意一點，換句話說我們也是祂們的其中一小部份，四維空間的一部份又無數個三維空間組成，正正如我們三維空間的一部份由無數個二維空間組成，這是同一道理。祂們在到我們三維空間深度參與其中之前和之後，其實都是意會到有這麼一回事的！正如我們拍一個二維 video 之前和之後，我們肯定知道自己將會拍或已經拍過了一個或多個二維 video 的。但是，在如深嵌二維 video 中的那個自己一樣，我們在屏幕鏡頭前無論用任何方式或任何語言都是不能與鏡頭裡面那個二維世界的自己取得聯繫的，正如你在看一個實時直播足球活動，你能對與在鏡頭前直接呼喚裡面那個 C 羅而又使他意會到你在呼喚他嗎？不可能！因為此刻鏡頭前的你處身三維空間，而"鏡頭裡"那個 C 羅正處身二維空間，不同維度空間不能"直接"取得聯繫！而你又可以大膽問問"鏡頭裡"的 C 羅"鏡頭裡的朗拿度先生您好，請問閣下知道自己正處身二維世界並且已經成為這空間中的一部份嗎？"答案是可想而知的！這樣，試假設一下，我們三維空間又不過是四維空間裡的"鏡頭"而已！而處身於我們這個三維空間裡的四維先生，祂當然真未必知道自己就處身三維之中！

三維跟二維那麼相近，連綠水青山紅日黃月都一樣太沉悶無味了？我們能造出一個所有規則都由自己定的世界嗎？比如血是固體金色，太陽不是圓的而是碧咸的模樣，月亮則長的像維多利亞，人長獅形，沒有草沒有空氣沒有水，而且人都可以任意永世生存！都可以！這近接近卡通世界了，卡通我們喜歡怎麼畫就怎麼畫，而且若干年後科技更先進了，我們甚至可以在虛擬世界裏下達這世指令從而創造出一個我們隨心所欲的世界！當然，四維只高我們一層，祂們也未有如此洪荒之力。五六維甚至更高生物就擁有更接近這洪荒之力的力量了，甚至有過之而無不及！同理，二維世界的青山綠水我們不能竄改。不對，卡通不能隨便畫嗎？關於卡通世界這個問題，我的看法有點不一樣，主要是認為卡通世界並沒有一個位於我們三維世界的參照物，所以卡通世界我認為是比二維世界更低端，大約處於一維世界，低我們兩個維度！二維空間都是我們可以用相機"一個平面一個平面"拍出照來的，而卡通世界卻是我們用電腦綫條和點，甚至用筆去一條一條一點一點劃出來的！所以說，它們處於一維，甚至次一維空間，即是第七篇提及的 B 乙圈，甚至是更低的 B 乙乙圈！但同時，我們也得承認，由於那些卡通都是平面形式展示的，則它們又具備了一定程度的二維屬性！串佛珠理論早有明示，維度之間本來就沒有清晰分界！

有人會問，憑甚麼這樣粗暴的類比？圓圈學告訴我們，就像串佛珠鏈和倒立圓錐體一樣，每一個相鄰維度空間互相緊緊相扣，而且維度越近，裡邊的生物就越有高度相似性？請問近照中的二維我與三維空間這個我們本尊相似嗎？真的很相似！而且帶連周邊事物也具極高度相似性！只要科技越好解像度等系數越高，幾可亂真！當然形式是不同的，人類的三維身體體重大約 5-500 公斤，屏幕映像裡那個我們可是沒有體積更沒有體重的"虛擬"之物！而且，對應太歲又有個虛構的四至五維的完美歲陰，世界上所有不完全平滑的平面總可以在實驗理論裡對照出一個完全平滑平面，這些事物都有一個明確指向，我們就像維度佛珠一樣，一環環的向高維度解除束縛，越解除束縛的多就越完美！那麼我們憑甚麼繼續愚昧下去，認為對照我們的那個四五維度的靈魂先生是子虛烏有之物！圓圈學告訴我們，即使四維甚至更高維生物要到我們三維世界一遊要影響我們，都得以我們三維空間形式規則行事嗎？有句俗語好：強龍敵不過地頭蟲！道理已經那麼顯淺了，我們這些愚昧之物還無休止的造著那個在實驗室裡用三維規則去證明四維空間生物之有無的大白日夢嗎？！

　　另外，若果四維空間的祂們來到我們三維世界一遊，等於我們三維人類拍了一段二維 video，而祂們四維生物到我們三維空間拍的一小段 video，往往就是我們三維人類的人生！若對應我本人的那個祂拍了很多段 video 怎麼搞，那就是意味著我本人的多世輪迴了！無可能？！我們輪迴可能是豬是狗，即使生生世世輪迴做人，也有男女性別膚色心智等之差異呀！而我們拍的那些 video 由小到大差異也是不大，至少都是膚色性別五官四肢都是有跡可循的！但是，已經說了我們腦根不能太死板，否則怎能去理解如此抽像奧妙的多維度觀念？我們一生拍相片 video 甚至存在他人腦海心田裡的平面印像，就等如一個生物在二維空間裡生生世世的一大圈輪迴了。我們在二維相片中的微小差異比如頭髮短了，也可以對比成兩個完全不同膚色身份性別的三維人，亦即我本人的前世今生了！

　　觀點角度和生死之題！四維五維甚至更高維的祂們會死嗎？而圍繞死亡這一課題而產生的周邊現象又是如何？圓圈學依然可以解釋嗎？可以！但在討論生死之前，大家必須要明白一個概念，即維度越低越近零維的生物的生命就越短！這個短不泛指時間，而是指整個維度結構越簡單越低等束縛就越多，束縛多就等如約點多，隨便引爆一個生命都立馬消逝。比如二維生物存在就存在於我們那個幾分鐘的 video 之間，甚至是相片的無時間概念！二維的相片虛擬平面等如我們三維世界的某一刻，二維 video 對等我們的一生人，二維空間比我們更變幻無常，或者更可以說二維世界沒有一刻或一生之概念，因為四維時間並不能跳過三維空間直接反映到二維平面上去，有道是時空時空，無空就沒有時，無時就沒有空！而一維更是所有生不成二維之物，比如關閉電視時的一條綠綫！我並不是說我們眼中那道未能形成平面的綠線就是一維生物，因為始終那道綠綫都是在二維平面這個平台上反映出來的，這樣就帶上了二維性！真正純一維直綫我們三維人很難跳過平面世界而去直接觀察出來的。怎麼解釋呢，好比一道牆縫，二維平面就假設是一只鑽牆螞蟻，二維空間生物的觀點就比如從螞蟻眼睛角度去看這牆縫世界，都是一條線，一維的線！而我們三維人類站在對面用超高科技穿透鏡看，螞蟻和牆縫都同屬一個平面，聯成為有機一體，無分你我，都是平面！就是這個道理，二維螞蟻看一維即一直線長縫，我們三維人類中，二維螞蟻和一維牆縫一樣，是一個整體。當然，現實螞蟻和牆縫都同是三維世界一部份，方才舉例假設，不過比如！

但還有更細稚的說法，又比如二維平面卡通蠟通小生打開房門一道"縫"偷看老師洗澡，二維小生"認為"自己"看"到的是美好"平面景象"，而在我們三維人類眼中，那個"美好景像"我們是看不到的，因為在我們眼裡，那就是一道無味的黑黑門縫，一條黑色"直線"！又比如我們三維人類出現在四維空間的"video"裡，我們出演的電影就是一場室內捉迷藏，我們在倒數最後那麼秒，大家也藏起來一動不動，我這個倒數的人也靜止了幾秒，之後又連續三十分鐘的不斷跑跳滾爬移動，那麼置身四維的袍們，是直接觀察不到那剛才那"靜止的"幾秒的，而只能直接觀察到我們之後這三十分鐘不斷的"移動"。另外，如果我們追迷藏期投影機同時播放，牆上二維喬丹不停的打藍球，那麼我可以明確告訴裡，四維的袍們一定把二維投映出來的二維佐敦當作我們的"三維伙伴"而全然不知了真相了！在四維眼中，三維空間裡不斷動作的三維生物和二維生物都是一個有機而完整的三維整體！因為隔一維就不能"直接"觀察！或者更推理的說，二維生物被立體束縛在平面裡，使它們消亡的是立體空間，因為它們幾乎不能從平面裡掙扎出來我們三維立體空間！隨非以佛系運動和大乘佛系運動去轉換自身維度結構，這又是後話。

總之，二維就是一個平面整體，二維裡的小生獨立不能算作一個二維生物，必須要把整個畫面的其他東西比如房、門、天花板、桌子、桌上食物、甚至包括小生身旁的小狗小白，這樣一個平面整體才能算作是"一個"二維生物！小生不是一個有生命的人類嗎？不是！二維平面不是三維立體，無可能有我們三維生物的立體肉身，更無可能有我們的心跳情感！要把每個二維生物作一個平面甚至一個故事去看，才能更好理解，比如我眼前這個平面二維生物"由臭屁文主演的蠟筆小新在老師家客廳裡一邊吃著零食一邊偷看老師沖涼！"就是如此。二維世界這樣一個平面作整體看，小生非比我們三維小孩既不要血脈賁張起性慾，也不會有男女人類和動植死物概念。因為他和老師和這個老師房子是幾為一體的，也不存在大家看到對方的問題，這好比等如我的手看到我的腳，我的鼻愛上我的眼，滑稽之事！那二維生物甚麼也"看"不到嗎？不應該用"看"這個字去描述二維生物。那二維生物真的只有自己一整體而沒有其它事物嗎？二維生物不像我們三維，男女分開，動植物又分開各自作一整體，甚至連生物和死物也分開各自作整體看！我們三維生物可以看到彼此，但二維生物是虛擬的，你中有我我中有你無分你我無所謂彼此！但是，二維世界裡是可以出現一維直線的，一維直線在二維世界平面裡也是以虛擬形式出現，比如那條黑色的門縫！我們可以這樣理解，比如臭屁文主演的蠟筆小生偷了叮噹的隨意門，而且打開了"一線"門縫，那這樣，這條直線門縫便獨立於這整張平面劃面了！雖然這條門縫可是以二維形式在平面上表現出來，但我們不能太死板，因為我們不可能跳過二維去"直接"觀察在現在它們平面世界的一條"虛擬"門縫！所以我們這裡舉例門縫只是形象化方便大家思考而矣！但即使這條門縫若真是一維直線會有甚麼表現形式呢？答案就是二維的臭屁文小生可以"觀察"到那條直線是虛擬的一維直線，而且裡頭又藏著與他們一樣的又一個二維平面世界！形象化來說，好比我們把幾十頁平面二維書閉上，頓時變成幾十條直線一維。然而，二維平面裡的郝紹文主演的小生"觀審到"這是一條二維平面世界裡的虛擬直線，我們三維世界的人則又把這條"所謂"的一維直線和屏幕前這張二維平面作一個整體二維平面世界看，即是說我們會把一維門縫直線看成是這個二維屏幕平面世界的有機的一部份！而不能將之從二維平面裡區分出來，因為隔了一個維度之故。可以想像四維的祂也極可能會將我們三維世界裡的二維 VR 虛擬喬丹看作是一個與我們一樣的三維人類！更奇妙的是，祂們也極有可能將我們的一條毛髮看作一個獨立有機三維人類來看，為甚麼不？！在四五維之世界，可能一條毛髮就是由一個巧妙"copy"出來的他們自己！即是說，他們表面可能與我們三維人類近似，然而卻是其它物質元素組成的，總之不是由血肉水份礦物質組成的人類，而他們又可能是多功能多分身的，比如身上隨便一條"毛髮"甚至一個"細胞"也可以生出一個類似於他們外貌的三維立體甚至四維時空的自己，因為祂們可能比我們更具獨立性，所謂田螺殼裡造道場也！

而我們三維人就是被時間束縛扼殺在立體空間裡，四維祂們就是被不同概率扼殺在"一條條"獨立的時空洪流裡。這並不一定合我們三維世界的死亡概念，但再提醒，腦筋不能太死板，不同維度，消亡方式或者叫使被限制方式可以哲然不同，就像我們追尋永生不老而不得者也！以為永生就是永恆，但永生也途不出概率制約，四維生物有他們獨立一條條時空洪流，如果祂們本屬洪流 A，就跳不到洪流 B，這叫概率！如果非要祂們轉變洪流，祂們就知得先整個消亡了，然後再重投其它時空洪流如洪流 BCDEFG 等等……而祂們組成的若干港流假設有 30 條，然而四維世界的祂們不能保證自己在這假設的 30 條洪流裡自由轉換，五維世界生物就可以做到了。有點仿似周星馳月光寶盒裡不斷回到過去想改變過去的那一幕，那一幕大約在四維以上五維以下！

又或者這樣說，四維大約是將我本人三維世界生生世世的輪迴隨意自由調配，但仍不能去改變這些輪迴，至於五維呢？可以重新定義這些輪迴否？五維看三維，有點像我們三維看一維。由於我們三維人從來未直接定義過一維直線，既不能直接觀察也不能直接定義，所以二維於我們是規則一維就是相對無規則，即我們三維人類既可以改變一維世界又不能改變一維世界！因為那些被我們定義的相對有限的二維世界裡面，每個二維世界自身都包括對我們三維生物來說是相對無限的一維直線世界，比如蠟筆小生的門縫裡 (對我們三維人類來說) 可以是女老師洗澡，也可以是爸爸洗澡，更可以是怪物洗澡甚至老師在吃怪物！於我們角度來說反正只是一條黑黑的直線！給們我直線比給我們併圖自由度來得更大一些！同理，我們對五維生物來說，某程度也是"直線般"的存在！我們可以用一維直線作任意劃，五維祂們當然亦可以用我們人生作任意配搭千變萬化！但切記，五維對三維由於隔維，所有任意配搭都是間接的！越間接的事，相對自由度也就越大！四維就局限於這樣能力而被"封印"於時間洪流裡，四維生物會死不，會！作為個體祂們會"死"！但作為整體祂們又像我們其它維度一樣，涅槃復生，沒有涯際！個體四維生物怎麼個死法？"整條時空洪流"的"消亡或坍塌"！而裡邊也自然包括了一些相對應三維生物的世世輪迴！不過一條亡另一條又復生不息循環而已！隔維作用，又如同串佛珠理論一樣，三維為一大圈，二維是三維大圓圈上的任意一點，一維又為二維大圈上的任意一點！這樣，你能說一維與三維無交集嗎？有是有！但一點中的一點，似有如無，如夢似真！但我們對這一點中的一點的定義自由因而相對更大更廣闊空間！

　　上帝！有上帝嗎？多少個？在甚麼維度？以甚麼形式出現，祂創造了所有維度嗎？或創造了某幾個？高維還是低維？祂是自己工作還是一班人一起合作？一班上帝？祂可以把所有維度滅絕嗎？還是只能滅掉一些，比如零度點和至高維虛線就滅不了？維度是固定了這麼多嗎？如果固定那麼我們知道這個數目嗎？如果不固定那麼是遞增還是遞減？還是邊增邊減？如果上帝為所有維度那麼祂有神力直接作用於我們每個維度而不以該維度之形式去做嗎？即是不依規矩嗎？有人說自己就是自己上帝，好像言之鑿鑿，真耶假耶？若真，那到底又是甚麼一回事呢？有人認為上帝是佛，那我們又能成佛嗎？說是可以？怎麼去做呢？有人說上帝既惡且善，通人之性，有人之形，真耶假耶？那麼上帝邪惡一面又是怎麼著？破壞嗎？為了什麼去破壞呢？像是復仇者滅霸？而有一堆看似更正義之士與這尊惡上帝抗衡，這很亂，究竟誰是上帝呢？上帝如果在至高維度，那麼會死嗎？也會死的！如果在零維才不會死，但零維即是無有，即沒有上帝了？或者整個維度跟本由祂操控？祂玩哂大晒？

　　串佛珠理論告訴我們，一維扣一維一環扣一環，如果真有上帝，祂就處於至高維度之大虛綫圓和零維之間飄渺虛無。三維是無限個二維組成，二維又是無限個一維組成，四維又是無限個三維，照理可知，越高維生物維度複雜之餘束縛卻少了，越是複雜維度生物數一定越少，這樣接近至高越可能最後只得一個生物體！但基於維維相扣，每一維都能在對上一維找到一個更好更完美一點的自己！所以，我們也是那個或那班至高維上帝的一部份？那麼，我自己就某程度上是自己上帝！

　　記得串佛珠在零維與至高維之間無首無尾無始無終，跟本找不到至高維，所有維度自生自滅涅槃復生，既不是低一維又不是高一維幫助而生成的，且永遠存在，無任何生物可以催毀之，即使要影響它也得換做該維之生物體模式！但每一個維都相對應有一個或多個自己，這既念似cosplay，或者說每一維都有一件或多件屬於我們自己的超能衣服或靈像，只等我們自動對號入座。而當然維度更高戰衣功能級別越高束縛少，功能發揮更自如。維度已經有一定多數，但因為無維度可以真正與零度無有重疊，所以維度只能是無窮多且不知數目，戰衣神像已定，我們做了佛系運動大乘佛系運動一層層上去就是了！但各維度之我同時存在，比如三維的我正在寫作，並不影響二維的曾經在 video 內的我，和那些我的二維 video 內的無限一維直線可能性，而四維的"我"即刻更可能是同時扮演幾十世輪迴或並未扮演幾十世輪迴的我亦未可知，因為四維那個五不受時間限制！而五維的我更可以隨心自由不斷創造不同形式的我而現在這個三維寫作的我而不自知，因為已經隔了一個維度！

更具體的描述一下吧，我正在玩電腦遊戲，那麼在三維世界裡，我本人當然是三維生物，電腦遊戲裡的人物就是二維生物！這很清晰且不矛盾！然而，當成龍大哥在電影裡玩電腦游戲時，電影屏幕裡的那個成龍大哥已化作二維生物，當然他玩的遊戲裡的人物就是二維電視屏幕裡的二維游戲人物，那仍然是二維！可電影裡的成龍大哥不單已淪為二維生物，且我們電視屏幕裡的整個電影世界，也和成龍大哥融化一體了皆作二維了！什麼，不單是屏幕裡電影世界那個成龍大哥和他電腦遊戲裡的人物分別都是二維生物，而且竟連那個戲遊的卡通人物也與大哥融化為一體，作"一整個"二維生物看待？對！就是這樣！整個電影世界裡的所有事物都是二維，而且融化一體！可以看出，三維的生物如人類可以獨立作為一個整體，而二維非得整個平面鏡頭甚至整段 video 作一整個二維生物看！這概念有點類似古代的魂魄被封在一道符裡！則符裡平面世界與那個人的魂魄作一整體看。同時，亦必明二維生物不能獨立脫離一整片平面而"個體存在"！怎麼證明，二維生物如縫裡看線作世界，屏幕裡的成龍大哥又前可能左扭右扭左跳右扎的玩遊戲呢？！這正正說明整個鏡頭作為一整體看！那麼二維的成龍大哥在屏幕裡做著三維生物才能做的吃面行為？你試試把屏幕裡他那碗面拿出來吃吃？還熱氣騰騰呢？！

深入的去想，那個我們拍一張照不是將二維照片裡的一整片綠水青山藍天白雲千萬途人連成一體，甚至乎某程度上主導了"它們"嗎？對，是的！看，我們三維人類輕輕鬆鬆不用一秒就已經連系主宰了一大片二維天地！那麼四維的祂們也對我們施加如此大的影響力嗎？對，是的！我們世界上的很多地方甚至很多很多的生物包括人類可能只是同被一個四維生物主宰連系著，所以，人與人之間，人與物之間為甚麼那麼多緣份和連系，古人所說的天人感應我今天就用圓圈學一字一句鉅細無遺的把它拆解出來，結論是要相信古人智慧！那作為人類的我們要首望相助愛惜地球嗎？在我們的"主宰"四維的袍面前，我們就是一整片一整體，傷害他人甚至環境，某程度上是在傷害自己自身！但是，也正因為是我們在三維世界裡的當時得令，致使我們太過於沉溺在這其中罷了。

關於個人為自己上帝一部份之假設，做個題目，比如四維世界共有一百個袍，每個袍主宰我們三維世界百分之一的生物！而五維世界共只十個生物，每個五維生物又主宰十分之一四維生物，即這個五維生物共主宰了三維世界十分之一生物，那麼我們地球上這一群共十分之一的生物就有某種程度上的一體連系了！假若又有五個六維生物！這只是粗糙的譬如，但希望諸君以自己慧根去理解其中利害。

都說不同維度不能直接施加影響和滅絕其他低維度世界！電影屏幕裡的二維壞人雖然我們並未能"獨立"去消滅他，但總能拔去電源，一整片的消滅整個畫面甚至整段 video 吧！你自己關了電視，那其它人呢？全部關了吧！那就可以當作消滅了嗎？那麼十秒前那個時空裡的這個片段呢？我們總不能時空倒流到十秒前吧！要知道二維平面是不受時間直接限制，因為空間與它無關，它也沒有權利去直接分享空間這個資源！所以，我們關不了十秒十天前這些時空裡的屏幕也就是消滅不了這些二維世界了！怎樣證明這個 video 仍存在於十天前之時空？如果你是四維生物，時光倒流過去，你就可以看到當時這個 video 之存在了！那麼對了，四維生物就可以消滅這個二維 video 了，而且是簡單直接的用四維模式去移除整個時間段的三維時空，這樣無論十秒前，十天前甚至一百天前所播出的這段視頻自然灰飛煙滅了！那還記得同一個二維空間由於有無數一維直綫組成，正由於這視頻裡無數個一維直綫的可能性，這無數一維可能性直綫有機的組成其它無數個二維劃平面的可能，四維的袍只是消滅了這個時空假設這十年來澳門地區所播出的關於從某億億萬個角度之其中一個去拍攝的長白山 video 而已，這還不包括長白山自身每時每刻億萬生物體兆兆億分子的任意變量呢！還要搬出五六維生物以毀滅這個天地之姿去消滅這段 video 甚至整座長白山？！對不起的很，這座不起眼小如塵的長白山以 10 又 100000000 次方的可能性存在於某七八維大神的某個"角落"呢！無論用甚麼各度去證明！在每個維度都以特定某直接間接間間接形式存在的長白山不到最高維是滅不了的，可惜的很，由於零維的限制，所謂"最高"維永遠不能成為最高！佛家曰一生俱生一滅俱滅！你無本事在所有維度把此維度之任一事物全滅，你就達不到把它一滅俱滅的至高哲學陰虛境界！

再細論入去，我們可以用圓圈學依上文內容推斷，零維無極點是依附在全維度全宇宙全空間無處不在之粒子！一維直線生物範圍收窄一點，但至少也是依附於所有直線之事物如光或射線或波弦狀物質，二維平面生物因為複雜一點所以又收窄一點，但至少也比我們三維空間生物來得廣泛一些，比如相片中的綠水青山與青天白日熙擾人群都可以算作是一整體，一個二維平面生物就可包含了所有這些！三維只能是我們各自獨立的一個人體，或動物之各自身體，但古賢常說物我合一即就用二維生物的一體性而言，反映到我們三維上的人類即使與周邊物體一體性沒有二維這麼強勁，但是還是存在一定程度上的物我合一的，這就是風水依據由來，只不過前人無明言，子孫後人即我們愚昧透頂所以理解不透而已！至於四五六維等生物可能就是更獨立更小單位粒子般的存在。老人常說不要隨手拍死灰蝶飛蛾，可能就是先人小靈魂附之在上，有趣的是我們燒衣紙的火焰對喜光飛蛾來說也是具有致命吸引力呀！在古人看來，隨人類外，其它生物都是五行不存，吸收不了三維空間之天地真氣，所以也是沒有靈魂之存在，結論就是因此上不到四維的 cosplay 戰神靈像這趟便車！

但智慧未開的我們，不要隨便輕視低維度的簡度生物，因為它們維度界裡基數如此龐大，無數恆河細沙裡包粒沙可以包含所有天上流星之數量，我們任何維度也是將其滅之不盡的！另外，由於二維是平面性整體性，所以 delete video 或燒相片相底這些看為看似是殺絕二維生物，但我亦講過，腦筋不能太死板，我們三維人的一條生命去死並不一定對照二維空間的一副虛擬圖片之消亡，因為它們隨了無直接時間概念之外，它們的生命概念亦大有可能與我們迥異，"生與死"跟本就不是這樣衡量的，甚至它們的"生與死"究竟是怎麼樣的意思，我們也無從稽考。

這樣，一副複雜的維度空間和上帝的構圖大概已經有點眉目了！我們何不積極自信又以極大耐性智慧去面對人生一切呢！不該是消極的，

三維的我在三維世界當時得令，應該干點甚麼，畢竟以狹義看，這一生
這幾十年確實只有一次！同時又豁達大度，因為某程度上我們也是上帝
一部份，雖然我們並不自知！而且茫茫洪荒，我們現在的暫時三維身又
算得上甚麼呢！不如以自己角度智慧去做自己心裡對的佛系運動和大乘
佛系運動使我們這個三維人生過得更充實一點！

　　還有，肉體不滅，我們難達四維，而不管達不達，也有我們的一
部份在更高維度了，我們破譯了這個多維度宇宙空間，至少某程度上的
破譯也夠使我們釋懷了，我們再也不必像秦皇去練丹了！因為三維身
不死，就無可能破除時間限制而真正永身不老！肉身不死永難達四維是
我們一般傳統上的認知，對了一半！但我認為既然四五六維沒有時間限
制，而每一件四五維 cosplay 戰衣或靈像在我們三維凡間並不是代表
一個人，而是很多很多很多的人或生物，而同理每一個三維人或生物
在四維世界也並不局限於一件 cosplay 聖衣靈像，可能同屬於多件聖
依神像也未可知；就如三維世界我們一座山可以生出百百億個二維相
片 video，而反之每一張二維相片 video 亦未一定局限於這座山，可
能同時還包括了一點湖水或其它山或飛鳥太陽人群等等！這樣講，似乎
我們三維與四維那些等待我們歸位的四維戰衣靈像有點你做你的我做我
的，比如說一尊四維開心神像本身自己就已經有四維神聖身份和神力，
也不必等到凡間上那幾個開心人都死光了而且升上四維世界了才能"被
激活"！而且四維也根本不局限於時間，你們三維開心人死前死後恐怕
對這尊靈像沒甚麼大意義。但若果這尊開心靈像所代表的三維空間的所
有生物都死了都成功上四維，那麼說不定這些三維生物就坌這尊小靈像
內合體壓縮為一粒芥子微塵，然後與其袘四維神像裡成功的芥子微塵同
時或各自升上五維空間之對應之一個或多個載體，這裡以五維粒子形容
之！大家想想，假設三四五維有一群生命體 group A 是互相連系的，三
維 group A 四維 group A 和五維 group A。不是說這群四維 group A
成功了，袘們在三維世界所對應之他們就全部輪迴完成了，我認為沒有
這樣的先後因果，因為這是我們自小潛移默化的時間觀念，但若果你要
把自己思維升上四五維，就不能一直死抱我們自小幾乎與生俱來的時間
觀念，某程度上這有點像佛家所說的斷六根！

　　行文至此，記起地藏菩薩的一句話：地獄不空，誓不成佛！我們這樣理解，如果地獄真的有，那麼它程度上一定屬於某個維度，或者是維度與維度之間。比如二維一二維間或二三維間。維度越是低等簡單，基數就越大！當然與所有維度一樣，二維亦是不斷涅槃重生，若果二維的某部份就是地獄，那麼地獄恐怕永不會空了！但某程度或某個臨界點中以某種形式出現的"地獄空空如也狀態"！那還是有那麼一丁點兒可能的，在理論上來說！這麼龐大的一二維基數那怕某程度上的"空"，對向上維度爬升的那種神聖之力的催生盡會是無窮無量的！真不得不佩服，地藏王菩薩的超乎尋常的宏偉志向，要麼不成佛要麼就成為最頂尖的第一大佛！重要事情講三次，

　　要麼不成佛要麼就成為最頂尖的第一大佛！

　　要麼不成佛要麼就成為最頂尖的第一大佛！

　　還有，記得佛系運動的開放無邊吸引所有同維生物過來一起向上維爬升，同時大乘佛系運動又要我們借助上一維度之力扶我們一把嗎？如三維父母將還未成為受精卵之前的零至二維生物的我們帶來三維世界嗎？而且，記得上文提到一個四維生物就可能代表了千分之一甚至百分之一的人類了嗎？（多少世的輪迴，以每一世又傳宗接代，比如成吉思汗有多少子孫現在？這只是粗淺不準確的舉例，只是希望以這樣方式打開諸君的腦洞而已！）那麼，我們要修到那尊四維身是不是雖要千分一甚至百分之一的人類或生物的共同業力呢！我們人類相親相愛以誠待人命運共同體是多麼難得的好事呀！

　　既然有上帝，而且我們極有可能大概率就是祂的某一部份！那麼為何我們類千千萬萬年以來會全無感覺呢！因為隔一維已經比近視人霧里走馬看花更難上加難了，更何況上帝至少是六維以上生物，亦即是說至少比我們高三高維度以上，難怪乎我們會無有感覺無心靈交應了！那怎麼辦，小乘佛系運動、大乘佛系運動和佛家所說的去六根，其實這六根都是三維生物特有產物，圓圈學告訴我們去六根真的有助於我們去除時間束縛，更貼近自己"天性"，更接近第四維度！但去六根只是陰陽裡的陰虛實裡的虛，而我們還漏了實和陽那個部份，就是與其他三維生物

共愛互融互相支持進步！虛實結合，既重圓周又重圓心，陰陽調和，才能得渡彼岸！

9. 人生百態人情世故

　　甚麼把圓圈學應用到我們的待人接物，甚至思想觀和人生觀之課題上去呢！比如我們應該如何待自己，至親，師友，同籍貫同城市居住之人，國人，甚至不同膚色不同種族不同宗教不同思想之人呢？甚至是我們的敵人和恩人？我們又應該選擇甚麼樣的朋友老師學生甚至情人夫妻呢？圓圈學可以清清楚楚明明白白的告訴我們嗎？可以為我們指一條明路，好使我們不致於感到迷惑甚至遑恐不安。在解答這些問題之前，先請大家把以下三副圖牢記一下！第一，陰陽圓理論之一陰圓一陽圓圖，陰圓用虛線表示，陽圓用實線表示；第二，一個普通簡單的圓；第三，一副好像樹心年輪水裡漣漪之多圓圖，比如有多個圓，最小的在裡面最中稱為 A 圓，大 A 圓一點兒直接包著 A 圓處於第二層的叫 B 圓，之後更大的 C 圓，比 C 圓更大的 D 圓等等等等⋯⋯在這幅大小多圓同心圖裡另外還有二個特點，所有圓的圓心重疊而且所有圓皆為實線圓。

　　論述可以開始了，我們這裡只是造文章闡要理給個大方向予己予人，至於實際情況必須由大家情身置地因時實宜按實際情況而採取不同的態度和方法，不理死抱我們圓圈學的定理公式一本通書讀到老，有所謂盡信書不如無書！行文至此，我早已猜定肯定會有質疑之人詰文"那麼學你的圓圈學來干嘛？！講到上天下海出神入化！點知真係講就天下無敵，做就有心無力！"我早已料到有此一問，所以先安排了第一個陰陽圓圖出來塞住他們的二個地方：口和屁眼！因為對於講得出這句話的人，他們之說話和放屁都無甚麼分別了！一個球不夠塞？所以我準備了一陰一陽兩個球，陽球塞口陰球屁眼！

　　言歸正傳，陰陽圓實有大用，圓圈學無上慧根至通心性佛性神性，誠不欺我們大家！大凡做人處事人生百態，圓圈學僅是一種理論，給出了我們一個大方向，尤如霧海明燈。這是陰的屬於陰圓，陰乃虛乃不實乃圓美乃高維度之完美像徵！而我希望大家心裡有圓圈學，而根據自己實際情況，實時實地靈活運用圓圈學之智慧哲理去解決處理人生之中所遇到的所有課題！這個實際運用的結果可能跟圓圈學指導的有千差萬異，我告訴你，這無所謂，最緊要的是大家可以成功的快樂的按自己手法去生活和處理人生課題，其次並且同時儘量不要脫離圓圈學的核心意義！這由屬於陽圓部份，圓為實為當時得令為有缺憾不完美但非常適用可是適用範圍不大。總體來說，陽為我們三維世界實際之物，陰為高維度世界完美之物但卻不能直接出現於我們眼前不能直接影響我，陰又可理解為冥冥中之力！陽力量大還是陰力量大？當然是陰！陽對我們更重要還是陰？那這樣又當然是陽了！我主張的是陰陽既濟，陰陽皆備！但不得已之下，我們必須遵循陽先於陰的道理！歷史上生活中的大笑話諸如紙上談兵馬謖失街亭葉公好龍甚至東施效顰都是只講理論不求實際重陰不重陽而惹出來的！我雖提倡圓圈學，並終身奉獻於她！但當實際緊急情況或奇異怪事發生時，我誠心希望諸君先以實際靈法手法去處理眼前燃眉之急，暫時將圓圈學棄之如廢履！圓圈學的高境界就是有所犧牲有所割捨有玉成之德，這道理藏於大乘佛系運動之顯義內，諸君如有興趣可自行翻閱。

現在新聞上的多須詞其中之一就是國家主席提出的"人類命運共同體"，和美國總統川普先生的單邊主義"美國優先"！誰對誰錯，熟是熟非？我們在這裡不想去爭論政治議題！只想用圓圈學去討論一下這些全人類關心的熱點詞，我們總不能整天沉醉埋首於陰的理論的研究，而對陽的實際發生的世情全然不顧吧，這何啻於閉門造車！

其實，作為中華人民共和國的一份子，我本人眼界有限格局亦不高，一開始其實對於國家搞人類命運共同體內心其實是有點醉溜溜的，雖然口中不怎麼講！當然，我們明白國家這幾年來擴大朋友圈是要未雨籌繆，應對美國隨時可能發起的杯葛圍堵，這在今年 2018 年的貿易戰和美墨加毒丸條款裡尤其印證了國家決策層的先見之明！其實，以圓圈學來講，國家與國家人類與人類之公事來講，我個人認為這麼複雜的大事倒反而用最簡單的個圓圈去研究，倒反而更貼題更收效。我們全人類所有國家其實都是有某種程度上的關連的，圓圈學 8 裡已有講到，這裡不作贅述。這樣，我們便可以想像一下全人類全公民在國家"公事"層面上手握手繞著地球一起走，從而形成這個圓圈！正方形三角形雖然有一些圓圈所沒有的角，更具殺氣更直接，甚至短時間內更有效，但二選一的話我不要邊角形而選圓圈！試想想，整個世界二百多個國家，所有力量資源聚於美日歐這些發達國家所處的三角形內的三個角上，其它發展中和落後國家包括我國都處於弱勢邊綫上，分不到甚麼資源沒有甚麼力量。這樣的人類社會戰爭疾病人禍連連，對全人類不斷發展下去是好事嗎？肯定不是！那人類命運共同體所提倡的大圓似乎更具魅力！每一領域都有自己獨特性和複雜性，尤其政治！所以，在這裡我們不想也沒有能力和資格去批判甚麼，只是用圓圈學來討論一下罷了！如有得罪，敬請見諒！我本人對國家主席習近平先生和美國總統川普先生都懷有敬意，當然感情上我們當然偏於自己國家，但這不影響我們對其他人的敬重，和而不同也！

至於私事，比如選擇朋友甚至伴侶，對家人至親和朋友應該有區別嗎？對家人朋友應該有區別！選擇朋友甚至伴侶都應該有所選擇！因為這些都屬於小一點"簡單"一點的私事，對於簡單的事，圓圈學又應該以複雜一點的結構來描述之！即是第三圖的樹心年輪水裡漣漪多圓定理，至親屬於最內圓，親友又外一圓 B，普通朋友 C，國人外國人 DEF等……

強調國家大事世界天下為公，我們更偏向於簡單的一圓圖，強調圓周，強調圓周均匀無角天下公平至公至正，當然這是教科書上的理想狀態！而個人私事我們則必須先強調圓心，則以多圓圖一圈圈由內而外由小而大，內裡核心第一圈最細而且人數也最小，我們有甚麼資源一般來講都應該先顧及這一批人。然後到第二圈可能是一般親友，處於第二圈我們自然是第二時間顧及的，到最後國人甚至世人，越是偉大的人物越能把自身光芒照亮到這一圈，但一般大眾來說，發善心善願是好的，但也得掂量自己實際情況！教科書式的善心善願是完美至陰，而實陰情況靈活變通權衡輕重是屬於陽！我己經講過，若在兩難之地緊急之時，我們應該毫不猶豫的捨陰抱陽。因為陽為最切合我們當時實際的情況，陽實乃當時得令之物。那夫妻呢？試想想多圓圖裡的最小最核心圓 A，我們自己便是那個核心圓心，身邊至親便是這個圓周，當然配偶自身也是作同樣比喻。二人之婚姻其實不單是兩圓心之相交，亦是兩個最小核心圓 A 之圓周相交，記得圓圈學提及兩圓相交不能只強調圓心或圓周，而是要二者如陰陽般兼顧嗎？事實就是我們也需要身邊至親的祝福而不是反對抱怨，所有這些必須平衡和諧，而圓圈最能強調和諧平衡與公平均勻！當然，大家仍得按自己實際情況考慮，聽一下身邊至親的意見，最後由自己內心決定，而不是抱著一本書背著一些定理去應付人生，要這樣人生永遠只會是悲哀笑話！至於恩仇，又有多少人會聽從書本理論去做呢？還是聽自己內心吧！

記得天下大同的一個簡單大圓嗎？凡以圓以愛以柔以耐心以仁德不胡亂訴諸暴力的方式並且一直堅持下去，世人最後自然也將之奉如神明，比如印度聖雄甘地！這些品質價值觀都與圓圈學不謀而合。還記得很多年前做了一個怪夢，背境是一個陽光明艷的中午的一條村庄小屋前，我路過看見聖雄甘地帶著眼鏡披住那件他的招牌白布半躺在門前藤長椅上。夢裡我頓了一頓，因為他突然站起來，脫去衣服赤裸全身對我瘋笑，我也納悶，為何聖雄甘地是個變態瘋子，真無厘頭！近來，在網上無意間發現英國一些從前認識他的記者的文章被爆了出來！原來聖雄甘地不單不愛髮妻同時暗地裡有多個情人而且有確鑿的情書往來，還是一個雙性戀，並且變態的與自己孫女赤裸同床同睡，據說是為了考驗和修練自己堅定的意志和聖潔的心性！當然，即使這些資料是真確的，也不影響甘地生先為聖雄的事實，更不妨礙他為印度和甚至當初其他落後殖民地以非暴力方式持之而恆的一步步使自己和其他苦難之國最終獨立，也捍衛了民族尊嚴。非有大智慧之人決不能做此種簡直愚公移山般機率之偉大事業，而且最後還成功了！可能自古大智大賢礦世奇才都註定了與眾不同吧！聖雄甘地之一生，幾乎就是一部現實版的圓圈學史，難怪乎西方世界直接一直以來宜接將他比喻為耶穌，到了今天，他還在冥冥之中造福自己祖國印度甚至全世界人民哩！

10. 六圓咒超渡亡魂 佈施恩養金秋

圓玄緣珠易元！圓玄緣珠易元！圓玄緣珠易元！圓玄緣珠易元！圓玄緣珠易元！圓玄緣珠易元！

圓玄緣珠易元！圓玄緣珠易元！圓玄緣珠易元！圓玄緣珠易元！圓玄緣珠易元！圓玄緣珠易元！

圓玄緣珠易元！圓玄緣珠易元！圓玄緣珠易元！圓玄緣珠易元！圓玄緣珠易元！圓玄緣珠易元！

圓玄緣珠易元！圓玄緣珠易元！圓玄緣珠易元！圓玄緣珠易元！圓玄緣珠易元！圓玄緣珠易元！

圓玄緣珠易元！圓玄緣珠易元！圓玄緣珠易元！圓玄緣珠易元！圓玄緣珠易元！圓玄緣珠易元！

圓玄緣珠易元！圓玄緣珠易元！圓玄緣珠易元！圓玄緣珠易元！圓玄緣珠易元！圓玄緣珠易元！

11. 上帝維度升華雜談

先講有趣的四維，如果四維是一個無限小的比構成人體的原子甚至更小得多的未知名的（粒子），那麼這個或者這堆（有機構成）的粒子就可以自身穿過人體，而我們人體對於這種穿過，幾乎無感！更由於這種粒子沒有我們人類的所謂（眼睛結構），可以想祂們幾乎為（全知全感無限視覺）的，那麼祂們就可以看透人體看透世間所有我們三維人類眼睛可以看見的物質，這個為（立體視覺）！

不錯，我將這種可能未知名的四維粒子稱作"祂"！越小的粒子速縛小可以光速移動，比三維立體人類捧多了，這叫越小越精！四維粒子獨立性強，其實相比二維的幾乎一大片的宇宙世界作為一平面合起上才能有力量（作為一體獨立而生）的平面，我們三維人類只作一個比二維小那麼多就夠力量（獨立而存）的生物，已經好很多，已經難能可貴了。

我們之於四維的粒子般的祂們，看似山川河岳無窮大，但大而廢！好比看們眼中的二維平面世界裡有很多都是低級生命如山川河岳，但二維平面世界就是要這樣一大片如此累贅才能（作為一個有機整體之生物）！然而四維祂們只要我們三維人類身上一粒的比極小更極小的未知粒子就可以獨立成生物了，實在小而尊精！統合這些特性，四維粒子甚至可能是比光速為快無質量甚至負質量也未為可知，那麼時光倒流對於祂們來說當然可以，而且速度無限，視角立體全析，沒有人類生老病死之限制，且在自於我們人體本身！這個祂或祂們不是在描述我們人類肉身對應之無質量全視角可以時光倒流與我們又無直接互動的靈魂嗎？

一個我們三維人體之中，就可能藏了無數個四維高能的祂們；好比一個二維平面世界或地球一樣藏著一大雖以更高形式維度能量存在的三維人體，當然除了人類之外，這個二維平面地球也包含無數對低能低生命值的三維死物比如山川河岳！假設一個人體為一個地球或宇宙，上面有無數個作為高質生命存活的四維"祂"們，那麼我們人類地球之外又肯定存在了很多其他可以居住外星人的類地球類宇宙了！沒有甚麼不可能！再者，如果我們多個三維人類之間的有著血緣關係或親熱親密運動的一群人，對於那些四維祂們來說，就同時代表了很多個互相關連又可以讓祂們"居住"的地球或宇宙了！那麼，不單外星人，平行宇宙類也非虛論了！

小小總結一下，如果有上帝，假設有，上文理論告訴我們，祂應該無限接近甚至"最"接近零維無極點！這零維無極點有些似現在科學家們講的奇點。假設，是假設，假設有奇點，有大爆炸，那麼會先生成甚麼呢？！先生成一維，一維就是無窮大，一維就是直綫無窮大，包括所有發光或不發光的宇宙和宇宙內的所有無質！一維是直綫，光本身也是直綫，而且至少要有個平面才能投射光映！所以一維直線也包含無有任何光之暗宇宙空間和其內之所有物體。一維的確無限大，比二維大的多，但大而廢，大而相對"無生命力"！至於二維，包含了所有有光的宇宙空間和其內物質，二維是平面，平面能包括的范圍肯定比直綫小，但有光，也更有"生命力"，也即是說只需要"更小的東西就能成為一個有機整體"，即更小而精！那麼可以想像，二維一整個平面才能算是一個生物，由二維平面"拔地而起"的立體三維生物，一個個的可以獨立存在成為生物，即又更小更精更有能量更具動能更具生命力做的事更多更靈活！立體可以上下左右扭動，平面就不能。平面看似比立體更包羅萬像，但只不過是整個立體世界被壓縮一塊的"死物"！也是一個無法感法"色聲味覺觸覺"的"蠢物"！

這麼推想下去，自維只需我們或我們與身邊有接觸的人或物共同或單一個體抽出來的"一小撮"細微粒子，就可以獨立成生命，絕對比我們三維生物更小更貴更尊更具生命力活力可以做到更多偉大事情的"祂們"！但有沒有東西約束祂們呢？有的！是什麼！曲率無限可能性！形象的說，四維粒子以光束甚至快於光束的形式在光宇宙的這個球體裡甚至做著時光倒流的運動！但是，想一想，如果不沖出這個"光球光宇宙"，最多就是時光倒流而已！可以去未來嗎？不可以？可以！為甚麼可以？我們永遠不能超出這個光球范圍呀！即使比光速快，我們也只能是往回走往圓心走做著時光倒流動運呀！此言差矣！我們即使不"沖出"這個光球光宇宙所代表的時空，也可以去到未來呀！怎麼去？去你的？！

此言又差矣！我們這個光球光宇宙所代表的並不是唯一宇宙，圓圈學告訴我們，我們有平行宇宙呀！圓圈學告訴我們，我們無論身處任何一點，甚至任何一個宇宙空間，在這個宇宙空間之上也有一個無限大的空間，我們這個宇宙空間充其量不過是那個未知更巨大宇宙空間大圓上的任意一點而已！就就是串佛珠理論中的永遠有更高維度，高一維為圓周，低一維為高一維圓周上的任意一點而已！那麼，未來並不代表沖出這個光球我們的這個宇宙，未來是指我們這個宇宙外的無限平行宇宙，我們這個可能上的其它無限可能性！對嗎？對！

更深一層，那麼未來就是無限可能性，可改變的？！對一半！何解只對一半，無來是有無限五能性不假！但是若要改變未來，算一算這條數，我們至少要擠身五維空間成為五維生物才有這個能耐啊！題外話，我們每人出生在一個特定時空八字，即你的出生時間加經緯度空間地點，這個八字"科學上"真的可以推測未來的！那麼，每個不同時空出生的人在出生那一刻那一地點當下就已確定了自己大概人生軌距（因為三維對五維來說有誤差），無數的人在當下就"選取"了無數的"軌跡"，若要改變自己八字，就先要成為五維生物去任意時光倒流和任意選取將來的無窮概率可能性！對，就是這樣！前幾篇文章提到二維告訴我們風水之說可信有根據為真；而本篇五維告訴我們八字之說確有其事！

我是歷史上第一個在書面上用圓圈學用科學維度去證明風水和八字確有其物之人！

以這篇文論，想像一下串佛珠理論引伸而出的金字塔上的倒立圓錐體，本文似乎告近我們上帝幾乎處於圓錐底圓中心之圓心，因為一維比二維廣大，二維又比三維廣大，三維又比四維廣大，所以圓錐由底大圓低維度一直向上收細為小圓橫切面的高維度；而同時，維度越高雖然越細但卻越尊精越精"尖"！尖到最後的更高維度就無限接近這個圓錐體的錐尖！然而，這個錐尖又直線對應著底部一維大圓內的"零維圓心"，亦即近乎上帝"藏身之所"！

怪哉！我自打嘴巴乎！第七第八篇我又提到越接近底之大圓維度最越高，本篇卻又唱反調，說甚麼越是接近底部大圓反而是近低維甚至一維！其實，萬事有陰陽，而陰陽即為倒行倒轉反轉！如果視第八篇之理論為陰，那麼本篇就為陽，正好互補！然而本文理論似乎告訴我們有奇點有大爆炸所有東西似乎上帝造，而第八篇的理論又似乎告訴我們沒有奇點沒有大爆炸，上帝只是那個我們永遠看不到多少維度的最高端的我們。那個是真，那個是假？陰與陽那個是真又那個是假？或者陰陽結合才近乎真！

再講維度視角，二維看到暗的卻看不到光的（它們比我們三維眼睛視線低級，或者至少是不同）！二維平面看到暗的也看到直綫，只看到直綫！直綫暗的，它們能看到！然而直綫組成的平面是光的，它們又看不到，是因為它們看不到自身平面，同維度之生物看到大家彼此時，是以低一維度的形式表現出來的，比如圓圈學告訴我們圓圈圓周綫上的任意一點（即同維度任何一個生物），大家"看"大家都是一個點，而不會一個圓！而我們三維立體人的眼睛可以看到光，所以看到平面！然而暗在我們眼裡都不會直接出現，除非蒙上一層光！所以，暗的直綫我們肉眼不能直接看出，我們只能看出蒙在多條黑暗直綫上的"那個光平面"！然而我們又不夠精細，而沒有粒子的"全知全感穿透性的全視覺"，相對速度又慢！所以我們看不到立體穿透，四維粒子衪們卻能看到！但是，四維粒子衪們又看不到其它可能性概率，那麼只有五維了！

最致一點，圓為一劃一邊有弧度是直綫，角形方形為多劃有邊無弧有角是平面！圓非但有弧無角可以運動有速度，而且因為是綫不是面所以圓又內裡中空輕柔多變有動能！而邊角形實為二邊相交，不是綫而是面所以內實不能變不輕柔無動能，而且邊形有角也不能動！所以，串佛珠內的相鄰維度等如大圓與圓上任何一點，而這任何一點對於自己近小的維度來說，又成為了大圓！整個串佛珠運動，都建基於這麼一點自可以自由轉動，自由轉動才有成為無限點的可能，只有圓形可以！邊形一來有角，二來本身為面不為綫所以內實無動能無變數之可能！串佛珠以圓為論是唯一可能性，不可能以其它任何形狀論之！

12. 大雜談

觀看這篇之前，請先參閱第 7 篇、第 8 篇和第 11 篇！這裡先講第 11 篇。

記得近幾年美國哈佛女科學家藍道爾提出第五維度，沖擊愛恩斯坦相對論之四維論。大約是，她發現在粒子光速碰撞時，有些粒子會突然"消失"！她認為消失了的粒子其實就是去了我們看不見觀察不到的第五維度！即是說那些消失了的粒子離開了我們現在已知的宇宙，去了一個或一些未知的宇宙！而且，第五維度同時近又與我們近在只尺，只是藏的好，我們發現不到而已！相信，大家都嗅到一點兒靈魂學的味道了吧！我在這裡要講的，不是科學方式如何去證明靈魂之存在，我個人對科學也不大了解，不感妄言。然而，我卻發現這位偉大女科學家的理論與我第十一篇提到的圓學哲學理論簡直不謀而合！以下我會向大家解釋一下。

首先要向大家灌輸一個概念！時至今日，很多科學家都以為萬事皆有止盡，科學亦然，大宇宙亦然！然而，剛好相反，圓學哲學告訴我們，事無盡量無盡皆無盡！那麼甚麼那麼多東西是有盡的，例如最大為光速，宇宙邊界，宇宙奇點為起始，絕對零度等等等等……我想告訴大家的是，那是人們都為一切做了個中心點太極點，以得出的任何觀察數值等都是以這個中心點大極點為前題的，所以"有盡"！然而，有前題有中心點的盡並不是真盡！一切本身就沒有盡頭！因為每個盡得都對應著一個已知的或假設的起點，這就是有了假定！例如，幾百年前的牛頓以為萬有引力是"盡頭"！然而愛恩斯坦告訴我們相對論！地心說後又有日心說，日心說又有銀河系，又有宇宙！人們最後爽性把所有已知的和無知的都歸納為宇宙，明明是無盡，卻硬要設一個宇宙為牢為盡！就那麼肯定隨我們這個宇宙外就無有其它宇宙？本來就"沒有"這個劃牢而治的宇宙，但當你硬要說"有"這個宇宙時，而其後觀察出來的現象又與你這個所謂"宇宙"的理論不通時，平行宇宙無數宇宙的概念就應運而生，因為人們提出的"甚麼也走不了我們這個宇宙的范疇"就已經是畫牢而治了，但若干年後新的觀察現象出現了，"一個宇宙"已經不能自欺欺人了，才有了後來平行宇宙的自圓其說！平行宇宙概念的出現就直接宣告了"甚麼也出不了我們這個宇宙"的概念的徹底破產，只不過用一種更委婉的語氣罷了。宇宙就是有盡，平行宇宙剛相反，就是說明一切皆無盡，拍了宇宙論一個巴掌！

　　用陰陽來解釋吧！陰陽對立本身就意味一切無量無盡！陰陽不是左右不是黑白不是剛好互補而為一嗎？不是剛好說明有盡嗎？為何遍說陰陽之說為無盡呢！第一，陰陽之說沒有中心點沒有太極點沒有所謂起始終點沒有盡頭。何解，陰陽二者也不是中心點，因為二者同是也可以為中心點，時而用陽時而用陰也，這是表面意像！其次，還有一個深層意像，陽代表缺憾代表實的有的，陰代表完美虛的無的！實際上，陰是代表由無數個陽的有缺憾的實體之中找出一個無缺憾的，這就代表無數！舉例，一個不完全平滑平面是陽是實有缺憾，而實驗室裡講的完全平滑平面為這個世界所無的是陰的虛的！即是說，假設這個地球上有十兆億個平面，那麼這個完全平滑平面的陰旳概念就比十兆億大！如果地球上有一百兆億個平面呢？那這個陰的概念就比一百兆億大了！這還不包含太陽系銀河系之平面數總和呢！可見，陰的概念本身就是無限無止盡然而相對這個陽的又有點近似！那麼假設在第六維度我們可以找到這塊完全平滑的陰的平面呢？那麼，第六維這個"完全平滑"完美平面，相對比起第七第八維的又不那麼完美了，那麼第六維這個平面又為陽了，第七第八維又相對六維這個平面就為陰的"完美的"平面了！這裡我們先假設第六七八維有我們三維世界的平面這個概念！從以上可知，陰陽隨時互換中心點，陰為無數個陽，而最終陰又可以轉為陽，從而再去找個數個與自己近似的"陽"去從新拼湊找出一個新的"陰"，永無止盡無涯際！而圓學中的串佛珠理論更是告訴我們無盡個佛珠，而且每個佛珠上任意一點為比自己低一維度的事物，然而這個所謂低一維度的"點"，對於比它又低一個維度事物來說又是一個無限的集合體！海水不可斗量就是這個解。

　　再者，如果第八篇從串佛珠理論引伸出來的圓錐體為倒立圓錐體，那第十一篇所講的圓錐體就是正立圓錐體，兩個圓錐體剛好相反方向，一陰一陽，大小一樣，各自的圓頂尖都與對方的底圓圓心重疊。這個圖正好說明了維度越高，越接近零維，但只是接近，永不可能"絕對"到達！因為兩個圓錐如果本圓為陽，那麼對方就是陰的虛的，既是陰虛，那麼它頂到你底部圓心的那個錐尖也固之然是"虛"的理想化的模型！這現象本身就表明了雖然虛陰逆行可以使高維度反倒越來越接近底部圓心之零維，但是就是永遠到達不了！虛陰的東西到了你這邊來，就是永遠不到的意思，因為虛陰根本無有，根本為理想化之模型！

　　既然理解了無窮東西永皆無窮的概念，那麼我們更應明白，要麼直接破除宇宙這個劃地為牢的概念！想要保留宇宙這概念的，那麼我們又得搬出無限宇宙平行宇宙之概念來自圓這一說了！這樣，我們就得出了有無數個宇宙這個事實。而且，宇宙時空某本是以光速運行！與光等速時間就停止，超過光速，由於"這個"宇宙空間有邊界，我們"在這個宇宙內"無可能超越這邊界，只得往回往圓心走，這就是時光倒流！問題是，我們有無限宇宙無限空間，那麼理論上就有了跳出這個圓之可其它可能，跳出這個圓有無限個其它圓，即任何事態均有無限個可能性，這回之去到未來！那麼，以 2018 為基點，2019 年這個未來點是不變的嗎？還是可變的，有無限多個未來可能性的！我認為，在第三維度這個宇宙 2019 年就只有一個，未來就不會變！然而，如果去到藍道爾所謂的第五維的無限可能性呢，那麼五維世界的話，2019 年這個未來就有無限可能性！我的設想是，根據圓學，第五維空間很有可能就是無限個第三維空間宇宙組成的，然而在第五維空間裡的這些無數個三維空間與我們本身"這個"三維空間的性質既相似相近又不完全相同！就好比第五維空間平面是由無數個我們這個第三維空間的不完全平滑的平面組成，但這些處於第五維空間裡的所有平面肯定都與第三維空間的平面不完全相同。因為，五維空間的平面全部既擁有三維空間平面的優點，所以五維空間所有平面都與三維空間內的平面"相似"，然而這些五維空間的所有平面都有著所有三維空間的平面都不具備的優點而這些優點本身就足以使你在三維空間內被稱為"完美""完全平滑"，所以相對於三維空間的平面來說，五維空間的所有平面都是完全平滑的完的！所以，五維宇宙空間內的無一點無一個可能性都是由三維空間內的無限可能性的最優化結合而成的！當然，相比於七維宇宙空間，五維空間內所有的都被稱為"完美"的可能性，就沒那麼"完美"了！所以，當物質超過光束，並且跳出三維宇宙這個圈圈，本身就意味達到了五維的"完美"狀態！五維的任意一個可能性都比三維的所有可能性更幸福完美！

　　藍道爾的超過光束就入了五維看不見的世界，於圓學來說，就是意味著串佛珠跳出一個或若個干佛珠向更上維的大佛珠移動！自己本身佛珠若果意味著我們這個已知宇宙，那麼上一個或若干個佛珠，就肯定意味著未知宇宙！當然，一切的基礎是首先要超過光束！詳細參看第八篇與第十一篇！

　　至於金字塔，我先假設當時的埃及人已經有小部份人掌握了圓，但未普及，未找到文獻。有了這個假設，我第七篇圓學關於金字塔的很多謎題便真正的揭開了，為甚麼呢！因為根據圓圈學，當時古埃及人只要掌握半徑圓周長圓體積和我的圓圈學的學理，胡夫金字塔就幾乎可以根據這些簡單的東西造出來了！

　　古埃及人非常信仰太陽神，而金字塔又很方便觀察太陽，所以，塔尖頂點一定代表太陽，而底基四方形又為塔高作半徑劃出來的圓周總長相等！為甚麼方等如圓周長呢？天圓地方之理念也！而根據我的陰陽圓定理和方圓運動，頂角肯定為 51.5 度左右，誤差容納百分之一！（請參考第七篇）

　　至於塔的四個三角斜面總面積為甚麼等如塔高乘以二的四塔呢？這不剛好是一個正方形面積？噫！這個正方形面積的周長不是剛好與底圓的直徑一致？這個正方形不是剛好可以覆蓋整個圓還乘四個虛角嗎？天圓地方方等如圓圓等如方方圓互換，古埃及人已掌握之！

　　明白嗎？只要古埃及人已掌握圓的計算和天圓地方方圓互換圓體方用的概念，當然包括用我的陰陽二圓方圓運動去計算出頂角 52 度誤差容許為百分之一，就是這麼簡單的幾個概念，金字塔就成了！當然也有諸如金字塔重量巧妙之問題，這個還未解釋得了。至於緯度，當時埃及國土正處於這一緯度也有一點巧合之處呀！然而，北回歸綫概念的觀察也不見得在當時太過超前，古埃及人即使掌握也太陽來到這裡就往回往南走，也不是不可能的。

中國人喜歡燒衣紙，我發覺香爐灰燼看起來就似火山洞裡的地殼岩漿，而衣紙灰燃燒時噴出來的氣體情景也好像火山噴氣時的情景。岩漿運動是我們地球的原始由來，也是代表我們地球的過去，宇宙的過去和時間上的過去！燒衣紙就是模仿這個地球的形成狀況？或是暗示祖宗都在地殼岩漿所代表的過去？還是不先歸地無以升天？又還是去世祖先那個維度可以感覺到我們這裡燒的煙？

13. 雜談二

蟲洞，負量能，未來時空，藍道爾，粒子光速相撞，粒子消失，第五維度，蟲洞長度大於寬度很多，光子通過時空旅行向未來傳遞訊息是可能的和最後的圓圈等如陰陽金木水火土三維之理論。記得嗎？前幾篇有提及由陰陽圓和方圓運動得出圓圈等如陰陽金木水火土三維空間之理論！何解？半圓為水整圓為金陰陽二圓各劃一個三角，而三角為火，兩三角再合為正方為土。那麼木呢？木就是陽圓轉往陰圓上方之螺旋運動，結果兩圓會合成兩個一上一下平行圓共同組成一個三維立體圓柱體！能量越強，圓柱越長，比直徑長的多！

以上理論，與圓柱形蟲洞越負能量越多長度越長打開時間越久粒子傳訊息往未來就越有可能何其相似！而美國科學家藍道爾小姐從粒子高速蹤撞而導致一些粒子憑空消失之實驗而得出這些物質可能"消失於"我們這個空間而"去到了"第五維之結論告訴我們，這些"消失了""去了第五維度"之粒子可能就是在運動中拉扯或引發觸及到負能量和蟲洞，從而去到第五空間即未來空間的！

我不是科學家，難以斷言她們之真確性，只是憑借圓學哲學去推測揣摩其因果！這蟲洞就是代表五行金水之陰陽兩圓，而中間圓柱狀就是由兩圓合併兩三角火為一正方土之螺旋運動而出之五行木能量，我強調因為木性騰上使平面成立體，因為有木才能將平面生成三維立體，木亦代表"三維生命"，二維平面就是欠缺了"三維生命"之五行木原素，而使"萬物猶如困在整強羅網內而不得出終不能生成生命也"！以上組是三維要素，而粒子以光速穿越其中而向未來傳訊息就是第四維時間，三維立體加一維時間將訊息送出未知之五維！

有人會想，串佛珠理論不夠精密，即不以科學眼光看待，只以哲學論亦不夠精密！那麼，可能是大家心思不夠思，還不能發現圓學和串佛珠理論之精密性而已！記得我提及過，二維佛珠是三維大圓圈上之任意一點嗎？依此類推，那三維佛珠又成為四為大圓圈佛珠串上之任意一點，即低一維度是高一維度大圓圈上之任意一點記得嗎？

這個大家不難理解，亦應該記得！但可是就忽略了一點，甚麼點？就是陰陽圓部份相交現象，即兩個不相交之陰陽圓在做完方圓運動後，兩個帶弧三角形還依然是分開的，要使它們相合而成一個正方形，"其中一個方法"就是將兩圓彼此擠近，直至兩個三角形剛好連成正方形為止！若果這樣，陰陽二圓必定會有部份弧是相交的。對，請記住陰陽二圓之部份相交狀態！這可以說是串佛珠理論之高低維度關係之關鍵。總概而言之，這就是陰陽五行蟲洞理論！

認想，第三維度就是由無數個高一維度的陰圓組成的大佛珠串，而第二維度就是那個相對陰圓低一維度的陽圓！現在，第三維度大圓圈佛珠串的由無窮個陰圓阻成，而根據理論二維度之陽圓為三維度大佛珠串上之任意一點！那麼想請問，這個二維陽圓在與所謂任意一點上之陰陽都不是"完全重合"，而只不過是"互相部分相交"，對嗎？！然而，二維度這個陽圓，卻圍著這個三維度大圓圈佛珠串走一圈一圈的走！表面上是概括了"整個三維圓"，其實都只是皮毛而已（因為陽圓與陰圓只部份相交而不能重合）！這好比二維佛珠就是小無相功，對於世間的所有武功（即三維大佛珠串上之所有陰圓）看似集大成而精通，其實有其形實而無其精華！

吹牛呀！這串佛珠理論跟維度世界有個屁關係呀？想一下，就先以地球做假設，二維平面就是地球之平面，亦或者是地球之相片，假設這一張或多張相片大都可以照下整個地球，即是在人造衛星上拍的！那麼，這張或多張二維相片是"包含了"我們這個三維地球嗎？是的！再假設，這張相片代表二維陽圓圈，整個地球代表由無數個三維虛圓圈成的大佛珠串，在這中間我本人為其中一粒三維虛圓，你們大家各人各自為一粒三維虛圓，甚至一座山一棟樹亦獨自可以成為一粒虛圓！但是，我們這些虛圓一個個都是有"不同程度的三維生命"的！而那一張或幾張人造衞張大相片，甚至可以將個們逐個人的身體照下來不假，但這些張片就是無三維生命的，而且是平面，只得"地球萬物"的形（即相片），而不得其實（即三維立體生命）！這不正是小無相功只學得其形其平面，卻不得大家之精華三維立體嗎！

這張大相片將我們所有人甚至網入羅中，比我們看廣博，但就是不得我們之立體生物才能配享之"生命"！這倒個來又證實了串佛珠理論之奧妙幽微與偉大！至於四維和三維呢？！假設四維就是一對夫妻或父子或兄弟或老友甚至所有有任何形式接觸之人的身體上的共同"粒子"組成，那麼四維只不過是我們大家或其中一兩個人身上的一粒或一堆極渺小極渺小極渺小比電子更渺小得多的未知粒子或粒子堆而已！我們三維人是不是比衪更廣博而且其至單人或數人或多人共同包含無數億億兆個衪們呢！然而，衪們極小甚至超光速可以時光倒流不受生老病死制約知道的掌握的比我們大了不知少倍，甚至無時間約束而"長生不老"！我們三維生物在四維世界不就是小無相功般之存在吧！

另外，通過以上二三四維之對比，我們發現人類與山川河岳星晨萬物某程度上有關連性一體性，所以風水理論成立！而人類與人類又共同組成四維生物，則造葬甚至親人之間的心靈感應實為有可能！而第五維度代表將來"所有"概率可能性，如是者，又間接證明八字人生命運的可信性！

負物質和負能量都可能與將來有關！我們現在所知時空可以倒流過去，但去不到將來，因為我們無論如何逃不出時空邊界，最多的光速也只是倒過來反回過去而已！亦即是說我們三維人類的將來"並未確定"，然而即是可以確定，也只是"一種可能性"！這個見解我表面認同！然而一對蟲洞一個可能，無數對的蟲洞就是將來無限可能性！那麼誰可以有如此"福份"享受將來無限可能性呢？就是那些可以穿過蟲洞的高能粒子，那些粒子可能達到第五維，亦即是說即使有無限可能性，也只能是對於"五維衪們"來說！然而，對於三維我們，未來可能性仍然很可能只有一種！因為只有一種可能性，所以八字確是"適合"我們三維人生命運推測！而由於五維祂們有無數個可能性且極高智能體現，"傳統意義上的"風水甚至八字對祂們可以說幾乎無意義！這好比是代表一維直綫的宇宙非常遙遠處那些非常巨大的物質，對我們三維人類也幾乎毫無影響！這是至理，希望大家心領神會！

那麼，我們的時空有邊界，假設這個邊界是 2018 年的現在，雖然對於三維生物來說，2019 年的將來只有一個可能性，但仍然在邊界之外，即未到達的時空，未到達即是無有！那麼，試問既然無有對應三維生物的將來時空，我們又怎麼去呢！我認為，對應三維生物的將來時空是 "有" 的，只是 "以不同形式" 存在著！只有五維或更高維度祂們才能以 "祂們自己形式" 進入！以我們三維生物只能靜待 2019 年之到來才能進入！

又一個問題，可以假設現在 2018 年的時空來說，時空邊界外的 2019 年是以五維祂們才能進入的 "形式" 存在著的，比如以負能量或負質量存在著！然而，到了 2019 年，這些負能量或負物質，又逐步轉變為對應我們三維生物的能量或物質了！然而，我們三維生物之將來之唯一可能性，對於五維祂們來說，可能只是無限可能性的其中一個而已！對，祂們配有無限可能性隨意享用！若果，剛好祂們到了我們那一個三維空間的唯一可能性，祂們就不會以 "三維人" 之形式存在！而以我們三維生物覺察不到的五維神之形式存在，神明確可信，而且非常有可能！現代科學加上古老圓圈哲學，不但提供了我們對於神的認知，而且古老圓學哲學更進一步引證祂們神聖之存在！

圓圈的奧妙！$E=MC^2$（能量等如質量乘以光速平方）！

然而，$S=\pi r^2$（圓體積等如圓周乘以半徑平方）！

通過以上兩公式我們得出，能量好比圓體積，質量好比圓周，光速好比平徑！那麼最直觀就是，視中空圓周為一個物體質量，圓心為粒子，半徑為粒子運動，當半徑填滿中空圓周而成為實圓體積時，就表示了粒子在裡面做了 "一定數量上的運動"！而圓圈為綫不似方形為平面，且圓圈無角可以自由運動！以上就是能量質量運動圓圈理論！這圓心又等如太陽，圓周為地球公轉軌道，半徑為太陽光綫，噫，不剛好又是金字塔建築原量嗎！造物是何等奧妙奧秘，只待我們智慧去發掘！

14. 夢

夢是甚麼？人生若一大圓一個浮水球，時鐘 24 小時亦走一個圓，16 小時清醒在球面，8 個小時睡眠在水裡球底，尤如串佛珠之陰虛無之部份！這樣圓整為一圓，對，串佛珠可以理解為一個浮在水上的球，總有一段沉水裡我們見之不著，活脫脫就是這個道理！

夢是甚麼？零維筆尖劃出一維線條拼出二維圖面，我們肉眼能看到的是光明的二維圖面如畫像，然而我們卻永不能看到這二維畫面背後灰暗隱約的一維綫條，又如一件工整華麗的針織圖案，我們看不到背後隱閉綿密一綫一綫的一維針痕，儘管這圖案確是一綫綫一維針線織出來的。

夢是甚麼？打開眼睛我們眼前看到的就是世上美麗的二維畫面，閉黑眼睛就是漆黑一片的一維直線！直線就長永不見天日的黑暗世界，就如一間漆黑的房是暗的是直綫，一打開燈就亮了，這代表一維直綫的看之不見的暗事物表面上了一層光明，又代表了我們看得見的二維圖面！對，一維和二維並不差了甚麼，只是差了一層光明！維度宇宙時空本身就與光密切相關！夢的思緒與清醒時的思緒一陰一陽一隱一顯互補，又有如串佛珠一隱一顯之原理！白天我們向上向前看的二維至三維平面立體世界，晚上我們閉上眼睛向下向後看底下的一維甚至零維無極之虛無！到是找尋，方向不同，卻如日月陰陽男女冷熱正反乾坤之巧妙互補，奪造化之功！

零維就是所有維度之集合，而所有維度又是零維！一維黑暗無光，二維在黑暗上投一層光似平面，我們沒有直觀的一維概念，也不可能有！所以一維就是二維減去光明，沒有光明之平面，就是黑暗一片，亦成就不了"平面"！假設二維如遙遠黑暗宇宙之發光點點星體，由於太遙遠，沒有超過光速的我們理論上是永遠去到的，我們就永遠"看着"這些發光的二維圖面，可望不可即！如果那些星體上有比光速移動的慢的生物，他們也只能眼巴巴看著我們發光的太陽系平面！對，二維與三維之間就差了個"超過光束的束度所能到達的距離"，就是這個概念！假設，我們超過光束，登陸了那些遙遠星系的表面，那麼我們與那些星之間就是"三維立體"般的接觸了！或者這樣講，到不了地球的外星人來說，地球就永遠只是一個眼前的虛擬平面，達到了地球的外星人來說，地球就是三維立體，這中間的奧妙，或多或少科學和哲學可以作出共同解答！又或者二維平面就是宏觀上的星系圖，三維立體就是微觀上的其中一個星球上的表面或事物！但這裡我以光來作比，處處證明維度與光的關係！若果四維是超越時間光束的生物或"粒子"，三維就是時間光束以內的較慢的生物！五維可以勉強說成是超過光束的粒子穿過陰陽五行立體三維蟲洞之管道，而達到了一個可能不在光速和陰陽五行制約之反物質反能量組成之"反空間"，反空間亦代表了無窮可能性，即陰的完美的事物如歲陰！

夢也可以說成是除了三維之外的所有維度都有可能混和的大集合體！弗氏和榮格也認為夢是一種補償，什甚補償？這就是指我們清醒狀態時所處之這個三維空間以外的所有空間！夢是以一二維黑暗和光明虛擬平面之形式呈現的，以要表達的可能是過去發生了的事，即四維！或將來的事，即五維或以上！比如本人在 2006 年左右夢到家中窗戶對面之海一居空盤突然間多出了三層高左右的建築物，然後一架戰機經過，投下一枚炸彈，瞬間整個地盤夷為平地，而其它周圍建築物毫髮無損，我甚至一點震動也沒有感覺到，炸毀的地盤只是憑空消失，甚至連灰塵也沒有，這就是在表達五維未來之事物！因為 2017 年左右，澳門政府收回了海一居地皮，而計劃另建置換房，以後也沒有"海一居"了！很多人也會或多或少造這樣的夢，所以我並沒有甚麼異於常人的能力，也只不過是個普通人而已！

夢是甚麼？所以，我認同弗洛伊德和榮格的意見"夢是一種補償"，從而使我們之思維意織內在外在世界完整。那麼來說，二維平面空間和一維綫空間正是唇和齒般之互補嗎？正是！一維與二維之關係比二維與三維更互補！至少以三維生物之角度來思考確實如此！比如，白天我們見到有人欺凌弱小，自己想上前去拔刀相助鋤強扶弱，可現實情況又不允許，那麼晚上我們就有可能以某種形式造出一個或數個補償我們明天想鋤強扶弱卻又不敢之心理！

夢是甚麼？榮格小時候曾夢見地下黑教堂之巨大陰莖，以我來看，這是榮格先生一生之中最特殊之夢，小時之夢往往對我們一生都有啟示作用！以我來看，榮格先生將來成為曠世偉人卻又劍走偏鋒，多多小小這個夢也有一點示警作用。榮老先生正是本人人格之完美互補，他干的本人都不會干，他敢的本人不但不敢，有時甚至深惡而痛絕之，比如他背離自己恩師弗氏，這是我這輩子也干不出來的！但正是這份不認同與互補，卻又使我認為他十分可親，而且十分想探其內心世界！而至於與己性格類似之弗老前輩，我反而興趣沒這麼濃！人生經歷許多，世事沒絕對對錯，榮老先生也未至於千夫所指，但可憐之人必有可恨之處可恨之人亦必有可憐之處，我與榮老先生非但而而不同，而且更希望從中學習領悟，祈望以後人生不再遭遇弗老之憾，就必先要清楚認識榮老先生可憐之處，而不是一直恨！我也做過與榮老先生相似卻又相反之夢，而且亦是在小時候，十來歲臨近青春期吧！至少兩次，我夢到自己無端端的去了勢，而陰莖卻放在一個塑膠食物包裡，夢裡有點慌，就醒了！我想，不是要當榮格，然而如果自己更認識多一點榮格，在某些關節點上更榮格一點，也許對己對人都是好事一樁。弗老未清楚認識榮格，卻已對其推心置腹，還一廂情願的封己為皇儲封他為皇子，更諷刺的是二人都是現代心理學鼻祖！而弗氏腦裡就只有忠，不准人家有獨立學術思想，未了瘋狂的愛變成瘋狂的恨！他們二老關係何嘗不是一對陰陽圓？只不過是一對陰陽失調的陰陽圓！

陰莖樹鼻蟬人是一組有關連詞！記得串佛珠變型之圓錐體嗎？陰莖就是一個力量非凡的圓錐體，底為圓，頂端出尿口為錐尖，又似香蕉又似蛇，與鼻相關凡是有點相學常識之人皆知之事！然而，鼻亦似蟬，人體就像一對雌雄蟬在樹上交配？甚麼？荒謬？人身為樹幹腳為根兩手為支頭髮為葉，鼻如蟬背附樹上，法令如蟬翼，兩眉如前足，兩眼對兩眼，人中為陰莖唇作雌蟬肚朝天，正是兩相交配時！兩耳為蝶伏樹後為陰為魂，鼻嘴在前為雌雄肉體！所以相學又有兩耳代表早晚年，鼻嘴代表中晚年，何其契合！蝴蝶與蟬正好一陰一陽一前一後伏在樹幹圓柱上。然而，這圓柱又有文章，陰莖火箭甚至蟲洞亦是圓柱體，我已經在圓等如陰陽五行三維立體理論裡詳細講述了，這裡就不贅述了。為甚麼樹如此奧妙，似人型，法師苦行僧修行入樹林，森林亦是世界陸地上最多品種生物之所，就連偉大西方心理學家榮格都對植物樹林推崇備至，認定是上帝之禮物。最後，這人如樹上蟬蝶現像，我是議前人所未議者也！然而，莊周夢蝶，古埃及神話之蝶魂，這只是巧合而已嗎？再者，口鼻除了一雄一雌蟬相交配之"肉慾生殖"外，亦可以看作金蟬脫殼之靈魂升華！背後雙耳亦可為雌雄同體的大藍彩蝶，蝶隱背後為求生，登高為交配，雙耳位置巧妙的既隱又高！蝶為魂，蟬為魂？蟬為智者？

談談榮格之夢！談榮格童年之夢，就要先談其父母。我們用玄學可以推斷榮格父親其實就是一個喜歡獨立思考質疑當時主流宗教甚至內心潛意識裡有點怪力亂神情結的一個男人，但又不得不向現實低頭，以至於榮父真正為自己而活的快樂歲月在大學畢業時就中止了！最後，他身上披上的那件沉重的牧師教服，把內心盡的向往與追求生生地抑壓下去，就像中東婦女的頭巾一樣。而他的太太跟兒子都是有點"怪力亂神"類型的人格，簡直就是榮父潛意識對自己的補償心理。榮父死後，榮格住進他的主人房，替代了他的位置，在玄學和心理學理論上也可以得出榮格有某程度上的弒父情結，弗洛依德的擔心是真的！在初進駐父親間之後，榮格夢了幾次父親死而復生，回來找他！每個夢對於每個人都有不同意義，就連同一個人不同時期造也有不同意思，榮格是心理大師，他自然非常清楚自己這個夢境與自己弒父情結相關幾何！還有，積極的意義上也可以同時看作他所追求的真理，正是他父親一生暗自盼望而又苦不可得之事，這個程度上他也是在完成父親的夙願，而父親也應感到一定程度上的安慰！不同民族甚至都有不同解夢之方式，斷不可約定俗成墨守成規，那樣解夢無異於緣木求魚！

其實，盡量不要太過於占卜迷信的思維去看待夢，也不要太過教條死板！當然，我不否定夢有時就是潛意識預先的向我們示警，這確實有某程度上的預言作用！但是，我更喜歡把一生人所作的不同夢境貫徹作一個整體單個夢來看，內裡揭示了不同時期的自己的顯意識上可知的和未知的幾乎一切周遭事物的總和反應！

同一個情景的夢落在不同人身上就有不同寓意，比如我曾夢見聖雄甘地不為人知的一面！夢裡的袍與瘋子無異而且還有露體癖！我明白這個夢於我的意義，這個夢與我從前的丟掉陰莖的夢和佛祖賜詩的與鄧小平對坐的甚至 Bill gate，Bill clinton 和 Bill first 三人在一個華禮別墅客廳正中賜我禮盒的夢都有一定關連性，就好比一條佛珠串上的粒粒佛珠！記得，大約五歲時一個秋天上學去的早上，媽帶我穿過黃金商場旁的小公園到巴坡沙小學去時，我問她男生的小雞雞有何作用，她只回答可以小便，我便幼稚無知第一反應的答她那麼切掉也可以，反正肯定有地方可以小便的！媽馬上回了句"瘋了，胡說甚麼，還有別的用途，你長大後就知道了！"這件事於我印象甚深！以致後來剛入青春期時做了掉陰莖之怪夢，這當然也與我青春期之苦況有所關連，也與個人壓抑心理有所關連，也進一步催生了甘地之夢與其他夢境！

透過思考冥想和夢的整合串連，我們可以發現甚至體會一個更完整的自己！在此程中，很多不快抑鬱與心結將迎刃而解！我相信這是夢的一個最大課題，我願永遠致力於將圓學哲學思想融入且串連我們畢生之夢境，從而達至天人和諧！

夢之因人而異又如詞語之於文章，比如米飯，在詩詞裡就成了誰知盤中餐粒粒皆辛苦，在小說裡可能就成了一個特殊情意結，在新聞裡又可能涉及欠發達國家的議題，在教科書裡又成為對小學生們不要浪費食物的教育和忠告！對於夢，不要反應過激，不要一個噩夢就感大難臨頭，一個好夢就想當起總統富豪，這些都是病態心理，我本人也曾體會過，有體會就更有深刻認知和發言權！我們的生死富貴除了自己主宰之外，亦有風水八字玄學去推測，然而在現代西方更提倡自己和近親之性格甚至潛意識決定了我們之命運！個人認為，這個與玄學又有一定相似之處！

15. 宇宙大爆炸和上帝維度

　　叫我們相信玄學或哲學，這有點難！若果叫我們相信科學，而且是絕對主流科學，甚至是教科書上的，這就又輕而易舉了！科學就是陽，專門研究我們真實三維世界當時得令的學科，科學就有如太陽由東方升起一樣的權威！當然，遺憾的是世人都只知三維的陽，而基本忽略了其它維度更廣濶無邊複雜之陰的存在！都只看眼前的，眼前看不到要用腦思考的，就幾乎將之忽略甚至排斥！

　　好，現在主流科學提倡不同維度觀念已有過百年歷史，如愛恩斯坦的相對論就是提倡時空一體的四維，近年來哈佛女科學家藍道爾又提出了當粒子高速碰撞時，有些粒子會憑空"消失"，這又為她的五維論提供了現在幾乎最偉大的粒子對撞之科學證據！看到愛恩斯坦和相對論這些詞，我也感到如釋重負，無人會以為我憑空吹噓了！

　　個人以為，哲學之所以偉大而且可靠，就是陰陽共存般之存在！底部下半部用陽夯實基礎，上半部頂部往外往陰之廣大未知天地去探索，又如樹根與枝葉一般的關係！所以我的圓學思想哲學，一開始或者說下半部根基都是由現時最新最主流的科學之陽去夯實的，有了這一層基根，我們便可以愉快的探求未知天地，在此過程中從而感悟人生，達到身心之昇華！

　　記得圓圈學中的大乘佛系運學隱義之串佛珠理論嗎？以串佛珠理論我們又從金字塔中引伸出了圓錐體，具體請參閱前文！現在想像一下，有一陰一陽兩個圓錐體，互相倒立而且部份重疊！試想陽圓錐體是直立圓錐體為 A，而陰圓錐體為倒立圓錐體為 B！由於互成對立又部份重疊，所以我們知道 A 錐尖刺進 B 底圓心，這兩點重疊；反之，B 錐尖亦刺上 A 底部圓心！這副圖像有部似由兩個半圓組成的古代計時滴漏，但不同處是，從二維平面上觀點來看，這圖是由兩個梯形組成的滴漏，而不是兩個半圓，因為它們是兩個三角相交！

　　這時，更進一部，從平面書面上看，我們都只道 A 之頂角是由 A 這個三角形的上面兩邊組成的，不包括底邊！這兩條頂角邊我們姑且稱之為 A 左邊和 A 右邊，我們可以知道由於兩個三角形部份相交，所以 A 左邊和 A 右邊的上半部份會落入 B 三角形來，所以 A 左上邊和 A 右上邊都以虛綫表示，因為落入 B 三角形內；而 A 左下邊和 A 右下邊都用實綫表示，因為並未落入 B 三角形內！同理，倒上之 B 三角形來說，B 左頂邊和 B 右頂邊都落入了 A 三角形來所以用虛綫表示，而 B 左下和右下邊就用實綫表示！有了這個圖，接下來我們就可以開始講上帝維度和宇宙大爆炸了！但講之前，我希望為大家先灌輸一下反物質反能量和反空間之觀念，其中反物質和反能量又是現在主流科學所提倡的！

先講維度，設使零維為一點，大家都知道，現在這圖上的零維點就是 A 底圓心和 B 錐尖所融合之一點。由這點循 B 左右頂邊之路徑上移，我們會發現這兩邊越來越分開，兩邊中間之距離越來越長，由於這是圓錐，所以兩邊距離就代表一個個圓橫切面的直徑越來越長，橫切圓也越來越大，這代表甚麼？這代表由零維無極而上一二三四維等等越大維度結構越複雜越精妙！然而在 B 左右頂兩條虛綫之間距離越來越長之際，同時 A 左右下半兩條實綫距離卻越來越短，這由代表甚麼？這代表維度越高，體積面積基本上越來越小，比如二維平面宇宙三維立體人類四維人體上或人與物之間的極微粒子等......

然而，當去到一半的時候，即由 B 左右頂虛綫轉 A 左右頂虛綫時，我們清晰可見，維度也是不斷向上增高，但當維度越高之時 A 之左右頂兩虛綫之間的距離"反而"越來越小了，即代表了維度到了一定情度反而越高結構就越來越退化由精退為簡了嗎？非也！其實當由 B 左右頂虛綫進入 A 左右頂虛綫之際，就表示進入了"反空間"，由反物質反能量組成和存上的"反空間"！這裡一切與我們現實世界顛倒！但到最後又會上到 A 頂點和 B 底圓心交融的那個點！然而，由於兩圓錐正反相交頂底交滙，所以 A 頂又等於 B 底又等於 A 底和 B 頂！而這時 A 左右下半邊之實綫又往上走到 B 左右下半部之實綫，當去到 B 這個"反空間"時，維度越高，體積也相反的越來越大了！只有這個正反維度空間之模型組合，才能完美解釋零維等於無限高維，而無限高維亦等於零維之至理！而零維與無限高限一樣，以某種情度包含了已知和未知的所有維度！對，上帝就在這零維與無限高限點之虛無飄渺間，然而，祂又某種程度上包含了我們所有維度所有事物和生物！即是說，我們也是上帝的一部份！榮格在近百年前就知道這至理，實在令人欽佩！

然而，我們要更"科學"的證明零維和無限高維之間的運作，甚至包含上帝之概念，那麼這個模型同時也要滿足宇宙奇點和大爆炸之理論！同樣，以A底圓心和B頂交合點去代表奇點，奇點上之虛綫為體積，而兩邊左右而上的實綫大概代表質理和能量！我們清楚看到當宇宙處於奇點體積無限小時，質量能量就無限大無限集上於這點！而當代表體積之兩根虛綫距離越大時體積當然是越大，同時質量和能量兩根實綫相對距離越來越小，不是質能小了因為有質能守恒定律制約，而是說質量能量就越分散到了每個單位之體積上去了，當去到中段，即AB上下半部交融處時，我們又進入了反物質反能量所代表的"反空間"！這裡一切，又反著來了！可見，與維度升級一樣，宇宙體積也是由奇點之無限小不斷放大，到了一定程定，就以反物質反能量之"反方式"不斷縮小而不是擴大了！這里，有兩層解釋，第一層是簡單的宇宙坍塌，第二層是反物質反能量反空間反方式！不管那一種方式去理解，我們看到宇宙體積都是由極小而極大，然後又物極必反的以反放式慢慢縮小坍塌，縮到了一個奇點，又再度以正方式放大，循環往返！這與我們古人陰陽十二長生哲學高度契口！五行之氣天地之質永不"消失"，永遠死絕而反復生，死絕只是一個階段，不是終點！永無終點！愚昧的人往往把死絕視為終點，就假定奇點之前一切無有！這是大錯特錯的，記住這張圓學思想哲學圖！

又或者形像的說，這又像鐘擺，最低點是奇點，左右兩邊不斷來回互擺。上帝是有，但不是以引發奇點大爆炸的形式來創造萬物，這有點唯神論，而且還不合邏輯，干脆把一切解釋不了的事一半推給大爆炸奇點另一半推給迷信，這就是要讓現代科學與哲學以虎頭作首，以蛇尾為結！而且，奇點大爆炸之說更只能說明我們人類根本不是上帝一部份，更與上帝毫無干係！試問，這合乎天人合一的大自然定律嗎！我們是上帝造的，而竟然與之毫無關係，只不過是上帝隔著奇點這個隔膜的一個略施小法而已，關係撇除的如此乾淨！圓學哲學告訴我們，這一切就是一個慣性運動，而奇點不過是這慣性運動的其中一環，就好比古代干支十二長生之死絕狀態！如果大爆炸之前真的無有，那就強調了第一作用力之存在，而如果真的從這條歪路走下去，這第一作用力從何而來跟本無從稽考，玄之又玄，故弄玄虛！這簡直是用科學之鋤給自己挖了條迷信玄虛的死胡同，諷刺的是這樣一條路還是一批又一批科學家們帶頭掘的！

在這裡，我們以最簡單的圖剖開最複雜無上之至理，天地宇宙人生世事自然了然於胸，無所罣礙！學著圓學，心領神會，然後自然會與天地合德！

圓玄緣珠易元！

16. 我的前半生

每一個過了三十而立又無所成就的中年男人，相信多少都會分享一點我此刻之心理！就是靜靜無聊的獨自坐著回憶一下自己的年歲，然後狠狠將人生直至今天的三十多年歲月歸結為短暫的失志的前半生，而明天等待我們的將是更長久的充滿成功和幸福快樂的後半生！我對命運永遠寄予厚望並隨之附上自己人生態度上之積極性，且真切想這美妙的後半生願景能通過自己越發融和的個性和有所為的努力逐步實現！

先講講這本金書，這是我人生的第二本書，然而先前那本不過走過場形式，這本金書才能表達最真實的我！一本書先不要看好壞，首先要看能否最真實的將自己呈現出來！如果不能，這本書就是死的；而果可以，這本書就賦予了生命！竊以為，死書肯定談不上好壞，我們講的好書壞書都只能是針對生有命的活書而言！這當然又可以用圓學思想去表達出來，但我不想為表達而表達！

書名金書是為了易記，而個人又喜歡金色之故。而那圍在金書旁的那廿四個圓，分別代表了河洛書圖和自己個人命盤的特殊訊息，以將數者揉以為一！當然，我筆名河洛子，而且小學一年級時班上廿四人我就是第廿四號，有一次老師送毛巾時前面廿三塊就是公仔，最後餘下一塊給我的卻是波波，當時十分悶氣，無奈何也得接受帶回家自用，誰叫我排最後一號第廿四號呢！沒想到這廿四個圓圈今天卻以這種形式與我之生命產生交集。

當自己對著封面設計圖時，猛然發現金書二字也剛好有廿四個端點，與我之廿四個圓圈何其脗合，內心暗自歡喜之際，卻又發現自己忽略了金字下部兩點上的兩個端點，不對，這樣算起共廿六個圓圈才對！剛才的興奮之情陡然消失了，心想也沒有辦法，只好將就了。怎知，就在同一個晚上，我做了個夢，自己從龍園商場走出去想點個麥當勞餐來作午飯，好趕的及上班去！就在此時，夢裡卻發現腳後有兩個直徑十公分左右的透明球體自然緊隨我而滾動。剛醒來時，也沒有對此夢作多想，只是剛好想到其他的事，比如很多公司甚至宗教都有自己的 logo，如佛教的 (卍) 字便是意味著四個半徑以順時針方向不斷劃出無數個圓圈，。為甚麼我的金書圓學就沒有呢！此時，我又想起了方圓運動和陰陽圓，便用一個實圓一個虛圓二圓部份相交之圖案來作金書圓學之 logo 並將之放在背面就不怕破壞了前面廿四個圓之和諧且又可以單獨突出這二圓一體之形象。事既成，又想這不剛好是廿六個圓嗎？晚上之夢的兩個圓不剛好是緊隨我腳後跟嗎？這本書最後二圓不是剛好又放在背後嗎？造化何其巧妙！

我一生至今都與圓圈有著一種奇妙緣份！小時候甚至想像自己是由媽媽生下的一枚蛋裡爆出來的，媽媽就是我一生的貴人，後來雖然我知道自己不是由蛋裡爆出來的，但媽真是我們的大貴人這個不假！小時候鄉下婆婆照顧時，我小便的地方就是一些咖啡式的尿壺，有時竟會扒到地上從壺口窺探內裡一片黑色小天地，那時感覺壺裡又是另一個世界另一帶宇宙，那裡肯定然有星星月亮，應該沒有太陽，因為暗暗的，而且有點異味，我的尿臭！因為裡邊沒有太陽之故，所以小時候的我又經常將之拿到門外早上太陽底下去曬。尿壺很是親切，怕的只是自己那個圓圓尿孔射出來的尿柱對不準那個壺濺的一地尿漬而已！然而，還有圓圓的痰罐，由於痰罐裝糞，當然使我心生某程度之厭惡！可是，當我坐於其中侯著牆大便之時，總喜歡自己發呆，將後腦勺輕輕輕輕的一下一下往牆敲！有一回，媽媽在忙著朋友電話，便告訴我快五歲了，試著自己擦乾淨屁股吧，我依言去擦！其後，當媽檢查時又發現擦的不乾淨，為我重新再擦一遍！自己的屁股自己去擦乾淨，這件事我永記憶猶新！後來，由於當時相貌較好，活脫當時台灣的一個童星貢丸，所以大家又叫我貢丸了，圓圓的貢丸！媽對這個名字十分生氣，認為人們在取笑我（曲頭），小時候我後腦勺比平常小孩突出一點點！隨之，對這個名字我也是聽一次恨一次，到長大後又麻目了！這可說是我與圓的緣份吧！

後來，又做了個美妙的如來佛夢，這本書很多靈感，也因此夢之故！我們通過圓學哲學思想去整合夢之潛意識去思考甚至書寫人生，從而達到天人和諧心平氣和又努力奮發之狀態，圓是我們一生不可或缺的課題，我們從中也將得到人生真諦！

17. 維度大解密

本章開篇之前，請諸君先記得這幾個公式，$E=MC^2$，$C=\pi r^2$，$V=4/3\pi r^3$！或者先這樣講，光不但與圓，而且與維度也有極密切關係，三者大家互為有機一體。光與圓之關係我在前幾篇已經講過了，這裡不再贅述！反而，本篇想談的是光與維度之關係！

一維沒有光為黑暗一切，就如天文望遠鏡或肉眼下之晚上星星背後的一幕黑夜，黑壓壓的，總之沒有光！另外，一維也沒有與三維直接對應之物，比如卡通片和夢！卡通人物？我們也有立體公仔如叮噹呀！公仔叮噹不對應銀幕上的叮噹，而且一維世界的規則我們三維人基本上可以自由編寫，比如大雄可以變為叮噹，或者大雄與小丸子一起上學做個好朋友而且一齊有無敵之身一齊去打魔人布歐！

二維哩？二維就好比黑夜上的星星，對，有光的星星，二維就是有光，而且二維與三維總有直接對應之物，比如相片上的我們和山水！還有，由於二維與三維對應性強，所以我們不能太過自由的去書寫二維世界的規則！比如在影片內的我總不可能真的變為劉德華甚至太陽吧！或者這樣理解，二維好比天上億萬光年遠的星光，我們可以看到它們閃閃發光的二維平面，因為我們無條件比光速快，所以永無可能以三維人類肉身去實現登陸那顆星，與它來過三維式的親身體驗和接觸吧！也比如昨天我們拍的視像，視像是以二維平面銀幕去表現昨天這時這地的時空，由於我們快不過光，所以昨天視像裡的時空永只能是我們的二維世界！

所以，一維是沒有光自然沒有規則制約，二維是有光但離我們以光年計的距離使我們不能到達，那麼三維當然是離我們相對近而且能到達的三維立體物，當然三維世界所有生物都是以比光慢的速度隨著宇宙時空前進的！四維當然是比光快的粒子，所以可以實現時空倒流！

問題來了，那麼五維呢？還有比四維更快的東西？有，以光的平方的速度，大家知道宇宙好比一個圓，光速推進的時空包括銀河系就好比這個圓的半徑，這個半徑隨著宇宙還在脹大半徑本身也不斷增長，以甚麼速度呢？光速！所以比光快的四維粒子就可以不隨半徑往外伸，而是往圓心裡往回跑，即回到過去，以四維粒子狀態並不是三維肉體回到過去。但比光速快一點兒只能保證你往回跑，而不能使你跳出這條半徑，這條包括了我們這個三維世界的半徑！但如果是以光的平方之速度呢？那麼我們就可以跳出這條半徑，跳到這個圓平面上的任一條半徑去了！這就是五維生物的能耐！以怎樣的表達形式呢？記得 $E=MC^2$ 嗎？不錯，五維已經破除光平方這個常數從而在質量和能量二者之間自由互換形式了！可以百變千變，幾乎無限可能！亦即是說我們這個所謂奇點後脹大然後最終坍塌最後縮回一個奇點的宇宙的整個過程之所有生物體都可以由五維袍自由互換了，就像互衣服那麼簡單，甚至更簡單！這個期間如果以年計算大約多久？現在主流科學家意見是數百億年而已！然而，奇點之前和之後可能都有無限奇點，換言之有無限過數百億年？那麼，五維生物不是都要隨著這個奇點而消耗？！是的，所以有關六維生物的定理 $V=4/3\pi r^3$ 大派用場！不錯，半徑的三次方也可比作光的三次方，即何如？即圓平面會變成圓球體積，這也代表了無限個奇點來回，無限個數百億年！那麼，可以去到未來的蟲洞指的就是六維空間嗎？對的！對了！六維就可以去到未來了！但七維才能改變未來的事！八維可以操控平行宇宙無數宇宙，神之形式存在！

那麼，有沒有平行宇宙？因為即使無限個奇點無限個數百億年，也大概只是一個宇宙不斷循環往複呀！就沒有更多的宇宙甚至在我們身旁以我們察看不著的形式在運行嗎？有！有無限宇宙，六維只能困於我們這個宇宙，而七維可以延伸到無限平行宇宙，自由互換，神一般的存在！圓球體變成多個圓球體代表多個宇宙！每個宇宙一個點又可以串連直綫！而什麼形式表達七維？記得 $E=MC^2$ 嗎？如果將之變成 MC^4，那麼三維高達 80kg 的人類都可以以五維祂們的粒子速度和能量自自穿梭變幻了，那麼三維世界的生物的過去和將來也將不只有一個而是無限多個了，八字學的規律已經分崩離析了，整個我們這宇宙的規律幾乎全部失效了，因為還有無限多個幾乎同等級的宇宙呀！那麼八維理論上光的五次方已經可以將這無限平行宇宙操控於股掌之中！已經是神了？！神創造我們？錯呀，不是呀，我們圓學不是講過我們本身就是上帝一部份嗎？！怎麼現在又說我們是由造物主造的呢？圓學還是堅定的講，我們本身就是上帝的一部份，那個在奇點外與我們關係撇得清清的造物主是不存在的！如果是有造物主，第一所有維度不會運轉，而且可以自由任意破壞任何一個維度，甚至是將之抹去，而我們更不用自強不息的去造佛系運動了！如果洞識歷史的一，也知道所有事物都會更高階進化的，而且永遠沒有固定的事物！如果不洞識歷史，看我圓學前幾篇，這裡不再贅述！但緊記，維度越高，速度反而越慢，能量反而可能越低，越接近零維狀態！零維是甚麼？是一維和最高 N 維之概括物，即零維同時似無維度無極，又似所有維度包含一起！討論維度不能圍於一個形式一種方法，我們之前用串佛珠方法告訴大家至高維怎樣無限接近零維，現像又用這個光圓維度定理去公式化的深入了解一個個維度之間的異同與關係！

那麼，維度之間以甚麼形式相互影響，又有甚麼關係呢？先講我們三維，我們拍的視像就是以二維平面形式去呈現昨天的三維時空！因為我們不比光快，回不到過去，想呈現昨天時空就只能用二維視像平面形式！然而，二維只低我們一個維度，所以裡面的山山水水甚至萬物與我們緊密相應，都有一個三維的對照物，換言之我們也不能自由改寫二維世界的規則，好比我們不能叫相片裡的自己成為卡通人物吧！那麼甚麼是一維呢？夢和卡通，尤其是清明夢，二者同樣幾乎以我們三維人的意志去控制情節和規則，同樣二者也沒有直接確切的三維對應物，比如說夢裡的山水建築就可能是現實世界裡根本沒有之物！而暗是我們閉起眼着不見光時所呈現的，夢即是以二維平面形式呈現一維世界！至於卡通更是，卡通不是我們一綫一筆劃出來的？直綫又是一維的其中一個表達方式！也即是說三維人可以自由無限想像的操控一維？至少是幾乎可以？對！想一想，在我們三維生物眼中，一維直綫在二維平面裡以怎樣形式存在？是以一條黑黑無光的直綫存在！那麼這條直綫劃成甚麼的形態，點上甚麼色的光，甚是以甚麼規則去呈現，也都是我們三維生物的自由，比如 online game！

我們三維人因為圍於比光速慢，所以回不到昨天視像裡的時空！那麼，比時間快的四維粒子可以吧？可以的，袍們以四維方式去到我們從前的三維時空！但袍們畢竟不是三維人，改變不了昨天三維世界的一切！這也乎合我們過去只有一個將來只將必有一個之認知。然而，當七維裡三維生物偉大的以五維速度和能量轉換操控一切時，我們這個宇宙所有定理包括過去和將來只有一條軌跡的理論將完全崩潰，重新再寫！但四維因為達不到光的平方，所以只能待在我們三維空間這條半徑上，跳不出去圓面積的其它半徑，所以四維操控不了三維就如同三維控制不了二維一樣，即四維不能同時在我們三維生生世世之間的輪迴物之間自由轉換！但隔一維可以操控，那麼四維可以操控二維嗎？可以！可以幾乎由編寫，因為二維根本不是三維這條半徑中的一點，而是三維這條半徑上的一點中的任意一點，回想一下串佛珠理論！即這一點中的任意一點，那麼對於四維來說就可以幾乎自由編寫規則了！這好比我們在一維夢和卡通片 online game 裡幾乎以上帝角度自由編寫一樣！

但問題來了，即使我們能只由編寫卡通，也不能毀滅它們，因為首先我們不能以一維形式存在，永遠不能！另外，我們不是可以隨意定卡通人物之生死嗎？比如金庸要筆下的人物死去一樣容易！這樣的問題，就證明了你心水宗全不清，我們三維世界裡的生老病死就只能加諸於我們三維生物自己，其它維度是不適用的，比如一維卡通根本是幻覺，整個故事就是一個幻覺，那面的人不是獨立的，都是依附故事而存在的！比如，打開金庸所寫的天龍八部，如果無這個故事，又何來阿紫！阿紫只不過是幻覺的"一部份"，那又怎麼配享生老病死呢？！我們之所以在書裡銀幕裡看到"她"的"生老病死"，只是我們將自己的三維屬性通過幻想強加於"她"身上而已！然而，不用光在眼裡映出來的幻覺"暗"物，終究是一維的幻覺罷了！所以，這個幻覺一但成形，我們便又不可能再更改甚麼了！金庸不是改編了一些小說嗎？改編了就又是另一個幻覺了！與之前的不是同一個幻覺了！那麼，二維平面比如我們相片是我們一部份，三維幻覺更是我們自己一部份！同理，上帝與我們相隔何止二維？祂肯定"不可能"也沒空去"毀滅"我們的！如果上帝是零維，然而零維也是包括了所有維度哩？零維不是嚴格意義的包括所有維度，而是看似無有無極空無一切，又似包羅萬有包括所有維度罷了！零維之三維性終不及我們三維人類的三維屬性強，不是嗎？然而，正如一維二維甚至四維也與我們有不同程度關係互為一部份，那麼，這條佛珠串一直向上又向下竄，我們三維人類自然也是上帝一部份了！

最後，圓學不是說維度越往上越近零維能量和速度一切最終可能更趨向於零嗎？怎麼解釋光速平方越高速度能量也是爆炸式的增長呀，而不是減慢了？試想想，第八維度即光的五次方已是無限宇宙之外的無限可能了！對於這個光的五次方第八維度，我們宇宙第六維度光的三次方不是慢到微不足道嗎？更何況還有光的六和七次方哩？這樣比下去，光的三次方不是慢的一動不動一樣嗎？這不是相對又近似零維一維無光無速了嗎？對，高趨零維某程度講的就是相對意義，要知道任何事物都是相對的有相對物，不管你置身甚麼維度也是一樣！還不明白？想想串佛珠的虛綫部份，假設我們實綫的佛珠至高維度暫定是八維即光的五次方，然而虛綫裡我們講通維度可以無限上推，即8+1維，8+2維，甚至8+4維和8+x維！假設對比第8+4維即光的九次方來說，第八維光的五次方簡直就是一動不動的死物，而且跟本"無"能量"無"速度，根本察覺不到，這時候所謂實綫最高之八維不就像零維之無有且不動了嗎？串佛珠告訴我們，最高維度分做實綫最高維和虛綫最高維，而且單是虛綫就有無限個最高維且每一個虛綫維某程度也可作為最高維！最高維都是相對和虛實這四個字去定義出來的，不是憑空涅造或從真空裡暴出來的！這就是沒有最高只有更高的偉大哲學近乎完美之詮譯了。

還有，所有維度不是黑白分開的，而是非常灰色非常混和複雜的，例如一維夢卻以二維平面形式表達，一維卡通叮噹也由我們通過幻想造出實物立體三維叮噹公仔！然而，這個叮噹公仔真的完全不是銀幕裡的那個幻像叮噹呀！這叮噹公仔和銀幕裡的叮噹幻像維度相似度與它跟銀幕裡的小丸子一樣，相近度都是零，本身就不那麼一回事！

18. 大宇宙大維度大雜談

　　必須先參對上文第17篇，這時我們知道一維無光為黑暗，二維為過去時空如億萬年前之星光我們夠不及去不到只能看到平面！假設以地球自轉時速計算，一維沒有這個概念，二維過去時空，時速即是（負光速加1670公里），三維時速1670公里，四維（正光速再加1670公里）所以四維與三維有同步性且可以透過當下之三維去自由編寫而不是改寫二維平面世界，因為四維只是比光速快了一個地球自轉數值，只夠改寫剛剛發生的過去，直白的說，這樣"慢"的速度只能剛好控制當下的我們三維人類意識去依祂們意願做出種種行為，就如同我們拍一個二維平面視像一樣道理，四維就像我們日常的靈魂概念一樣，因為沒有接近光速平方，所以不能實現真正意義的改變過去，或者說未能從新編造一個或無窮多個新的過去，比如說四維生物不能阻止甘乃迪總統被刺死，若然改變了1963年這件遇刺事件，那麼甘乃迪先生仍然繼續當總統，從那時間又會生出無限個可能，動一綫羅網皆顫也！所以，自古以來的靈魂與我們共存之概念可以稱之為四維，而祂又是回不了過去的，並且祂們時間逆流背後是自己還達到不了的將來，而過去對於祂們來說又是"因不夠快速而去不到的未知區域"！最後，來個總結，四維未必能以三維的觀點去認知我們的過去二維平面時空，祂們知能從我們現成的三維圖片去推測我們的過去的二維時空！就正如我們不能直接看到李小龍的某張相片是誰替他拍的，可當時的他幾乎肯定可以直接看見誰是攝影師一樣！那個未有出現在相片裡的攝影師便是一維，我們不直接看到一維，總是只能依靠這張二維相片或其它知識造出自己推測！可祂也非常接近回到我們的過去，但總是未夠"快"，所以只能剛好在這一刻回過頭來控制我們意念，間接操控現在的三維世界，但不包括過去和未來的三維世界，因為祂們只比我們快了一個光速！

　　根據圓學，要想去到未來，就必須先回到過去！回到過去雖要光速平方的五維生物，去到未來又雖要光三次方的六維生物，因為祂們可以在我們本宇宙無窮奇點中來回自由穿梭！但注意，我以上指的是"去到"，而不是直接改變過去未來，如果想改變，也不能改變，只能對我們的過去將來生出無限個可能性出來，這樣就意味著多個無限個平行宇宙了！這就至少要光四次方速度力量的七維生物了！然而，七維生物這也不是改變我們的過去，只是為我們的過去提供無限可能！於我們三維世界，過去即發生了的是不能改變的，但將來的是不是宿命上的一定一條路？還是無限個可能性呢！圓學推出將來是無限可能性中隨機選擇一個，當然，這個隨機也只能落於一定區間之內，不總可能與過去或經驗有太大的相悖！這個隨機可能性不是說沒有可能來個完全顛覆，而是機率太小！那麼說將來可以隨機改變的話，唯一可能性就是很多個平行宇宙都有交集，而且具有高度相似性，或者說我們就同時落在多個不同宇宙中生存著，而將來的可能性就在通常在這特定數量的平行宇宙中按概率距離隨機挑選一個，亦即是說我們本宇宙不是純一宇宙，而是多個結構相似距離相近的宇宙的各自某部份有機組合的！所以跳到將來就至少涉及六維到七維的生物之權利！因為祂們分別到達光的三次方和四次方！

記得方圓運動陰陽圓和串佛珠理論嗎？串佛珠中的虛綫部份與造著方圓運動的陰陽圓的虛弧部份都剛好是八分之一！再看串佛珠，虛綫的一端是零維，另一段是最高 N 維，相交兩圓也各自生出第二圓心，而這個第二圓心也跳到這虛綫部份，實現圓心和圓周同時相交！把兩個串佛珠視為兩個不同宇宙，都大家的零維和至高 N 維直接相交，其它的維度只是間接相交！為何還能間接相交？因為這批其它維度都隨著這兩圓的第二圓心到跳到這個由兩虛弧所組成的交集區間上來！而且一個串佛珠同時不只與另外兩個串佛珠相交，而是同時與無數多個串佛珠相交，而我們未發生的將來就在這多個虛弧交集之間幾乎隨機的跳來跳去，已發生了的過去即又從虛弧上化成只屬本宇宙的自己的一部份，所也體現在宇宙體積不斷變化之上！

五維就是光速平方，質能互換，可以去到宇由中心圓心點再直達本宇宙內幾乎所有其他三維四維生物之半徑軌跡，而且瞬間完成，甚至不用時間！那麼五維就可以回到過去，而且自由轉化其它三維生物體？

這又不能，因為三維的過去時空比如昨天時空就屬於二維，五維與二維隔了超過兩個維度，所以影響形式非常間接，串佛珠理論模型已經明白的告訴了我們這個道理！其實對於去除光平方常數質能破天荒互換的五維來說，本宇宙兩個奇點之間的所有事物基本上祂們都可以隨意參與，但仍不能改寫，不同維度之間永遠不能直接改寫！能編寫更多的劇本事物，但不能直接去改寫這個已發生的劇本！直白的說，我們過去的時空就只不過是祂們的幻想，正如我們寫一個故事出來或甚至動一個念動如此簡單，但同理我們十秒前動的念頭現在已經不能更改，只能改變注意再想一個新念動，但舊的念頭雖然虛幻，卻正因為虛幻而永不能更改！我們可以打人，但不能去打一個幻像吧！我們三維世界就真是祂們的幻像，祂們至多再生新的幻像，永不可能消滅舊幻像！將來茫然不可知又神聖，其實只不過高維祂的一個想像而已！

假設宇宙三維生物任一物種生物之生命軌跡為一條半徑，當然這半徑長短不盡相同，短的可用虛綫補齊！那麼，五維就可以在所有這些半徑內自由互換，即是說五維可以在整個圓平面內自由互換，已具神聖性！由串佛珠理論之所有維度同時共存但宇宙又存在奇點狀態這兩個前題之下可以得出，真的有無數個平行姊妹宇宙，並不是只有我們這個宇宙！試想想，當奇點狀態來臨時，我們所有維度豈不是要（暫時消失），只餘下零維奇點！然而，若果旁邊或附近或某個地方某程度上我們有個陰陽姊妹宇宙與我們造著相反的運動，即我們擴張時她收縮，反之亦然！那麼，維度便不會中斷了！然而，就只得這兩個宇宙嗎？兩個宇宙不成體系體統！

再想，萬物又具有一定共同性，設想，本宇宙有一定程度就像我們地球，也有一定程度像其它九大行星，亦有一定程度著太陽，太陽系，銀河系，其至星雲和黑洞等等……當然，這一切又以圓球形為中心，即最大程度上我們宇宙最大比例的性質就像圓球性質！那麼，我們可以得出甚麼結論呢？

結論就是，我們宇宙就是無窮億兆宇宙所組成的八分長得似一個巨大圓球體上的任意一點！然而這些無窮億兆宇宙大小不一，複雜程度不一，狀態也不一！根據方圓運動陰陽圓理論和金字塔頂角理論，大約八分三點五在收縮八分三點五在擴張，餘下八分一亦即串佛珠的虛綫段陰陽圓的虛綫段處於其它糢糊未知臨界狀態，甚至它們本身可能有點偏離了球體性質，這些未知數暫時忽略吧！

總體來說，這些無數宇宙可以分做一組組不同的陰陽團隊，有時陰隊收縮陽隊擴張，有時陰隊相對靜止不作公轉只作自轉，有時陽隊相對圍繞陰隊公轉並且自轉，而收縮得餘下其點質量卻無限大的相對看起來不公轉也不自轉，因為自轉太慢可以忽略不計！有時侯奇點比較集中在內圍，這樣很好！有時卻相對集中在外圍，那麼到了某些臨界點，內圍體積在收縮的較小的宇宙反而被抽出去，圍著原本在外圍的宇宙群，繞它們做公轉運動！有時侯所有這些比如體積質量甚至陰陽也隨時顛倒互換！如果，如果，我說三次如果！想像我們從對面看過去，這個無數宇宙大球體仿有一半明一半暗或者一半黑點一半白點，又或者明的白的往內收縮，由圓收做點時；暗的黑的就往外擴張成圓再成方再散逸，未了又反往裡收縮！有的黑在相對公轉有的黑又在相對靜止相對大相對小相對重相對輕相對明確清晰相對糢糊！反之亦然，陰陽黑白顛顛倒！且慢，宇宙還有自轉公轉的？！試問，在偉大的兆億宇宙運動下，我們宇宙的自轉公轉對於我們這些無限可怜微小簡單的科學儀器來說，能觀察到個屁？！那麼，我又為何如此肯定？答案是：圓學佛系運動串佛珠之理論而已！天地宇宙太極無極之真理，往往就在那麼簡單的一圈之中！當然，我們需要相當多的理論和已知事實去高度提練！試以名之？這就叫做平行宇宙多層立體曼陀羅似轉非轉運動！

怎樣去理解這個，認想想串佛珠為一個中空的圓平面，另外再加一個垂直相交的中空圓平面的串佛珠，兩兩相融結合為一，大約得出一個中空的圓球體像皮球！然後再想像旁邊多加一個大小一樣的但是實心的球，一陰一陽互補！這個是平方串佛珠陰陽模型，一虛一實而又部份相交之球好像陰陽圓運動一樣相交，這個模型千變萬化卻又融為一圓，可以最直接又精密的表達無數億兆宇宙所同組的這個大球宇宙體！要注意，我所提出的宇宙自轉公轉概念，未必可以跟地球自轉公轉方式一樣，以是以宇宙們自己特定方式去"運動和轉動"！不能簡單的將之想當然的想像為地球的轉動！

這裡，我需要做個修正！夢和幻想潛意識是零維！不是一維！

談談維度間的關係，我們三維與昨天過去時空的平面二維世界有高度相似性，這個不用多作解釋了！而且，我們每個三維生物也各自有無限個一閃即逝無時間概念的二維"法相"！比如由於比光速慢的多，我們永遠去不了宇宙上千萬光年直徑的本地組區域以外的其它空間，而這些我們去不了的空間也有發光恆星，就是我們晚上"見"到的星星，這就是二維平面，過去的星空看的見去不了的星體！

然而，我們對一維卻又似乎無所知，比如昨天發哥拍的照片的持相機之人，和當時發高所聞到的味道和感覺到的溫度，這些都不表現在這張二維平面裡的，這些都是一維！一維同時也包括了比那些我們去不到的但看得見的恆星更遠更遠我們甚至也看不見它們的光的恆星！所以，這也證明了一維與二維有高度相似性，但我們三維就是不能直接觀察到一維，只是憑著二維光平面去推算一維的大概，但總有很大偏差！這證明了圓學的精準性！同理，二維背後有無數個與自己相似的一維！二維就是我們看得見的少數的發光恆星，那麼一維也可以指成那些更多更多的不發光的或發了光但我們看不見的其它恆星或天體！同理，四維也是由我們無數個三維生物之輪迴共同存在的，祂們可以同時與無數個生物同時共存！對，是同時共存！是因為祂們是粒子，可以在光速之上遊走於各個不同三維生命體，而成為組成這些三維生命體的"一部份"而不是全部！正如我們是二維相片平面的一部份，而不是全部一樣的道理！

幻想是零維，包含了所有維度，如一維黑暗綫性未知二維光平面三維感官聲色香味觸覺，甚至我們感受不到的屬於高維度的"體驗"！當然，對於五維生物來說，二維平面祂是體驗到的，可是祂會以四維時空形式去體驗，這個二維平面融化於四維時空之中，五維祂是體驗了，卻混然不覺，就是不能將二維從四維中具分出來！

我們可以想像一個曼陀羅，或者串佛珠，或者串佛珠之變形圓錐體，我們會發現層層維度都有無數"法相"！而且，高一層維度生物包含了無數個低一層維度生物的"一部份"而不是全部！就好像我們可以拍無數照片，但照片裡仍有其它山水人事一樣道理！同時，無數個低一層維度生物又共同組成了"多個而不是一個"高一維度生物的"一部份而不是整體"！一維暗黑"仍未存"，二維轉瞬未有經歷時間即滅，三維生物也是生老病死輪迴不能倖免！四維有光速，所以同時是無數三維三物的共同組成的"法相"！五維光平方質能界限消除，自由去到各三維生物之過去和自由轉變成不同時代之三維生物之不同階段，由無數個四維之一部份組成，而這無數四維之另一部份又與其祂四維生物組成又一個五維生物！整幅圖是交叉互叠大小依次而存的，有些乍看似點，放大鏡一照又成佛珠圖！

　　從上一段我們得出結論，我們自己本身不只存在於三維世界，也不只存在於三維二維和一維，而是同時交叉重叠互相存在於所有維度之中，這就是共業，只差在我們感受得到沒有而已！也即是說，我們不必定然是三維然後排上四維然後五維，我們只需要回歸到本我自心，感覺天地萬物實物虛物有我無我混然為一，這樣便可以得道成佛了！就這麼簡單？對，就這麼簡單，但最簡單的往往也是最難的！我們需要破除層層六根痴想，正應驗了佛家所言，取得不難，捨去更難之道理！這正需要我們捨去自己自身虛我實我所有，這何其難！要知道，人的一生用的最多的一個字和概念就正是一個"我"字！

　　就只有佛教才能達至境嗎？不對！要相互包容甚至融合！所有正派教理之真理至理包括天主基督和伊斯蘭文明也能達至境！佛不是一個字也不是一個名位更不是一個封號，而是一個概念！天下共融宗教哲理科學自我他人天地萬物共融一體了，就是"佛"之概念！上帝基督真主超脫哲理所有種種美好互融，以愛之義互融一體，無分你我他她它祂，這就是"佛"之理念境界！

19. 黑洞質能維度與光

　　篇幅所限，請先記下我假定的科哲學公式，大家也知道 $E=MC^2$ 質能轉換公式，好吧這就代表三維立體空間？那麼二維呢？超遠距離不能到達之恆星發送到地球的光，對，二維於我們三維生物角度只以 C 之形式存在！一維某程度上為死亡無光的恆星產生之黑暗黑洞，我們假設一維沒有 M 和 C，因為我們"感覺"不到黑洞的質量 M，而黑洞也沒有光 C。至於四維呢？一維無有，二維 C，三維 M 純質量因為以三維角度我們受恆星太陽之光！四維是甲 M(甲 M=MC)，上一章我們提過四維具有光速加三維生物之速度，與時間同速即可以時空停止，然後以靈魂粒子之身同時附在多個生物之上因為光速加上三維速的祂們至少視地球上之距離為無物，靈魂最有可能是附在眼睛上，這又有點像"慢很多"的量子糾纏作用。四維可以使"時間看上去停止"，但不能回到過去，因為回到過去雖要達到宇宙大爆炸時之可能是量子糾纏之速度，甚至更高，但我斷言宇宙最快的速度就是光速度平方即 C^2，五維可以回到過去，又可以稱作為乙 M(乙 M=MC^2)，五維已經去到宇宙奇點黑洞奇點邊緣，可以由自回到過去而且化宇宙內任何式形之三四維生物，但代價是以五維形式回到過去千變萬化而不是我們的三維形式，所以不要妄想以三維肉身作時空旅行，這是無知！而且黑洞邊 (亦即五維) 連光也不能逃逸，可以證明這個五維速度比光快很多！六維是大爆炸奇點前後的無數個奇點，即有點像宇宙冰花體，我認同單一宇宙不像氣球，而是冰花體，我個人喜歡稱作中藥顆粒體，不同維度空間不是氣球狀，我認為不同維度空間就像不同中藥顆粒，大爆似前一刻是由夸克膠子組成的液體，即大爆炸前不同維度糾結一起就像中藥顆粒同溶於水不分你我，這就是六維，六維包含一個宇宙的前後無限奇點！如果奇點可以類比黑洞，宇宙有很多黑洞即很多類奇點呀！還有，我有個獨特發現，我們宇宙"某些區域空間"的膨脹是以黑洞同時收縮吸入大量星體為代價，一陰一陽，應驗了我之前的一個結論，不同或同一宇宙無數個奇點收縮和空間膨脹同時作用，就像無數個陰陽作用！所以六維即丙 M(丙 M=MC^3)，即代表一個宇宙無數奇點！這個雪花狀或顆粒狀是大爆炸後宇宙湯液態迅速降溫而成的，似是氣態，就像我們房間的許多塵埃一樣，塵埃氣態的附著空氣！看似網，又似三維立體空間分佈狀！亦即似圓球空間裡的許多圓粒塵埃！記得我們講過六維代表無數個奇點的一個圓球體宇宙嗎？正是此理！而且，這些維度空間一開始以黑洞固體或無體，爆炸前一刻又以宇宙湯液體，最後在擴散時才變成點點氣體塵埃！由固體液體至氣體，可以斷言這中間有個圓體積空間在"默默的存在"！甚麼是七維？七維是無數個宇宙，更有著更加多個無數奇點，統一著它們，而所有奇點統一起來看又同時代表質量重力最大值！所以七維（丁 M=MC^4），個人開創式的大膽認為七維丁 M 就是重力的最大值！還記得五維乙 M=MC^2 是宇宙最快速度嗎？又同時為黑洞邊緣和代表著質能形態自由轉化萬物隨心所慾嗎？

人類時空旅行無可能！至少我們三維肉體不能！二維遙遠行星光我們知道，同時二維亦代表過去時空！由此我們會想像出二維空間就是光影就是光將我們的生活一幕幕映下來，我們三維空間三維肉體具有唯一性！二維光空間覆制的只是我們的投映，所謂去旅行只是去看看那一幕幕投映而已！比如 1965 巴黎那個時空，我們都知道 1965 年巴黎時空在太空上距離我們以光年計，而且要回那個時空就要達到五維而不是四維，即質能萬物自由操控千變萬化！由此證明 965 年巴黎那個時空不是以二維空間形式存在，也不是四維而是五維空間！五維空間還是二維的光映嗎？無可能！所以我們即使以五維生物形態回到過去，看到的不是三維立體也定然不是二維光平面，而是以一種高維度五維方式存在！另外，我們可以以五維身在 1965 年甚至任何現空或從前的巴黎的時空隨意化任意萬物！但是，我們仍然不能改變那個時空的歷史！非常肯定！二維一維不在我們"現在"三維時空，三維四維可以代表我們的"現在"，五維代表"過去和現在"，而六七維則代表將來和甚至將來以外的無限其他可能！注意，過去現在將來處於幾乎不同維度！

恆星熄滅為一維黑暗黑洞，我們三維生物不能存在於此！二維恆星生光比如太陽（因為我們這分鍾時空就只能看到八分種前太陽的虛假二維光平面因為這八分種前的光根本不是這刻這秒的太陽發出的），就孕育出如地球之三維行星（地球於我們來說確實是摸得著的三維立體），地球熱量少一點存於岩漿地殼，從泥土裡化一點養分生成三維生物比如人！太陽自身質量困住自身光子，本來一分鐘不用的時間竟要耗上一百萬年，又如地殼本身困著地球，滋養出原始生命甚至人類竟要用數以千萬年甚至數十億年，那麼我們的肉身又要把"能量""四維靈魂"困多久？眼似地球太陽球體，要且眼接收光，自古又稱眼為靈魂之窗，我認定靈魂最接近兩眼之處一陰一陽！盲人更具智慧超塵出俗可能又為兩眼看不見所以很大程度不受紅塵六根之速縛！我們用照相機或鏡子投射出自己二維圖像，當然這二維圖像又附加了其它山水人物甚至事物之"雜質"！那麼，四維生命又會用一些"器具"來從我們人體"投射"出祂們自己嗎？以三維立體形式的！設想我們眼睛內含祂們精元，其它部份就可能是"山水事物等雜質"！祂們等同光速恰巧我們的眼接收光束！同時，祂們又包含很多個人甚至其它生物，不只屬於我們個人的；正如我們拍了多個視頻和照片，也不單屬於某一張照片的！祂們以能量形式光形式組成"現在的"任何三維生物皆有可能！所以我們眾生有共業，某程度上實為一體，天地亦為一體！我用其它維度和可見的二維平面相片來反證這句古話！以五維達到光平方亦即宇宙大爆炸初時之最高最高速度，設想奇點為圓心，所以可以在現在過去的所有半徑時間軸上千變萬化作所有生物，但以五維粒子精巧形式！另外，靈魂之鬼上身理論可以！因為靈魂粒子光速可以忽略距離至少在球上十分之一秒之內可以到達任何肉身，就如同我們排山上樓入洞游水一樣！靈魂粒子光速從眼睛附上便某程度上實施控制，正如我們入洞可以生火亦可以跳舞作任何行為一樣，比如我們唱歌洞裡就會變成"有歌聲的山洞"！無人的地方我們容易霸佔，同樣地無精神"無靈魂"之呆人來說，靈魂粒子也更容附上控制！同時附上多個肉身？靈魂是多粒子，為何不可能哩！人類之所以有精神人格亦是因為有靈魂在工作呀！所以多重人格與鬼附身之說異曲同工之妙！

20. 暗物質將來 暗能量過去 黑洞維度 圓學

請先重溫第18和19兩篇，先前推出黑洞既是一維黑暗無光亦是五維光速平方亦即宇宙之最大速度上限，我們應該知道黑洞引力極大可吸入光同時也證明這引力產生之速度比光快的多才能有效將之吸入。然而，我們卻忽略了如果一個物體以光平方之極速在運動，這時的太陽光就似我們玻璃透明屋頂一樣一動不動，然而該極速之物由於比光快太多我們肯定看不見，具體表現為一團暗！所以黑洞暗似一維，然而同時具用之極速光平方又呈現為五維，而一五維之中分點為三維！

我們必須先下一個結論，暗能量為光平方速度，比光速快太多所以"暗"而看不見，為五維，為過去時空！因為光速平方太多所以可以隨意回到過去化作萬物不受制約！而暗物質呢？暗物質為六至七維為將來時空！我是第一個發此議論的！同時，暗物質亦為無限黑洞碎片所組成之物，而且我們先前也提及七維具有最大重力！因為七維重力是丁 $M=MC^4$！研究似乎指向此論，暗物質幾乎是最重物即黑洞而且幾乎是無限多黑洞碎片之總和！而且研究也表明暗物質只與重力有作用其它力沒有相互作用，而圓學哲學已經為我們引出這個結論，重力存在於全宇宙，因為七維就是全宇宙甚至平行宇宙而且也是重力最大值！

更甚的是，宇宙初時暗物質比代表過去時空的暗能量多，而隨着百億年過去，宇宙多了"百億年歷史"，當然代表五維亦即"過去時空"的暗能量越來越多，而代表將來時空的暗物質越來越少了！而且，通常情況下暗物質如果耗盡，恆星比如太陽將會被丟出銀河系，因為失去暗物質的引力系幾乎所有星系的普通物質太輕了而致不足以繼續吸引恆星繼續繞該星系公轉！比如太陽系會被拉出銀河系，也代表了地球滅亡，沒有"將來"，亦即是說沒有暗物質就沒有將來！暗能量呢？如何解釋？1965 年的太陽也是發光的，但我們無論用甚麼手段也看不到 1965 年時空的那個"發光"的太陽不是嗎？我們望遠鏡足夠遠可以望見到 1965 年太陽所在的時空，但為甚麼"一片黑暗"？不是說有二維光映嗎？答案是，記得五維代表光平方太快所以暗，五維亦代表過去時空嗎？五維亦代表了暗能量！而太家也明白暗物質暗能量與我們太陽系實在交纏一起，即我們前面是將來暗物質後面的過去時空就是暗能量，這與我們的三維立體這界確實交纏！所以，過去時空的太陽系比如 1965 年那時，就只剩下點點暗能量了，我們三維世界具有唯一性，無窮的過去是五維暗能量，無限將來又是六七維的暗物質！所以我們如果要回到過去就要化作五維生物以光平方極速去到過去了，我們遊的是五維暗物質世界，不是現在的三維了，質量要歸零才能達到光速，而光速之平方更要求我們要具有負質量之屬性！而到未來旅行更需要具有六七維的極大質量，至少要求我們自身比太陽系還要重！那麼，對於那些聲稱時光旅行之人來說除非是夢中之零維虛無了！這些都是由陰陽圓方圓運動串佛珠不且宇宙零維與最高維兩點相交其它維度不相交！

當然，由於圓學首先是哲學和佛學易學，20 篇一路以來很多關於科學的論證自然謬娛頗多，尤其是前面的篇幅！但我有意不作刪改，亦同時希望大家從頭開始一篇篇讀來，這樣可以更清晰的呈現出本人沿著圓學佛理哲學一途一路出來的跌跌絆絆，一條滿佈錯誤而且將錯誤有機排序的路本來就充滿了哲理與啓發！亦希望一續續從頭讀來的讀者可以從圓學佛理哲學領略到更完滿自然的人生和心性！圓玄緣珠易元！

記得嗎？串佛珠三維對於二維來說是圓圈，二維就是三維這個圓上的任意一點！同理，三維這個所謂"圓圈"只不過又是四維這個大圓上的一"點"，依此類推！這好比物理學上的波粒二象性！串佛珠有虛實綫兩部份，如果忽略虛綫就像開弦，若視虛實為一體就像物理學上的閉弦！至於物理學上的場？既然串佛珠有虛實綫結構；那就肯定也有實心陽圓和空心陰圈相對應，實心陽圓就好比物理學上的場！那為何不是珍珠玉珠，非要佛珠不可？記得佛系運動和大乘佛系運動嗎？二者賦予串佛珠唯一之神性！

記得 $E=MC^2$ 嗎？這是質能等價物理式！我們這裡更強調的是哲理！一種心領神會之感，而不是冰冷精確的字母和收字！先前我所強調的是，哲理上我們以自己三唯為太極點觀看宇宙不同唯度，一維暗黑不論，二維是 C 即光在很遠的地方，三維為質與光同在卻沒有光的速度即為 M，四維就是光子 C，五維光平方宇宙最快之速度 C^2 亦即暗能量，因為極快反而看不見反而為暗反而可以穿梭過去現在，六維 MC^3 不是更快嗎？但要注意的是這個 C^3 仍然是暗也更快但前面多了個正 M 所以反而不比 C^2 快，七維是 MC^4，也是暗也不比 C^2 快，但卻是全宇宙甚至多維宇宙最重物，至少是暗物質之總和比萬有引力大很多很多，最重的力而反讓人感覺不到，因為我們人太少了，比如我們能直接感到地心引力卻感受不到太陽萬有引力！最快的速度反而暗看不見，最重的力反而使人無感，這個哲學物理概念對於理解高維度很緊要！$E=MC^2$ 是物理，但為何不能從中領悟其哲學之精華呢？我從以上一系列由 $E=MC^2$ 推導出來的維度狀態得出一個猜想，宇宙真有第五種力，而且沒有第六種了，第五種力強度大致等於電磁力！

第二節　閩南客

“媽祖閣是閩南人建造的。”

“甚至可以說今天澳門有這種局面都是托閩南人的福！”

突然，所有人都熱議起來。不要說廣東人和外省人不以為然，就是我這個正港的閩南人對此也有所保留。

這一瞬間，全班的眼光都聚焦到眼前這位背有點佝的銀髮教授身上，這是平日不太可能發生的，要知道他那一貫古板脫節的說教於我們年青一輩不過聊勝於周公那把催人入睡的古董老琴。但他那一徑烏青浮腫的眼塘子上的雙眸於此刻似乎異常炯然，猶如漆黑洞穴裡兩把火。可這兩把火仍然是周公大古琴上折下來當柴燒的悶物！

“有疑問的人歡迎查看明嘉靖的《香山縣誌》、清張汝霖和印光任的《澳門記略》和王文達的《澳門掌故》、甚至是明朝名臣龐尚鵬的奏疏《題為陳末議以保海隅萬世治安事》。”

話畢，大家的疑問想是減了一大半的。但不識時務的人總是有的：“嚴教授，我們只知孫中山，他的家鄉古稱香山，卻不懂甚麼《香山縣誌》的。”幾把女聲笑了。“同學們，依族譜看，中山先生的老祖宗都是福建人呢！”這句話立刻引來了哄堂大笑。於我看來這是嚴老教授氣氛最好的一堂課，可惜事與願違，一息間黑板上密麻麻的紫粉筆字被老教授很快的擦得乾乾淨淨的，取而代之的是四個大字——媽閣紫煙！這時，他背後被擦溢出來的紫粉正彌漫著，儼如媽閣裡的紫煙一般！

“就這四字為題，給我隨便寫點甚麼也好，沒有限制，但唯一要注意的是字數不得少於五千，可以過年後交。”又是他一貫作風，額外作業。拜託！都上大學了，還在要一些中小學的玩意。用學分來逼人！不

94

過也好，過幾天正是年三十，媽每年都要準備三牲五果到媽祖閣拜神的，這下可以順道去找點靈感。

之後，老教授少不了要口授我們一些相關的知識，如葡人緣如偏要選澳門而不是當時的白浪澳或東莞的屯門呢？明朝貪官黃慶和汪柏又在當中扮演了什麼角色呢？據他所說距鄭和下世洋幾十年後明朝廷再次實施海禁，而東南亞的廉價物資在國內又異常渴市的情況下，富冒險精神的漳州人憑藉家鄉港深林茂且遠離統治勢力的優勢在澳門一帶與東南亞商人幹起海上走私的勾當。但所謂走私不過是被當時無理的海禁政策逼出來的，況且葡人也是因為發現了澳門這些"生機"後才盯上這塊彈丸之地，從而一步步將之佔據的，但這佔據又為澳門之後數百年的繁榮發展打下基礎。當然，為澳門創造這個千載良機的不是別人，正是漳洲航海英雄嚴啟盛先生！

提到這個名字時，老教授眼裡那把火似乎又再次燃潑起來，而這次火勢似乎更猛烈，大用把周公琴室也要一拼燒焦之勢！我漸漸發現，每當他異常激動的時候，左手總是不經意地顫抖，讓人有點心緒不寧。

每年的年三十當天總是不期然的有點雀躍，當然不是媽媽那年年不變的三牲五果在作祟，更不能說傳統的氣氛感染了我。坦白講，這個年頭在澳門休想找尋甚麼該死的節日氣氛！可能由於長年沒有回鄉致使思鄉情結作祟吧，在年三十這天我寧可放棄與朋友們的一切娛樂也要守在家裡，守在媽媽的廚房口。這天早餐慣例是油條加花生蕊湯，而午餐更令我嘴饞，一大鍋牛肉羹和鹹飯。悄悄告訴你，媽媽的手藝似乎每年都在進步，她做的菜愈發家鄉味，使我回憶起與舅舅在故鄉那段日子，幾乎每天都到鎮口那家老得快要塌掉的老店要一大碗牛肉羹加幾大匙鎮江陳醋。我們倆吃得不亦樂乎！現在還經常不自禁地哼著當初那句閩南老謠："牛肉羹，砌槍枝，中國打日本！"

真該死！怎麼又想起這些不該想的，萬一讓媽媽看出來便不好了！

日未及午我們就出發了，其實媽老早備好三牲、五果和金紙了，而我只是等著出門便是了。我們閩南人的三牲五果也是有講究的，三牲是豬、雞和魚。且全部要留皮和留鱗，討個吉利吧！每年我們家的三牲都是燒肉、切雞和全條炸魚，這些都是舅喜歡吃的。五果一般也都是香蕉、蘋果、桔、甘蔗和菠蘿。其實這五種生果不但意頭吉利且為我們閩人喜愛，比如菠蘿我們稱之為"旺來"，而這些更是媽多年來一直不變的供佛果品。

以往與媽到媽閣去不過是出於每年習慣，這次畢竟也為了應付作業，但說也奇怪，嚴教授偏偏每次課後也為我特別準備一對一的"加強練習"，更有以學分要脅之嫌要我熟讀什麼《廣東通志》《香山縣志》《萬曆野獲編》《澳門記略》《澳門掌故》甚至有關媽閣的碑誌以及一些關於古建築古傢俱等等與題無關的書籍。坦白說，這些書不要說是熟讀，自己就對它們的傳在也是一無所知的。但是人在屋簷下，那能不低頭啊！這天下就是無奇不有，他不過是一位新近任教的客席教授而已，授課卻比誰都賣力，況且據稱他身份非比一般，是大有來頭的，這種行徑還真是丈二和尚，讓人摸不著頭腦。

經過他種種"歷練"，現在對媽閣總算有一定的認識。首先她是由弘仁殿、神山第一殿、正覺禪林和觀音閣組成的，而這四座廟宇據傳都是閩人所建的。而門外一對盲眼石獅的典故，三大奇石的由來周邊石上刻勒著的古詩文也有了初步的認識。其實這堆知識與舅舅的往事在腦海中串連一起後，更讓我對所發生的一切有了更深刻的認知。

當我還在發呆的時候計程車已緩緩停下。自小所見的媽閣廟又一次出現在眼前，但這回乍看起來好像添了些古意。書裡的句子："負山面海，憑崖建廟，巨川澎湃臨其前，古木婆娑覆其頂，幽雅超塵，風景佳絕"又一次浮出腦海，雖然這不過是媽祖閣幾百年前未擴建時的老景象，但應勝於眼前這座現代的媽祖閣。大家不妨看看英國畫家佐治千拿厘所繪的媽閣名畫，那時潮水可浸至海鏡石下。

媽祖閣由花岡巖構成的廟門左右聯云："德周化宇，澤潤生民"，這說明瞭人們都懷著感恩的心來建這座廟的，至於建廟之人的藉貫問題，除了相關做學問的學者外，普羅大眾一般應該不會拘泥的。在踏上這八級石階前我手癢癢的想模一把石獅子的盲眼睛，姨似乎瞧出我的動機，便悄無聲息的向我使了個眼色。哎呀！該死，媽媽最不喜歡人家亂摸石獅子的！

　　像今天這種特別日子，媽閣的人潮總是浪潮一般洶湧襲來。廟內紫煙氤氳，直要薰得人的眼睛流出淚來。媽媽一徑的從人群當中推擠進了石殿，姨和我尾隨其後，每年這一天到媽閣廟來媽媽都沒有幾句話，只是獨自供放好三牲五果，燒幾把極品貢壇香，然後跪下默默禱告。這一切我和姨都是清楚的，也習慣了。

　　獨自躑躅一會，佇立石殿大門處，舉頭一望，赫然發現嚴教授所云"明萬曆乙巳年，德字街商建"及"崇禎己巳年，懷德二街重修"。據他所說這懷德兩條街當年就是聚集了閩商店舖的。只是那些熱鬧喧囂閩商老舖老早化作塵灰了，空餘下這寥寥數字。在今天嘈雜的人聲中，這些幾經風雨洗磨的小字似更見孤寂！

　　發了一會呆後，試圖擠進殿去探探情形，只見一身銀素打扮的媽媽一徑跪著，那略見臃腫的腰杆子也開始抖索起來，我就知道在自己檀香燒盡之前她決不輕易站起來的。這時四周的各種神香的煙，廟頂環香的煙就如鬼魅一樣飄然籠罩著她，實在悶的我有點慌，尚有時間，不如到半山觀音閣外望望海，抽幾口煙，這煙都是我特地為今天而準備的，非抽不可！

　　眼前景色迷人，使我想起嚴教授最愛的媽閣古詩，清嘉慶時鐘凰石的五律："海覺天妃廟，三成石作梯，青洲迴望合，綠浪捲來低，碑省前朝識，途應七聖迷，山僧渾忘卻，支語到雞棲。"四周的神香煙、嘴邊的香煙燻著燒著，眼前的一切漸漸變得模糊，但周遭像染上了一股十多年前的味道，久久未能褪去。記得那時舅舅常到這兒背著媽暗地裡吞雲吐霧，一個二十多歲敢冒生命危險偷渡到澳門的男人就怕被姐姐瞧見抽煙，何況在廟裡抽！

　　突然間腦袋上啪的一聲："死幹呀！什麼時候不抽煙，偏要每年這個時候這個地方抽不可？從小到大夜裡棉被都是我替你蓋的，怎麼平時就未見過你抽上一口！待會兒讓你媽發現了要傷她的心的！"阿姨嬌嗔了幾句。於是我趕忙摁熄煙頭，與她同往石殿去，在殿外洋船石旁歇了下來。

　　只見姨怔怔的瞅著這塊龐然巨石，然後探頭探腦的往廟裡瞄，壓低嗓子向我說："你媽還在裡頭，就跟你說吧，你那死鬼舅父以前看見這塊石就死摸著不肯走，說甚麼阮閩南人從前澳門開埠時都是風風光光坐大船來的，現在卻要偷偷摸摸的從珠海偷渡遊水過來。又說既然不能風光出行，也要甚麼衣錦還鄉。"當然大家少不了要白他幾句，阿姨當時就說："難不成所有閩南人都天生出來有錢！難不成所有人都坐大船到澳門嗎！這個年頭偷偷從珠海游水到澳門能不被機槍掃死有碗飯吃就是萬幸！你的死忠兄弟不就是給機槍活活掃死了嗎？"說著阿姨的眼眶似乎有點紅了。後來她們在鄉下問神婆才知道舅舅逃過那劫全仰仗娘媽那兩只蟾蜍精打救的！要不然舅舅不諳水性，貿然冒險，避得過機槍，能避得過活活浸死嗎！他在水中是不醒人事的，糊裡糊塗的便隨水漂浮到了澳門。以後他就更加篤信娘媽，但甚至在電視上的機槍也嚇得他要命！

有一回一名同行友人見他摸著石發著呆，便出奇不意的高聲嚷道："喂！公安來了！當心機關槍呀！"舅舅當下就如同著了魔一般跳到石上死勁抱著石亂叫亂嚷，他那襲最愛的黑大衣在風中石上搖曳，十分滑稽。當他意會過來後便小不免要操幾聲："伊娘的，伊娘的！"媽最不喜歡，常叱喝道："讀了那麼多書，還那麼爛口嗎？"

"妳媽的話，總有道理的。雖她與你舅是家裡老麼，但她自小就最懂事，最有擔待。"阿姨認真的說著。我也認同，我們家外婆體質就比別人好，她一生共懷了十一胎，前十胎都觸黴運，生了蝕本貨。最後卻生了對龍鳳胎，就是媽媽跟舅舅。媽不但自小懂事，而且十分疼愛舅舅。這也是她最討外公外婆歡心的地方。在文革尾段那個飢不果腹的年代，一家十多口不要說讀書，就怕桌上有一點葷也是天大的喜事了。但家裡總得出個讀書人吧，不用猜也知道誰要拱起這個責任的。

"肯定是風水不好！"姨逕自嘟嚷著。這句話我聽多了心裡也難免有點認同，甚麼仙姑神婆的就常告誡外公外婆，都是家族祖墳風水出了問題，連續十胎全女再怎麼說也說不過去，事件愈往後發展附和的人也越多。但外公就連自己父母葬在那裡也不知道，怎麼個著手去遷葬呢？這不怪他，那個年代，不要說風光大葬，能有個後人將之隨隨便便的找塊地埋了便算是前生積福了！後來外公也過了身，外婆從此愈發緘默，情況叫人擔憂。這時就只剩下我可以讓她開懷一笑了。"你這小子也怪屑皮搗蛋口沒遮欄的。"阿姨提高嗓子故作投訴道，但她就知外婆非但不覺被冒犯，反而笑得更開懷！"還不是妳這模樣跟那死鬼舅舅像個模倒出來似的，你媽和外婆就最疼你！"阿姨就是記性好，風趣趣又話多，跟媽完全兩個模樣，有時候三個人走在一起我直覺得阿姨跟我是兩姐弟，而媽就恍如我們的媽一樣，難怪人們總說她不是外婆親生的，是從外面撿回來的，而且年紀比媽和舅還小。我的記憶被慢慢勾起，那時我常跟外婆打趣"外婆，妳真是好樣的，生了十個，十個都是女的但還能堅持生第十一胎！"現在當然知道其實那時舅已經杳無音訊了，外婆確實笑的"狠"，而她那雙瞇眼似乎泛點紅濕，那時不明白，卻不能忘卻！

其實，這第十一胎還是有段小插曲的。記得一天晚上，我跟外婆看電視的時候，她說，某個下午她正在大廳給舅舅餵奶的時候媽媽也哭鬧著要喝奶，門外一位拄著根破竹子，衣衫襤褸乞丐模樣的老者一直站著，死盯著兩個小孩一聲不吭，外婆疑心，喝問他為何老站在那裡不走，不料老漢語出驚人："這兩個小孩是同時出生的，恐怕只能活一個，另一個將來成就非同一般。記住，凡是廟門外的石獅不要亂摸！"他說完後，外婆先是呆了一會，意會過來後便大叫大喊地放下兩個孩子，扯出門後掃帚便對著老乞丐掄過去，嚇得他拔腿便跑！我聽後直笑得彎了腰！

七十年代未適逢一波澳門移民潮，那時候我們福建人也可以遞表申請到澳門去，這簡直是難得的良機，大家都起了哄！但僧多粥少，表面上說是人人都可以申請，但暗地裡卻是有"門檻"的，就是說最少你得朝中有人才會好辦事！聽她說那時有位跟外婆要好的老長者，她們呼之為四叔，那位四叔就是機關裡的人，可以供她兩個名額。舅舅嚷著要藉此機會出外闖蕩一翻，但他畢竟是家裡唯一男丁而且老麼，外婆當然死活不依！最後選擇了世故成熟的媽媽和與她最要好的姨。舅舅自此終日悶悶不樂！後來竟讓他捷著機會到澳門與媽媽和阿姨"會合"。那時真不知他那來的勇氣，竟與幾個死忠兄弟冒死在珠海偷渡游水到澳門。他們一群人當中就有幾個當場被亂槍射死的，也有一些自此下落不明的！每想及此，我內心便暗自責備他們"這怪誰？人家已經三番幾次播擴音器警告了，你還是要衝！真伊母的瘋子！"

舅舅總算保住小命，僥倖的逃到了澳門。但往後運氣卻是不濟，已經等了差不多一年，還是沒有人願賣證給他。後來好不容易找到一個賣主，但卻索價三千塊！那時一個偷渡客若弄不到一張證件，你歪想要找到一份空缺，況你又是操著一口閩南話，想找空缺更是沒門的！姨姨跟媽媽左支右拙，最後好不容易給弄來了這三千塊，要知當時一份玩具廠工月薪還不過一千。真是雙喜臨門！臨近農曆年關的時候澳葡政府突然宣佈特赦，這意味著舅父要熬出頭了，總算跟老爹老母有個交待了！

姨憶述當年年三十晚，舅不知從那裡弄來了一部相機，說是要到葡京去逛逛街，拍拍照！這是他人生第一次拿著相機去拍照，也是在澳門兩年多來頭一遭懷著雅興去逛街。所以媽媽和姨非但不反對，而且爸和姨丈也一起去！雖然她們事先聽到風聲，說是澳葡政府要抓偷渡客，這似乎是每次特赦之前例牌要做的，可這時大家興高采烈，開開心心的，實在犯不著那麼多的顧慮，這更不能去怪她們！

那個晚上沒有月亮，滿天的星星似乎格外明亮，閃爍閃爍的讓人看了就舒服。舅舅披起他那件鍾愛的英雄本色裡小馬哥的黑大衣，腳踏那雙新買的烏黑亮麗的硬皮鞋，撅起屁股對著鏡子抿著頭，嘴裡還輕聲的哼著時髦的閩南曲「愛拼啊…才會贏…」，「好不風騷！真姣！」姨姨那時用閩南話對他啐了一口，但她卻若有所思的再補一句：「他有點小帥！你跟他長的也像！」

那時候老一輩初來報到的閩南客是很少到葡京去的，但據姨說有些故事經常流傳在閩南人圈子裡，就是某天晚上某個閩南的好額人家產輸脫脫！老婆子女也走路了。當然也有不信邪的窮小子去試試運氣的，更不乏一夜富貴的故事！只要是閩南人的故事，就會在圈子裡傳。畢竟那時大家多是新移民打工仔，人生路不熟，大多在北區聚了起來，開來逛逛同鄉會，俗語說人離鄉賤，出外總得靠朋友，好夕有個照應嘛！

就在那個歡天喜地的晚上，幾名警察注意到舅舅他們旁若無人地用閩南話高談闊論，便示意要他們出示合法身份證明文件，但當時大家似乎也未有注意到警員們的手勢。於是其中一個員警作拔棍狀，電光火石之間，舅父一不小心把相機掉到地上，星空突然響起一記悶雷。阿姨強調那真的是晴空一記悶雷，真的！舅可能真給嚇著了，況且他又發現好幾名員警身上馱著的長機槍，於是在悶雷巨響的掩護下失控似的反而往員警方向衝了過去。這時阿姨的聲音壓得異常的低，快要聽不到似的，一支警棍往舅左眼猛地一戳，當場鮮血狂湧，舅像著了瘋似的揮拳亂舞，最後往警員背後的海裡一跳…"幹甚麼？"媽媽突然閃到我們眼前："我要到旁邊去燒香紙，還要好一會的你們先自己買點喝的吧。"媽似乎甚麼也沒有聽見，我們暗自捏了一把冷汗！

看著媽媽漸行漸遠的背影，阿姨歎息道："你媽媽嫁了個好丈夫，算是衣食無憂的，但這些年來很少看見她笑，畢竟她跟你舅最要好。其實也跟她說過不知多少遍了，就是神佛鬼怪的話我們也不必太過於放在心上，更何況那些算命盲子的。我自己也是好的便聽，歹的當耳邊風罷了！"說著連連搖頭，額角上的雲鬢也跟著一晃一晃的，那雙纖手輕搭我的肩頭，這刻我倆的臉俟得很近，腮幫子也被她那搖曳的髮梢搔得癢癢的。

那晚，媽媽當場昏倒了，在醫院睡了足足兩日兩夜。甦醒過來後茶飯不思滴水不沾，說都是自己的錯，就是自己沖剋著了弟弟，說什麼寧可一命換一命也要把他救回來云云…當時她情緒十分激動，爸苦苦勸導，她就是說甚麼也聽不進去，魂魄像被攝了似的，爸眉頭深鎖，束手無策。"還不是多虧我這顆開心果，我實在是費盡這張三寸不爛之舌才勉強把你媽勸住，最後她也答應了去找扶乩的。"說著姨那雙骨碌碌的大眼珠得意的轉了起來。說真的，姨不但外表看上去還十分年青，就那顆心更真的不過二十開外。

姨說得有點小道理，無論怎樣爸也得感謝她的，這些年多虧姨放下所有工作，全心全意的陪著、照顧和開解媽，爸才得以毫無後顧之憂的全心發展自己的事業，才可能有今天的成就。

扶乩那時我還小，但聽阿姨憶述後，那印象恍如一張張陳舊的黑白照一樣徐緩的舒展開來。當時大家一起回國逛逛，爸開著小車不知拐了多少個彎，走了多少逡人煙稀少的山路，終於到達了一所不知名的道觀。道觀依山而建，氣勢磅礴，沿山有石梯上百級，其險也甚，記得當時我怕得很，不時探身前傾以雙手抵住石級匍匐而行，十分滑稽。大家心知我又在犯畏高，都笑了。那座道觀不單地勢險峻，面積也十分龐大，那些殿堂像走不完似的，每每往上再走一段梯就能見到一座比先前更大的殿，高處往下望，懸崖千仞，雲霧繚繞，不禁令人肅然起敬。

最後，我們在一座琉璃瓦頂的大殿門前停了下來。嚴華教授依據我模糊的印象，估計那廟是採用了重簷歇山頂的建築模式而建，單是屋脊就可以劃分為正脊、垂脊、戧脊、圍脊和角脊的，複雜得很。而那幾只蹲在戧脊上的琉璃小獸就是傳說中的十隻仙人走獸當中幾只，只有太和殿可以十隻齊全，其它的依次遞減。我記憶中那大殿戧脊上只有小獸三數只而已，依次應為龍、鳳、獅、天馬、海馬等等…

當大人們擠成一團在議論紛紛的時候，我百無聊賴地摸著殿正面那幾道落地石柱上游走飛升的石龍，嚴華教授說那些石柱稱之為蟠龍柱，隨了使建築物更著莊嚴氣勢之外，也有迎客之意。那時我感覺這座高聳入雲的道觀全是被些仙人走獸和遊龍團團圍著、鎮著，挺特別的。至於嚴華教授，之後確實和他有一段十分特別的緣份，且容後再敍，此處暫且不表。

之後我們又到了一座立於石質座台之上，四周圍以石欄杆、爐身爐頂用黃綠琉璃鋪成，正面開爐口，仿木構格扇和斗拱的焚帛爐。媽媽站近爐口燒了一會兒的紙錢。

接下來發生的事可叫我這個畏高之人畢生難忘，在扶乩儀式開始前，一位劍眉龍目的道長先把我們一行人引到殿旁懸崖邊去，只見有一巨岩凌空懸浮，半邊掛在崖上，另半邊竟凌空萬丈，俟近俯視，那還了得，簡直是一覽眾山小，儼然有讀李白的蜀道難之感，當時心情的最真實寫照應為把參歷井“俯”脅息，以手撫膺坐長嘆。偏偏天下間就有人能在此該死的巨岩上築一座台，按嚴華教授說，那似乎是仿武當南岩的飛升台。當我沿梯慢慢爬上石台之後，雙腿像在石臺上紮根似的只是頭部微往前傾，好奇的往前下方一怔，那還了得，一道丈來長，一呎闊，呈二龍搶珠之勢的石柱就在半空像一枝仙仗一樣死死的插在峰頂，真不知那尊仙佛因一時貪玩而墜落到人間的，生平還是頭一遭遇見這種奇險壯偉，教人蕩氣迴腸的情境。

據稱，那也似乎是仿武當南岩的天下第一香龍頭香之石柱而建的。石匠們採用了圓雕、鏤雕、影雕等多重手法鑿刻而成的二為一體的兩條龍，傳說牠們都是玄武大帝的坐騎。武當山那邊就因為上香的香客意外墮崖殉命者多而在清康熙年間被川湖部院總督蔡毓榮下令禁了的，碑文有云"置香爐於前，下臨絕壑，憑高俯瞰，神悚股栗，焚香者一失足則身命隨隕。"偏偏道觀人員卻表示如果要向神明表明心跡，從而在扶乩時得到更大助力，也不妨按照古例用跪行方式上香，然後同樣跪退回石臺上。不要說那時風不小，就算是天朗氣清我們也決不會讓媽去冒這個危的，但她的誠心似乎勝過了一切。

當大家爭持不下時，清風生處，一位頭頂偃月冠，戴玄巾，服青袍，系黃絲，披鶴氅，足登雲霞朱履的道人捋著胸前長髯飄然而至。向媽行了個禮說："其實只要心誠即可，龍頭香是可以代上的，若不棄嫌，貧道可以代勞。"媽還未置可否，爸已經趕上前向那位道人連連稱是。只見道人依袖一弗，用兩指輕輕的把媽緊握手心的三炷香一把拈了過去。他身手矯捷，幾下子便到了那道懸天石柱處，雙腿跪行而前，風著實大，下邊一片無邊落木，真個有草木皆兵之感，只見道人衣袂風飄，但前進的身軀卻穩如泰山，絲毫未有為惡風所動，大有騰雲駕霧之勢，深藏對集天下諸侯之巨鹿戰作壁上觀之威。

經過一翻折騰後，儀式終於開始，只記得那時他們又是上香又是敬花的，好不麻煩。我實在悶得慌，卻不敢吭聲，於是便從袋子裡抽出早已備好的安海特產桔紅膏來，此物甜而不膩，吃來令人忘憂，是我們閩南人最愛的特產之一。

記得那時壇內正中安放著一個幾桌，高及成人腰。上面有一長寬跟桌面差不多的沙盤，盤面滿是細沙，沙上插著一枝柳筆，不過是綁著一個龜殼形筲箕頭的一根柳樹枝而已。兩位叫統領的遠遠站著，那四隻眼好像射燈一樣把乩盤上的所有人都罩住。另有四位站在沙盤四角盯住盤中沙的道士應該稱為報字，兩位撥沙的其中一位置身於盤後左角旁邊，當報字報上鸞生寫出的字及兩位錄文分別用毛筆和鉛子筆抄錄下後撥沙方可把此字擦去，再待下一個字，如是類推。整個過程就花了幾個小時，當然手上的桔紅膏早吃完了。

　　過程中那兩個鸞生不斷大聲叱喝又蹦嘣跳跳的在沙盤上不是寫字就是打圈和劃符號，實在引人發笑，但我卻不敢笑出聲來。印象最深的就是當時阿姨抄下來的一首詩——

吹落瑤台風 燕山春花紅君乘玄鶴去青天雲不返

　　當時大家一臉疑惑，一位道長在媽媽耳邊低語，聽到那段話後，她的眼皮像吊著鉛塊似的一沉不起，連頭也沒有再抬起來。阿姨回憶，那位道長意思大概是舅舅已經得道，被媽祖召了回去，在天宮活得開心自在的，請不要為他難過云云……恰巧當時報名的神仙就是媽祖娘娘。

　　自那以後，媽媽便越發緘默了，人家跟她說話時總是心不在焉，不理不睬，兩顆眼珠子空空洞洞的，直要把爸的心耗掉。"幸虧有你阿姨在，不然你媽可能熬不過去的。"爸爸這些年來常對我說。他說的一點不錯，那時確實只有阿姨一個人還可以跟媽說句話，勸勸湯水。

　　事件過後好一陣子，姨又替媽打聽到一個本領高強，可以通靈的老伯。他的本事算是遠近馳名的，口碑也不俗，周邊一帶鄉裡人每逢問米，十居八九都是到他家裡去的。那間小屋破敗不堪，地方淺窄，通風採光嚴重不足，就連屋裡燈光也是昏昏沉沉的，大門左邊紅紙春聯早已剝落不堪，只見右邊那飽經風吹雨蝕的，無為有處有還無，還隱隱約約的浮現眼前。

　　房子裡住了一位不知年歲，滿頭白髮，衣衫襤褸，駝著背拄著杖的老人。那老漢神色怪怪的，有點瘋癲，媽跟姨低聲說好像不知在那裡見過似的。折騰了好一陣子後，他就往神龕前香爐上燒了幾炷香，用那雙黑瘦得像老雞爪的手把聖筊隨意地往地上一擲，口裡念念有詞的哼著唱著，雙目緊閉，便往桌邊木椅坐下去。

　　突然，他大喝一聲，雙眼一睜，兩顆眼珠子不知翻到那裡去，只見眼簾底下白茫茫一片，十分可怖。然後不斷打嗝，那聲音聽著教人難受。之後，更可怕的事情發生了，他突然口吐白沫似的，雙手凌空亂顫亂抓，像快要被溺死的人掙紮求救一般，尖聲嗞哭，那哭聲尖厲得讓人實在吃不消"這水好冷，好冷，快救救我。"媽媽擠了上去一把將他扭住，哭得哀慟，顫聲說："姐來了，不冷了，不冷了！"那個黃昏有點陰沉，門外沙沙雨點打在樹葉上啪啪的窸窣作響。

劈啪！劈啪！媽又在擲聖筊了，我們從門外往裡看，彷彿這座人山人海的廟就剩下她的背影和那重複落地的聖筊而已！我們倆都知道儀式是都差不多的了，便自發地退到廟門石獅子處。我們談到了幾個月後外婆的八十大壽，姨對我說本來外婆她老人家說甚麼也不肯擺這場酒的，每每人家跟她提起這件事時她咀裡總是嘟嚷著"一把年紀了，還有那好慶祝的。"但多虧姨機靈，她對外婆說是我這個孫子要孝敬她老人家的，這回下來外婆便笑不攏嘴的答應了。在我們閩南地方擺酒當然在自家大屋裡擺，以爸的氣焰非要擺幾百圍不可的，且要擺足幾日，少不了要有我們最地道的戈甲戲來助興的。

提起戈甲戲，我們自然不能忘記最愛戲的舅父了，記得除了桃園結義和李逵大鬧忠義堂之外，殺獅一段便算是他的最愛。那錦簇綉叢、刀光棍影和鑼鼓笙簫的場面著實熱鬧得很，也充滿了喜氣。阿姨噗嗤一笑："你舅舅當然喜愛殺獅了，有一回他就在村裡廟口握著棍，直要把門口那雙石獅子往死裡打，然後得意的爬上獅身撒了泡尿。"她接著說："還記得那時有個瘋子指著你舅舅說，小孩，你被咀咒了，你被咀咒了……你媽聽見後火冒三丈，不知那裡來的竹掃帚，大聲叱喝著便朝那瘋子狂掃，之後你外婆也一起把那瘋子打走。"姨姨說著不禁輕輕摸了摸右邊那只石獅子的頭，茫然的說："唱戲當然要唱昆曲，有空姨教教你好嗎？"老實說，我對昆曲實在沒有甚麼興趣，也一無所知。於是，我便把話題扯到往後幾天的節目裡去，不如回鄉走一趟，阿姨這個真是好提議，在澳門農曆新年真的悶得人發慌，朋友們要嘛獨自在家上網，要嘛也是和家人吃團年飯，滿街的店舖是關得七七八八的。況且我也喜歡與她倆個兒回鄉，這可能是自小受她照料的緣故吧！這時媽媽拜完神從廟裡步出來，提著手機對我們說："現在先不用回家，有朋友來載我們到珠海去。"我好奇的問她口中這位朋友究竟是誰，媽回應道："只消一會便知了，何必問那麼多。"

半晌，一輛黑色保時捷小轎車朝我們緩緩駛來，我睜眼一望，那不是嚴華教授是誰！媽媽怎跟他認識的，這一驚確實不少。只見媽媽喝道："還不跟契爺打個招呼再上車，呆在這裡幹甚麼？"我生硬的向他問了一聲，然後上車。他也報之一笑，和媽寒喧了一番。此時，內心暗自納悶："自己甚麼時候多了個契爺呢？"

車廂內不但位置寬敞，空間感十足且那皮靠椅質地柔和潤滑，直讓人坐下了就不想起來。從車窗往外望，只見廟內紫煙繚繞，直要溜上天際似的，若有似無。我也不自覺的感到有點睏，矇矇矓矓中似乎聽到海邊傳來從前那些淒悲的閣閣蛙叫。清朝詩人那句："臨流莫問蟾蜍石，剩有漁歌晚渡喧。"又在我腦海裡緩緩的翻起了一波波的漣漪。

矇矓中似乎聽到嚴教授與媽媽在前排用嫻熟的閩南話交談，難道他也是咱閩南人不成，可我們班裡從來沒有人提及過此事。唉，也罷，還是好好享受這半憩寧靜吧！

一路上青蔥蔥的、綠油油的和明澈澈的一派山水景色，我的惺忪睡眼在車行的情況下只得走馬看花的瞥幾瞥。突然，車子停住了，在我面前是一道長不見尾，高約丈許的中式園林古石牆，開口處封著一個洋雕花烏黑油亮的鐵閘。幾個身穿白衣黑褲傭人打扮的中老年人笑瞇瞇的迎了上來，向我們一一行禮，說："歡迎蒞臨'雅蘭園'"。

這座園林確是生平所未見的，裡面蒼松紫藤，梧桐梅蘭，清翠蒼然，姹紫嫣紅，亭台樓榭，湖水倒影，疊石假山應有盡有，竟有身訪紅樓太虛幻境之感！後來跟著契爺深造古典文化，真是天上方一日人間已幾年！他向我介紹原來此園是仿照明代禦史王獻臣的拙政園所建，中心園區是他特地請了一隊專家仿古拙政園設計的，當然參考了文徵明的《文待詔拙政園圖》和《王氏拙政園記》。裡面更是別有洞天，人間珍寶處處，有時竟可笑的對著自己身影暗自思忖：眼前是否自己前世古影！

進入園裡，發現的並不是跟其它大屋一樣的長長的車道，而是面前一座兩三丈高由黃石疊成的假山，山上植了草和樹，顯得天然純樸，毫不造作。後來才得知此屏山具有擋景作用。前面幾個傭人繞個假山，把我們一行引到山後水池，驟見豁然開朗，如出洞觀天，方才的遮蔽感瞬間一掃而空。眼前一片山湖相間，加之廊屋飛橋，花草樹木，此一切切投往水裡又成了一道道虛景，虛實相間，盡入眼簾，確是令人賞心悅目。幾年下來，朝夕相對，於人世的領悟也添了幾分。

迎面而來便是松風亭，姨先走進亭內一臉芳笑的坐了下來，傾頭側目，欣賞眼前這片美景，看來伊並不像是頭一趟到這裡來，竟有點女主人範兒！契爺微笑著向我稍作介紹，這時的他竟一點也不像平日課堂裡那個白髮教授。置身亭內，透過柏楊蘭花紋鏤空木窗可觀看局部水面。此時清風徐來，一陣陣淡雅的幽香隨風蕩波從湖面四周飄浮而來，說起來此乃名副其實的園林，園內處處飄香，那麼一點花香實不足奇，但妙處在於這陣香與別香驟然不同，她是那麼輕柔淡雅且嬝嬝不絕，若有似無沁人心脾使之久久不能忘懷。不過若心不靜，意不專恐怕嗅不著。

這時我們先不到主建築遠香堂和側旁的倚玉軒，而是往一座跨於水面上的廊屋小滄浪方向前進，廊屋內牆上掛著一副鑲了玻璃的烏木架，架內裝著一幅似齊白石的蘭花碧蛾圖，此畫並未落款，也未引起伊的注意，但猛然發現伊正興致盈然地耍弄著木欄杆上的碧蛾。欄杆外水面上又飛來幾只，朝蛾來處一瞄，一道詩情畫意的拱形廊橋像雨後虹彩般展現在前，正是小飛虹。微風陣陣，似乎從碧蛾飛來處傳來了方才嗅到的淡淡幽香。

當我還戚戚於那嬝嬝飄渺的幽香之際，契爺已引著我們往那道掠波而建的長廊走去。廊間滿是紫壇鏤空花紋木窗，雅緻而又不失莊嚴。當那股幽香似乎又再泛起之際，眼前又掛著一幅黑白水墨圖，那又似吳昌碩先生的峭壁幽蘭圖，題曰：

峭壁參天 流水潺溪 但聞花香 欲渡無船

無船！船！無船！無船！當我還未來得及把此圖此詩細細玩味，眼前赫然出現了一艘旱舟，正門額題：香洲！那筆跡顯然不是文徵明的，但請不要看輕嚴華博士，他那手小楷，就教很多書法家折折服服的，有時認真恭維起來，都說就是文衡山也無以為過！

這艘形神兼備的小舟其實是由台、亭、廊和樓閣組成的畫舫，前臺部份臨水而建，予人涉水行舟之感，這種疑幻疑真的情致將畫中有詩的精神表達得淋漓盡致。船上天空的陽光是白白的，整座香洲猶如蓋上了一層半透明棉被似的溫熱的霜！

亭內置著兩張一式的明末黃花梨半月桌，正好合成一個圓形，中線縫上擱著一尊景泰藍嬰戲圖瓶，瓶內並未有插花。沿瓶口望去是一道精緻的短廊，暗暗的，盡頭處似散落著流蘇串串，一片富麗堂皇，燈火通明的景象從狹短走廊盡頭的流蘇縫裡透露出來，真予人入幽洞之感。

　　稍一定神，一個方形巨廳橫陳眼前，正中掛著一盞偌大的古式宮燈，淡雅花梨木龍框配上鮮紅彩色綢布，染著一幅天姬送子圖，圖附燈謎："三八獻禮六一賀詞"，左邊一座白罩布幹邑色水晶吊燈，燈下擱著一堂中式古家具；右邊則是一座琥珀色雲石吊燈，那道發散的醉人琥珀光灑落在一組黑絨底子銀灰花紋猩紅楓葉的軟墊沙發和長方雲石矮几上，沙發正對著一台五十來吋掛牆式超薄純平液晶電視，屏幕在柔光下隱約可見積了層薄薄的灰。左廳一張清乾隆黃花梨瘦木面回回錦紋方桌則圍著一式四張明末黃花梨圈椅，靠背中央雕如意形紋，內飾朵雲和朝面雙螭虎龍，這邊牆上掛著的是清中期紅木四條屏，屏內圖案盡是些山水，間或有人，也都是充滿古意的單人匹馬，靜心細看，也不難感覺到圖中人的滄桑和孤寂。有一回，我摸著這張回回錦紋方桌面上的瘦紋，很是不解，那麼上好的料，精細的手工，連有時非人力能及的包漿效果也因上百年的歷史顯得光滑細嫩，臻善至美，這可惡的瘦紋真是一鍋粥裡的老鼠屎！在契爺身邊的這幾年是人生最刻苦學習的時光，更何況我分明記他說過瘦乃樹之病，但他報以我的卻不過是微微一笑罷了。四條屏和液晶電視之間有一個巨大開口，開口處掛著一幕紅色絨布，前面擋著一座尺碼特大的紅木西番蓮紋插式地屏。這座中式屏和洋布幕後似乎隱藏著什麼似的的，繞過屏後把布一掀，好一個神仙洞府！內裡竟比前廳裝飾的更具靈氣，角落裡盡是掛著一幅幅上了色的蘭花圖，也不知怎的，這內廳總是透著讓人捉摸不到的香氣。眼前正面一座高高的舞臺，底下的布料軟滑厚實，醉紅色的，儘管在數不清的射燈有點跨張的照射下，光線卻一點也不扎眼。台下滿是一些烏木架、黃花梨卷草紋玫瑰椅、紅木仿竹節紋花几和紅木外翻如意雲頭紋足香几，上面架著擱著的是一些曲笛、笙、簫、嗩吶、三弦和琵琶等……還有的是大鐃鈸和大銅鑼。臺上左右兩句詩，題：驪宮高處入青雲 仙樂風飄處處聞，但筆法卻是異常的有力，異常的蒼勁，好像跟詩句本身有點格格不入。

　　"姐姐哥哥恰好是梅蘭芳跟俞振飛，缺了誰也不成！"伊搶著讚道。媽隨即向她使了個眼色，好像向其示意不要多話。只見契爺罕有的覥腆道："那裡，那裡，崑曲我是一點也不懂的，絕對是個外行。從前雅蘭常與一些票友們在這兒唱唱戲，我倒是附庸風雅罷了！"難道雅蘭契媽就是小時候媽常跟我提起的很會唱戲，人又漂亮的豪門千金嗎？她不顧一切的嫁給當時還是一無所有的福建佬契爺，還好後來契爺有了點成績，契媽家裡人也就放低身段，隻眼開隻眼閉的接受了這位閩南女婿。澳門地，不要說是地道的老廣，就是她們江浙人士，提起閩南女婿來茬難免都要先把眉頭皺一皺的。但話說回來，嚴華總是那麼儒雅，閩南男人的壞習氣他是沒沾半分，我們上了幾個月課，壓根沒有想到他就是一個閩南人，我想這對爭取契媽家裡人的認同是絕對有幫助的。"我雖不懂戲，但姐姐唱的游園驚夢就一點不比梅蘭芳演的杜麗娘差。"阿姨續說道。這時媽媽狠狠的捏了一下她的左臂。看來姨姨真是從契媽處學到不少東西似的，但這一直而來她怎麼也沒跟我提起過呢？後來，我死賴地搔癢著她的柳腰，怕癢的她終於支架不住，便抽起眉毛悄聲說道："有一回你契爺出了個大洋相，當他唱著'香山澳裡打包來，三水船兒到岸開。要寄鄉心值寒歲，嶺南南上半枝梅。'便摔了個大跤，嚇的你雅蘭契媽一顆心快要跳出來似的，趕忙上前攙扶，戲也唱不下去了，票友們打笑說他倒把柳夢梅的落魄寒酸勁兒演得入木三分，直把杜麗娘調得七情上面了！"壞了興致，伊那時還暗自嘀咕著："偌大一個漢子摔了丁點那麼一跤算甚麼呢，還要像小孩一樣要人照顧不成！那肉麻勁，簡直是向我們一個個嘴裡灌醋似的！"說著掩嘴嬌笑，那柳腰兒前歪後倒，在乍寒的園林中，猶如暮冬的冰人兒！媽從前好像常誇伊有幾分像雅蘭契媽，想必那個雅蘭契媽更是一名絕等標緻的人兒！

　　眼前這片景象，令人不禁發怔，一位形如素蘭、衣袂風飄的仙女在一片天籟般的鑼鼓笛簫聲下竟踏出種種令人目眩的舞步，操著似乎吳濃軟語的仙律，其形神姿態若春梅綻雪，秋蕙披霜，霞映澄塘，月射寒江。風舞轉處，吹來了幾只靈鳥，繞著這舞步這律樂不停的轉。"洋帆，還記得小時候常伏在阿姨懷裡在這看戲？這裡有你最愛的八寶茶，還有每當你看到雅蘭姐姐表演時眼睛總是撐得偌大的，笑得合不攏嘴，這也省心，你這淘氣鬼不再搗蛋，每次我也可安心的看戲。雅蘭姐姐最疼你，還認了你這乾兒子，每次不但親自給你沏八寶茶，還要餵你吃，你瞧你！"說著姨姨朝我臉頰狠狠一捏，她似乎忘記了剛剛媽媽那一捏之痛。

媽有意的岔開話題：“阿華，過門都是客，怎麼如此小器，幾片鐵觀音也捨不得？”在我們家鄉，有客到訪時主人家總會立即招呼坐下，再沏上幾壺香口提神的鐵觀音，即使離鄉別井，大都保留這習慣，這樣一來，大家就添了幾分幾己人的親切感！

提起鐵觀音，我約略記得小時候媽媽呷著茶時跟我講的故事，一位美麗動人的姐姐和英發挺拔的哥哥給了婚，當然過程是千辛萬苦的，但最後總算皇天不負有心人，讓他們走在一起了。他們甚麼也不愁，甚麼也不缺！很是令人艷羨，可惜好景不長，姐姐結婚幾年懷第一胎後竟然早產，孩子出世後不過幾天便夭折了，之後不多久這位母親也就跟著去了。細節我記不太清，但內容就恍如童話故事似的，那時只得五六歲光景，怎能想到這竟然是事實！更不可能猜到主人公還是自己的契爺和契媽！

剛出香洲時一記清風迎臉拂來，週遭湖水也微微的泛起片片漣漪，此時置身臺端，真有行舟之感。那陣幽香似乎又再次襲來，側目看去，在池水中央赫然一座古色古香的單簷六角亭，名曰荷風四面亭，我們繞過一道素有柳蔭路曲之稱的狹長爬山廊，廊端接著一道五折石板折橋，走過去便到達這座小亭。亭腳有抱柱聯：四壁荷花三面柳，半潭秋水一房山。現在適逢冬春交接，望著這對聯，我終於明白了這裡處處的200瓦白熾燈和溫溫的湖水。後來契爺跟我介紹那是他們大婚時的景色，他一輩子都不要忘記！這一切還不是為著契媽的老祖宗王獻臣的面子呢！亭中央一張大理石枱，枱上置了一式八隻各個時代的仿萬歷青花花觚，觚上都各自插了三枝上品素心蘭。這香非筆墨所能形容，嗅著令人心懷四冥！難道那陣幽香就是從這兒傳出的嗎？只見那些出落得蒼碧的葉片，一片片色澤瑩潤，精華內蘊，散發著沁人的幽香，嗅著令人想起鐵觀音那股馥鬱的蘭花香。據契爺說，那八隻花觚中不單只是上品，其中有一隻更確確實實是產於萬歷時期的。雖然那八隻花觚都十分古雅，且處處以方棱長，但他這話怕就是沒有幾個行家會買帳的！

又過了道石板折橋，雅蘭園的主建築遠香堂近在眼前，那滿園的鳥語花香加上四面通透的扇窗，堂裡的風光是可想而知的。入門處左右有聯云：

坐久不知香在室 推窗時有蝶飛來

廳堂左邊置著紅木紐繩紋卷書式書案，附有一張廣式紅木福慶有餘紋南官帽椅。案上文房四寶等一應俱備，一把清光緒紫檀書壓尺，背面題："嚴府家用"四字，一座清乾隆白玉雕松紋筆筒旁擱著一台明萬曆五彩雲龍戲珠紋筆擱，擱內放著幾枝紫檀雲龍紋筆。正中幾張舊絹上壓著一塊疊崖端硯，絹上潑灑著一行行密麻潦草的淋漓黑墨，契爺寫的字我仍未看得懂。案邊牆角放著一隻明式雞翅木拐子龍紋亮格櫃，皮殼烏黑錚亮，櫃身光素古樸，看起來十分典雅怡人，上下格都疊著幾本綫裝書。

右堂顯眼處放著一張紅木癭木面祥雲百吉紋八仙桌，桌邊圍著一式四張紅木紐繩紋嵌雲石靠背椅，桌上一隻渾然蒼勁的松段壺邊圍著幾只色白如玉的青白花瓷茶杯，壺的底印為"陳鳴遠"三字。八仙桌邊不遠處立著一架紅木大束腰外翻如意雲頭紋足香幾，幾上頂著一隻夔龍紋三足銅鼎，契爺走到紅木圓梗日式小博古架上隨手拈起了三炷極品龍涎香，擦火點燃，然後插到那只三足鼎上，不到半晌，整個遠香堂都瀰漫著龍涎香味了。濃鬱的龍涎香遇上淡雅的素蘭香，加上即將品嚐到的從松節壺沖出的安溪正秋鐵觀音，簡直是人生樂事！

只見壺內茶葉片片浮於金黃色茶湯之上猶如園內湖水與荷葉，世間的景物、人事和滄桑都默默浮於其上，然後都不可避免地消失，周而復始。白鶴都已沐浴了，關公巡過城，韓信也點過兵後我們終於可以靜心的鑒賞湯色和品嚐甘霖了。

當大家正閑雅地啜著咀邊甘霖時，媽媽對我打趣道："你不是一向最愛算命的嗎？眼前就現放著一位大師，何不妨試試！"說著她轉向契爺微微一笑。契爺笑著搖了搖手："大師可不敢當，不過略懂皮毛罷了！"老實說，就是阮福建人也少有像我這樣對命理之說如此執迷的。

契爺也不用翻黃歷，只輕輕地捏指一算，便用一枝紫壇毛筆以子平八字的模式把我生辰八字天干地支跟大運流年羅列出來。當我注意到他的眉始終微蹙著，不禁有點擔心，但他的命評似乎令我很快釋懷："用俗一點的話來說，洋帆的八字實不失為一個上好命造，即所謂財氣通門戶，無人不富。他八字裡雖日主過于旺盛，且比劫朋黨眾多，屬於當時得令！雖自身勢力有點過了頭，但不要忘記有病方為貴，無傷不作奇。"

發現我們似懂非懂的怔著他，契爺便解釋：「洋帆的八字日主是火，而命局裡夏火疊見，且通根透干，致使這一力量過於強大，但命中喜得正偏二財，財星即為五行中的金，日主火剋金，我剋者為財。而當中又食傷土星通關調和，火生土，我生者為食神傷官，使火化土，土生金，生化得宜。可稱為食傷生財，且大運流年又多逢官煞水鄉，這些年裡可以金生水，富而生貴，富貴非凡，我今日鐵口直斷，此子日後絕非池中物。」說著他輕輕的拍了拍我的肩膀，又補上一句：「洋帆，若有不解之處，可以查看三命通會、淵海子平、神峰通鑑等，或直接問我。」我內心始終疑惑，這真要是一個上好命造，那裡為何他的眉頭又總於人不安之感呢？

　　然而，自己的八字契爺是曾經替我算過的，後來更驚然發現多年前他跟契媽竟有一位跟我相同八字的女兒，但那位可憐的女孩出生不到幾個星期便夭折了。在媽和契爺對話中可以聽出他那個女兒是剖腹生產的，記得媽跟我說從契爺每年媽祖誕都要出資贊助天姬送子這齣神功戲的，到後來雅蘭契媽過身後才停了下來。茶過幾巡，見契爺十指交叉地摩擦著雙掌，眼睛似乎永遠也再抬不起來似的，喟然嘆道：「迎弟，真的萬般皆是命，半點不由人呀！都是我害了雅蘭，若不是當初逆天而行……唉！虧我這些年的用功，就連這也看不破！」隔了半晌，又補上一句：「做人真難！」，聲音沙啞低沉得近乎哽住了，無怪乎他一頭銀髮上的那幅墨水蘭花也顯得異常蒼白，頹萎！即使那股被龍涎白煙捲托而起的淡幽蘭香也不能將之薰染！這樣一幅不上蘭色也不沾蘭香的蘭花只能默然的傾聽「做人真蘭！」之喟歎！我應該會錯意了，不是蘭而是難！媽聽後默然無語，卻用柔和傷感的眼神對眼前這位老朋友報以安慰，這時大廳裡的氣氛有如上他課時般死寂。只見離那蒼頹墨蘭不遠處有一座黃花梨殿式佛龕，龕裡供著一尊長著剔透玲瓏心的羊脂白玉送子觀音，眼神柔和，半閉未閉，正享受著這股稀世的龍涎蘭香，乍看之下，似乎跟媽祖娘娘並無異樣！此情此景實在令人侷促，我的雙眼不禁在這廳堂裡四周掃視，以消磨這似乎沒有盡頭的冷場，猛地中堂一副梁樹年的雪江漁隱圖，左右有杜甫名句

　　飄飄何所似
　　天地一沙鷗

　　這筆法是一貫的蒼勁，蒼勁之中又透著幾分悲涼，畫內蒼山碧水，漁人行舟，獨缺那只沙鷗！恰巧他身後透窗外天邊出現了一隻不知名的飛鳥，孤孤單單的獨自飛著。姨那雙鶼伶伶的水眼也注意到了那只天涯孤鳥，嘴裡卻喊道："妹，不如把言平和洋帆老爸也叫過來吧，今晚大家可以飽飯一頓，再來幾圈福建麻將怎麼著？"此時，契爺寂然的臉上艱難的綻放出一絲勉強笑容："這我早已安排好了，他們不一會就到！"媽突然探手到袋裡摸索，朝姨姨說："阿翡，撥個電話給志清，叫他不忘帶胃藥。"姨答道："放心！姊姊我一早把藥放到他車上。"契爺聽後關切問道："志清這老毛病還未痊癒嗎？"媽答道："好是好了一點，但就是手尾長，跟招姐一樣的老毛病。唉！這些年來也沒有他半點音訊。"媽又提起舅舅這個土裡土氣的名字了。契爺望著媽，就像剛才媽望著他一樣，緩緩說道："天公伯總不負有心人的，始終有一天他會回來的。"此刻媽眼裡似乎又閃起一絲希望的眼光："或者你可以幫他測一測字，看看如何！"只見契爺緩緩的搖頭道："命運這東西很難說准，不是看看書測測字就可以的。有些人有著同樣的八字，但他們的命運可有天淵之別，而另一些人八字盡不相同，可是命運就是何其相近。不管如何，我相信招姐吉人有天相。"原來契爺弟弟跟舅舅不單相識，更是拜把兄弟，當年他弟弟在文革後期為當時死去的父親報仇，乘夜潛入仇人家裡結果了他，之後就過了好幾年的亡命生涯。但由始至終，他總不能原諒兄長的懦弱，父親被殺了，就連吭也不敢吭一聲嗎？最後把心一橫，跟舅舅和另一位拜把兄弟一起計劃冒死偷渡澳門。想不到就在媽閣正門面對灣仔的水面上遭亂槍射死了，據說他就是替舅擋子彈而犧牲的，而另外那個把兄弟也在那次意外失了蹤。姨終於找到置喙之地，拍著媽媽手背開玩笑似地用閩南話安慰道："洋帆契爸跟咱厝招姐兩個大男人每次見面都舊話一大堆，招姐私底下還經常誇他是閩南之光哩。以後兩人再見面不知談到猴年馬月了！"

　　接到爸爸電話後，契爺吩咐兩個傭人到大門處把他們引進來，我們則一徑通往登山樓，到了樓頂，契爺便往大門入口處假山指去，說："待會兒就可以看見你爸車子從那處駛進來。"過了半晌，我漫無目的地目遊整個園林，發現原西部補園竟跟澳門的媽閣廟建得十分相似，後來知道是他刻意佈局的。而東部歸田園居除了一地池水和幾座假山之外一片荒蕪，他希望我將來可以將這片地帶仿建成他故鄉漳州月港。這時，西天的一片殘陽已紅得透冷，像果凍一般凝結蒼空，把契爺一頭銀髮也染成了紅色。順著他眼前方向望去，隱隱約約的似乎可以看見澳門的媽閣廟。他伸出左手指往那邊，淡淡說道："當年你舅舅跟契爺的弟弟就是從那面水遊往澳門的。"此際，他的手正顫抖著，在冷風中顫抖著。幾多年過去了，幾多人和船都沉沒了，但見水面依舊風平浪靜，碧波如鏡，似乎就像什麼都沒有發生過似的，水面上的高高青天被群山拱托而起，但又像水印似的死死地壓住水面，天幕底下的一切，當然包括媽閣廟，風雨過了，似乎都安然無恙，但契爺那抽抖得屬害的的手指，像鐵樹的枝兒一般似乎直要向水的一方的媽閣廟怒戳過去。其實，契爺多年來研習風水，隸屬於命理一派，精通陰陽五行、八卦、河圖、洛書、星象、奇門和六壬等……但他師父當初就告誡過他，這座園林萬建不得，犯了煞。然而，他卻不聽，他都怪自己害了妻兒！

很快，好酒的爸和貪杯的姨丈已經攜來了一大袋貴州茅台，準備好好地享受契爺為我們而設的盛宴。席間，契爺將五十二度的茅台酒一杯杯像水一樣往肚子裡倒，媽都知道，他從來不怎麼喝酒的。未幾，他的兩顴喝得豬肝紅，換了個人似的，先是猛猛的瞟了姨幾下，伊旋即底下頭去自顧自專心吃著，未敢搭理！突然，他又對像鄰坐正大快朵頤品嚐佛跳牆的姨丈喊道"壇啟'杏'香飄四鄰，佛聞棄禪跳牆來"，爸似乎沒有聽懂那句話，只是滿足的道："你家這味佛跳牆是我吃過最好的，不知甚麼時候方便讓你的廚師到我家山莊那裡也煮給我吃哩！"他邊說邊鯨吞著龍身鳳尾蝦和醉糟雞，契爺豪笑道："方便之至，隨時可以！"要知契爺家那個福州廚子聽說是得了鄭春發後人的真傳的，他竟講究到用白炭把那包含上等水發魚翅和金錢鮑等十八道已煮好的材料，放到盛著上等紹興酒和上湯的罈子裡文火煨燉足足六個小時！壇口還封著荷葉呢！六個小時的文火，煨燉著，他的身軀在如同日照的銀白色燈光下好像燒著了一般，他高聲叫喊著："我把老爸的書一把火統統燒掉了，那些都是害物！"接著他努力舉起那只一徑顫抖的左手。那晚過後，他大病了一場，在病榻上他神智迷糊地對我說那些書都是先祖嚴啟盛留下來的，裡面什至記載著關於媽祖閣的早期資料，據他說嚴啟盛就是媽祖閣初期的建廟策劃人，而這卻是一筆說也說不清的歷史疑案。文革時期他父親好像就是因為那幾本書被一些存心陷害的人打成反動學術權威，活活整死。之後，為免禍害，他就將之付諸一炬了，那把火似乎仍在他身上燒著！

還記得那晚宴罷準備回家時發現雅蘭堂附近的蘭花瓣幾乎都給摘去了，內心暗自納悶，當時契爺已醉得不醒人事，而其它人似乎並未留意。驀然間，燈火闌珊處，只見伊十指交叉地捧住姨丈的頸，妙目流盼，像是有說不出的千言萬語似的，當夜席間乘興飲了幾杯五糧液，竟有點不勝酒力，況且飲得急了後勁也狠，眼前漸漸模糊一片，多年來姨竟一點也沒有老，姨！阿媛！姨！媛！這晚沒有月光！那個沒有月光的晚上我拖著媛的手！我叫姨！阿媛！

當顫巍的腳步踏過小飛虹的時候，一陣幽香冷風突從湖面襲來，猛地一看，湖邊寂寂垂柳之下竟泛起蘭花片片，夾著幾隻彩蝶似的，在風中雅然飄蕩著，恍如仙女起舞。像杜麗娘嗎？那風姿綽約還真不知怎麼形容！可能我真的醉了！

"疑從魂夢呼召來，似著丹青圖寫出。"白居易的霓裳羽衣歌和微之輕輕的從懷裡蕩漾而來。只記得那幾晚在媽閣吃了媽祖誕酒後，她扭著我，面頰鮮紅如火，俟著我的臉，我們也不勝酒力，然而她卻柔聲的說："好洋帆，跟妳講講浪漫的戲劇故事好嗎？"說到底，戲曲也是由古代巫曲巫舞古優滑稽等揉合演變而來，無怪乎杜麗娘悽美的芳魂竟被柳夢梅感動而歸！阿姨不停的轉呀轉，溫柔地向我招手："過來，我們一起跳，我教你唱昆曲好不好！"她轉呀轉的，然而我有點醉了，我醉了，轉呀，天旋地轉！然而昆曲，雅蘭姐姐對她說，昆曲，提到昆曲就繞不開黃幡綽這個人，他是唐玄宗的樂師，也是楊貴妃的樂師，玄宗皇上的樂師，貴妃的舞姿，媛！她搭著我的肩，我嗅著她的呵氣，熱騰騰的，熱，熱得像午後香洲上那層棉被似的溫熱的霜，霜被似的覆蓋著香洲，覆蓋著她，盯著她醉紅醉紅的臉，緋紅的，我親了親那桃紅的臉，我媛，阿媛！那也是一個幾乎沒有月光的晚上。他是見過貴妃醉酒的，那醉姿令人久久不能忘懷，但那舞姿他是做夢也不敢去想的，然而她那香酥柔軟的軀體，凝脂般的肌膚，似乎愈俟愈近，她那婀娜曼妙的身體不停的跳不停的轉，那仙子的微步顫巍巍的有點不穩了，我扭住了她的柳腰，扶住了她，他扶住了她，玄宗的樂師，玄宗的貴妃，我的貴妃，然而她卻扭著我不許我停下來似的，我說醉，我說，我醉，我說，醉，停，醉，我們靠的越來越近，我的心跳著，怦怦，酒，我就知道，那酒，怦，酒，姨，酒，醉，阿媛，我們，阿媛，媛！我抓住她，她，媛！我站不穩了，我抓住她，不，醉！梨園上的貴妃舞已是天下一絕，更何況吃了幾醒酒，酒醒裡竟泛起了梅妃的芳容，玄宗，梅妃，玄宗的梅妃，貴妃的醉姿，那雙水汪汪迷糊糊的醉目，直要勾到人的心裡去。她凝望著我，我說，醉了，那道白綾上的鮮紅，嘈雜的車馬聲，你醒醒，媛，我扭住了她，我親了她，媛，她醉醺醺的呆怔著我，又笑了，媛，你醒，她微睜著泛紅的眼皮，醉笑著，來，洋帆，跟我跳，那晚冰冷冷的，梨園竟泛起了香花彩蝶，像翩翩起舞的仙子，玄宗的髮更顯花白，背佝了，竟也佝著背獨自蹭蹬著踏起舞來，她血般的胭脂紅不見了，胭脂紅，紅，輕撥猩紅的布幕，頂上花白的嚴華佝著背，獨自踏著舞，一路上醉著夢著到了昆山。她溫嫻地撫摸著我的臉，媛，好洋帆，教你唱柳夢梅！睡著了，我也睡，睡了，媛，姨，媛，睡了，她睡了。那花像衣一樣層層的散開了，化開了，像被嚴華那把火燒著似的，都化開了，火燒著，風也吹著，花都化了。那花杆珠穗綠雲帚、白縐緞雅五彩綾繡花褶子、粉紅繡花內高底彩鞋跟那雙繡花白襪肌白流蘇一樣迤邐而開！

我真的醉了，那晚雅蘭堂邊的蘭花不見了，飛走了，像跳著舞似的，她望著我，她勾著他的頸，把臉伸過他的肩，怔著我，那晚的蘭花香的很，那個香我這輩子只嗅過一次！

當晚乘車離開時默默的雨絲像在車窗上了層霜似的，車裡也感覺到冷，一切景物開始模糊起來，映入我那雙惺忪睡眼裏，都像變了形似的，棱角也霧化了，甚麼也不像了。感覺上車子走起來四平八穩的，肯定不是當疊碼的姨丈那手辣車子，姨當初嫁他就是為著那手辣車子帶來的快感，她曾這樣說過，可現在她卻厭惡透頂了，尤其是他那魯莽的酒後駕駛行為，實在像玩命似的，她感覺那簡直就是把生命當作一場無相干的遊戲似的。

契爺那座仙宮似的園林在這冷冷夜雨下漸漸消隱，一路上的景物也若有似無，連他身上透著的那一徑幽幽的火都漸趨黯淡了，一點一點的火星兒盡熄滅於這夜雨之下，竟未見痕跡。我那篇關於媽閣的五千字作業也交到了他的手上，上萬字，超額完成。內容大概是他與契媽在媽閣初次見面仍至邂逅，之後他跟雅蘭契媽學上了崑曲，杜麗娘與柳夢梅那段淒美的故事不可避免地被牽連了，唐玄宗跟貴妃也因為他們的樂師崑曲始祖黃幡綽被卷入這個漩渦裡，但貴妃能否感受到黃那股關懷，那股想也不敢想的感覺，姨，姨偷偷的看了我那篇文章，她臉紅透了，直紅到耳根，低著頭走了。然而，嚴教授卻喜歡得很，他說那不只於愛情故事，主題很大很深，寫的有意思，繞過了千年萬裡，最後還是繞到媽閣裡去。咦，怎麼連媽閣也不見了，沒有月只有雨的除夕夜，連媽閣也讓人摸不著，看不見！後來，契爺跟我說他的根已斷了，像風中柳絮一樣飄泊著，這是他的命，他說，他命中註定了晚年要閒雲野鶴的。

這幾年來，契爺不僅辭去了教職，也漸絕跡於一切社交場合。除了偶爾指點我一下之外，閒來就與鐘鼎伯對對奕。此公棋術可謂出神入化，前象棋國手嚴華在他跟前只能落得個兵敗如山倒！尤其是帶子入朝那盤殘局，無論紅子黑子，都神出鬼沒，坐在他對面的就只有束手待斃而已！那些小廝常暗地裡嘀嘀咕咕，他年輕時非常勇猛精實，而且狂傲，曾充當志願軍參加過抗美援朝，抵得住幾天不吃糧，餓得慌時還炒麵和雪吃。傳說他是用機槍射落敵機的紀錄保持者，比關崇貴還要威風哩！他妻子在抗日時期吃過刑，留下後遺症，丈夫入朝前夕已身懷六甲，當時，她那張臉蒼白得發黑，鐘鼎伯心知不妙，終日醉著酒到廟裡祈求母子平安，還發宏願，如果妻子順利生產，將來一定來一齣帶子入朝，且要凱旋而歸呢！怔著鐘鼎伯手下蜿蜒著的血紅的兵和車，不禁令我想起杜甫那首用血淚寫成的兵車行。契爺又敗北嘍，這個時候他總要擺起自己最擅長的千里獨行，他唯有藉此殘局才堪與鐘鼎伯一搏的。

多少個寒暑過去了，又一個除夕前的晚上，滿天的星斗，獨缺明月，鐘鼎伯窮瞅著我，抖動著一徑烏青起縐的嘴皮，那掛胸前銀髯也因而顫巍起來，直把我引到契爺那張紅木書案前，指著案上舊絹道："少爺，那是老爺留給你的！"這是我平生所聽見他的第一句話。只見舊絹上幾行楷書——

洋帆吾兒青鑒：

父庸碌半生，一事未成。白駒過隙間年已遲暮，猛然頓悟人生得意須盡歡之真諦。此身既未有子美家書之憂，何不傚太白須行即騎訪名山！今後一切凡塵雜務，乞望兒代為處理之！惟恨多年金樽空擎著，爾後朝朝不知何處是他鄉—鄉—鄉—

一切戛然而止，到此無鄉可歸的父親已寫不下去，我也看不下去！

多少日子過去了，姨的話依然如灣仔荒山上的拙政園，聽著卻又令人無比熨貼："你契爺和舅舅那對頑童，返來後要讓他們好看！"電話的鈴聲柔柔響起，鄧麗君一徑悽怨纏綿地唱著：雕欄玉砌應猶在 只是朱顏改…

"問君能有幾多愁，恰似一江春水向東流…"

鈴聲裡的麗君把一腔悠遠古愁唱得憂怨纏人！幾回下來，伊人似意猶未盡，唱過不絕，似乎想借這短短幾句就把那癡癡怨愁從天際月暈直牽引下人間來。漸漸地那永不倦息歌聲愈發尖屬，直叫人起疙瘩。瞬間，那股傾瀉人間的"愁色"已然漫沒整個雅蘭園，映得一片寂寂池水都碧青青的透著情慾，慢慢的松風亭、小滄浪、小飛虹、倚玉軒、遠香堂和雅蘭堂，甚至香洲都濛濛的灑上了一層迷離的汗幽藍。我的軀體就如蔓藤一般焦結在這面黑絨底子灑銀灰花紋猩紅楓葉的軟墊沙發上，任由那股幽藍從足踝浸到膝蓋、肚臍以至胸腔…乍感既僵且冷，可又血脈賁張，頭暈目眩，甚至喘牛踐蘭！伊臉微往左下側，自個兒踏著魅影柔步，一步就是一劃藍色的弧，閃了那麼一下轉眼間又馬上消失了…伊頭上那水鑽蝴蝶頂花、蝴蝶壓條、泡子、耳挖子、後頂梁、偏鳳、鳳挑和大紅絨花似乎都在月下幽水間漫浮著。眼看那朵閃爍的水鑽蝴蝶頂花在窗中水月那大黑北似的臉譜上跌跌撞撞的爬著，似乎就要鑽進裡面去吸乾那股無量愁水，將之轉換成臉譜下動脈裡的血，再默默的餵著那朵絨花，餵得鼓脹脹血管疊暴！偏蝠偏鳳相互糾纏又甩脫著，似乎都亂了套，一直磕磕絆絆的，離不成合也不就！勒頭帶勒起一雙吊眉，好讓底下的松煙鳳眼一舉振翅高飛，那雙高飛不成反迸出了火花的鳳眼直勾勾的往我臉上射來，像要把我整個人勾過去似的，那片麻油胭脂朱唇陡然發出嬌柔得尖厲的鬼魅之聲："泉下長眠夢不成，一生餘得許多情，魂隨月下丹青引，人在風前嘆息聲"。

"問君能有幾多愁，恰似一江春水向東流⋯"

鬼魅之音何需運腔轉調！

那聲由嘹亮挫入低沉，低沉反又竄出嘹亮，快快慢慢，時而頓挫，時而尖急。那愁水卻愈發寒骨，不住地往上竄，轉瞬間已俟近下頦。"粉牆花影自重重，簾卷殘荷水殿風，抱琴彈向月明中。香裊金猊動⋯⋯"那把飛轉的花杆珠穗綠雲帚遮掩著從冰山地獄破繭而出的松煙鳳眼，以迅雷之勢逼到跟前，那白緞緞雅五彩綾綉花褶子底下的身體則暗火辣辣的扭動著，扭得脫了節拍一般，片刻，那滾燙的花褶子勢要在這泓寒水裡燒將起來似的，褶子下擺跟珠穗雲帚瘋瘋魔魔地披旋，也隨之脫離了節拍，掩掩閃閃，只剩下眼前個個白圈，一個接一個，往無盡裡扯，像回回錦紋方桌邊的回紋一樣，作繭自綁，但繭是美麗勾人的繭，人給綁到了裡面往往都心甘情願的成了一個聽天由命的囚徒！淡雅花梨木宮燈、黃花梨木圈椅、濃濁的龍涎香、淡雅的素心蘭香、人海浮沉的香洲、千年孤獨的月色和長青不衰的虞美人，伊和我都快要一寸寸的被淹沒了，註定無可救藥！窗外飄來像從古代拉奏過來的柔揚雅音，那是幾年來教伊唱曲為伊紮扮的瑛姑拉的南琶，那古雅祥和的音色偏諷刺似地為這一切作駐腳似的。其實，瑛姑抱著南琶唱昆曲本身就是彌天大謬，偏就有那麼一票名家卻倒因此為戲曲作出了一些劃時代的貢獻！瑛姑算是雅蘭契媽的"貼身丫環"，她准是以自詡的口吻跟人如是說。她也艷羨伊的姿色，認為小翠就算比起世上最美的王雅蘭來也不會太過遜色；小翠則欣賞她的才學，對她的一切都帶著點恭維的口吻，如瑛姑長年居住在東邊的媽閣裡，說怎麼也不肯到主園區裡跟我們一塊住，伊索性把瑛姑住處雅稱為小媽閣，瑛姑對此十分滿意，諷稱枉自己認了這麼多字，就是說甚麼也想不出如此雅號，反過來又誇起小翠的靈性來了！漸漸清麗揚揄的琵琶聲如行雲流水般展開了，瑛姑此刻定是閉著眼橫抱著琵琶拉奏著。此刻，一切皆悠悠然然的，四時景之秋景不由天邊，也不自月下，竟從瑛姑的琵琶裡一絲一綫的抽奏出來，她抱著手中琵琶的模樣該跟抱自己的孩子一樣，那神色定必祥和極了"看這些花影月影悽悽冷冷，照他孤零，照奴孤零！"身體彷彿像是被電詛似的，秋天也會有閃電，且往往出奇不意。此時，麗君靡音戛然而止，再也未有泛蕩起來了。

　　這幾年姨丈長居福建，很少到這邊來，爸就常打電話對他破口直罵："恁娘的！某放下也毋管，頭路也毋去，歸去死死去卡好！"爸和媽都知道他和那女人姘居在一起，以至於連姨也放下不顧了，沓碼差使也丟下不管了。連最護短的媽也私底下抱怨起來，還不時打幾通電話去訓導他，望其浪子回頭，但當著伊的臉他們卻是絕口不提的。其實，我也明白於這事上媽對於伊是有點愧疚的，畢竟當年是她熱心作的媒。可伊卻是一副滿不在意的樣子，但怎麼就知道她是當真不在意呢？常說女人喜怒皆形於色，尤其是伊這種爽朗的女人；可天曉得她們若立了心把自己穩藏起來，那就是在九地之下，任憑有挖到黃泉地府去的本事還是要你摸之不著哩！但這樣一來，伊倒愈發空閒了，契爺出走後，更爽性以幫忙打理雅蘭園和主理從前契爺創辦下來的昆曲協會君山雅蘭日常事務為由留了下來陪著我。爸對這不但出離地支持，更認為伊常陪這些幹部太太們唱唱戲於我的前途也是有益的，這樣，媽更不好過問了，只是不時撥個電話請伊過去陪陪自己聊天解悶而已。而這香洲於我們彷彿就是私人遊艇似的，坐上去後竟然樂得把一切都忘懷了，這是專屬我們倆的小天地，沒有我們的示意，契爺留下的這幫人都不會貿然闖進來的。漸漸地，連電話鈴聲我們也懶於理睬了。早上醒來我總會為她沏沏鐵觀音，契爺的私房茶葉我們通常不會隨便拿來泡的，為的是有朝一日等他回來跟我們好好敘敘，談談他那些雲遊的日子"他的茶葉那個時候最出味呢！"伊常嚷著。餓了就要福州師傅做鍋牛肉羹鹹飯或其它家常小食，我的最愛也就是伊的最愛！昨夜雖晴空萬裡，但這小舟內的情景倒如水漫金山寺似的，花杆珠穗綠雲帚、白縐緞雅五彩綾繡花褶子、水鑽蝴蝶頂花、水鑽蝴蝶壓條、水鑽泡子、水鑽耳挖子、粉紅繡花內高底彩鞋跟那雙繡花白襪死水浮萍似的攤浮著，那雙繡花彩鞋恍如兩艘秀氣偏舟，一艘勉強撐過了昨夜的波濤，另一艘卻弄翻了，可能是黃梨木窗戶上仍掩著西式暗紅花窗簾的緣故吧，這廂房裡的小宮燈還是任性地燃點著，上面那尊臉帶愁容的送子天姬卻瞪著發亮的雙眼呆望著姨那只繡花鞋，那緞面繡花著了燈光後頓時泛了愁思的模樣。"恁契爸人真好！"姨常癡癡的瞅著燈上天姬用閩南話嘀咕著："阿瑛的囝仔無去，若無恁契爸她也毋知會活到今仔日袂！"瑛姑的先生早年企圖偷渡到澳門時在灣仔那邊便給機槍掃死了，幾個月大的孩子不知怎地也沒了，這也虧契爺使她重新振作起來面對人生，她總是以感恩口吻跟伊說的。說到這她那雙松煙鳳眼免不了有點濕瑩瑩的，伊昨天到曲社與票友們和了幾支，回家時卻忘記了要瑛姑跟她卸妝。每逢昨夜如斯美好的月光，瑛姑都不免要奏奏南音的！

這時，我們都沉默起來，在暗花紅窗簾和這片刻死寂的交映下，夜似乎並未完全褪卻，還在掙紮著。乍看之下，覆在姨曼妙冰軀上的緙絲唐卡冰蠶絲鳳求凰衾上之夜月依舊熒熒亮，使伊的身體也籠罩起一層神秘，月暈邊金銀絲綾迷離交纏，單是這輪月已用上了不知多少純金、純銀、珊瑚和綠寶石才磨畫而成的，她那碧瑩的光如此幽森，如此攝人。這幅通經斷緯、色相萬千的鳳求凰在高雅意境當中處處滲透著玄幻攝人的宗教味，在傳統唐卡傑出的工藝上糅合了天下無雙的雙面綉手法，幽夜裡虛緲的雲煙用上了整散針，神山秘水則綴而虛實針，藏幽隱魅的盤縈老樹卻施之以旋針，躍然而起的鳳尾靈爪取用旋針與屬針；每一針似乎都只言片語地訴述一段故事…光滑柔靱的緙絲內裏之以冬暖夏涼，遇水脹近火則縮的極品水蠶絲。那對盤纏於月夜空山之上難捨難離的鳳凰通體散放著昏人的暗香，一種不知年代的神秘迷香。據說這種唐卡絲衾就不知是第幾代達賴用過的，可常人蓋上後不單會催生情慾，情人之間那份愛更會至死不渝。雅蘭媽媽真不知從那裡弄來的，起初他們夫妻倆簡真日日蓋夜夜蓋，但當契爺發現冰蠶絲內藏之香料還夾雜著西藏黑麝香當門子後，就悻然將之藏到廂底去了。瞧，腦海裡又是契爺的故事！

赫然，伊身上那對幽怨的鳳凰就要同墮於萬丈深淵之時，只見她腦背朝天，粉面枕著手背，一綹墨烏煙瀑從楠木床沿傾瀉而下，耳際一道粉閃水鑽偏鳳甩甩曳曳，就像一把如墮幽谷的彩匙，她卻帶嬌嗔問："黃山天都峰那裡的雲海很是浪漫，怎麼不跟你的阿媛去呀？"隔了半晌，續說道："聽說那裡的同心鎖很是靈驗，只要走上天都峰，把鎖鎖死，用紅絲帶系著那柄鑰匙，然後將它拋進萬丈深谷裡，保你們一生一世永不分離！"我頓了一頓，對阿媛那點印象永遠是迷迷糊糊的，自己都不清楚，像電影裡的煙霞，一點幻想，又一點希祈。也不知怎的，我竟不假思索的爆出了一句："這麼靈驗，那麼不如我們先試試吧！"側頭一瞟，只見她默然無語，傾刻間好像心頭熱血一股腦兒都湧到面頰似的，這剎那沉默實在使人發窘，我只好佯裝若無其事，雙目閑閉。不一會，臉上一股冰涼涼痕癢癢絲絲縷縷的感覺，睜眼一看，伊那股秀髮倒有幾絡頑皮的灑到我臉上來了。伊最怕癢，便抄手攢進她的胳肢窩和柳腰裡去。她忙猛撥之，卻撐不住吱吱地笑了起來，楠木床架也吱吱微響。突然，雙手倏地停住，伊用指頭按了按眉心，皺著眉頭嘆：「嗨，我目眉咧跳！」我便伸出雙手捧著伊的鵝蛋臉，用兩只拇指頭分按那雙柳葉眉「讓我看看！」伊作勢撥開我雙手，微嗔：「唏，不要鬧！」兔起鶻落之際，窗外砰的一聲，伊慌忙把燈按鈕撚上，我倆在黯暗中先是愕然相對而視，一前一後都悄地摸到黃梨窗邊，分別小小的掀起左右簾角，外頭絡絡陽光便乘機射到眉額，溜進我們背後秘密的天地裡去。在得真亭對開直通雅蘭堂的遊廊處，只見一個面貌生疏傭人裝束的青年腳底下散著一片碎青花瓷片，正耷頭耷腦的瑟縮柱後往我們這邊瞄過來。左右簾角幾乎同時嚴封起來，方才入侵的陽光瞬間消逝，我們都攤坐地上側背挨牆，心撲通撲通的跳，傾刻之間的沉默。雖隔了十多廿米，敢情是伊鍾愛的仿清康熙青花將軍罐！

半晌，整理好衣冠後把伊留在房內逕自走到大廳，赫然發現鐘鼎伯獨自孤坐在回回錦紋方桌邊的黃花梨圈椅上，側對著窗，一盤棋局攤開在癭木面上，一如既往的自個兒下了起來。陽光把他右半臉的筋紋照得紮人眼球，左半臉卻自黯暗。正暗自納罕，自從契爺離家後，好棋的鐘鼎伯便得終日乏味的獨自對弈，但無論如何他是決不會不張聲無端到這座香洲裡來的！疑惑之際，也只好提著快步上前，揀了對座，把胸前黑子從他手中接管過來，不痛不癢的問：「方才弄破那尊將軍罐的小子是誰？怎麼好像從未見過似的。」未待回話，他手下赤馬奔日已將了我一軍！

在窗外光綫照射下，那匹赤馬也顯得有點扎眼。

「那個小夥子是…是老爺引薦過來的…」

「嚇，是爸！怎麼行？那可不壞了規矩，況且我也全不知情，你看還是把他辭退怎麼著！」

「…」

我趕忙把車擋到那匹赤馬前面，逼著他往後退。"這可不是他家，契爺的地方可不能讓那些雜七雜八的人來玷污了的，這我可擔當不起！"鐘鼎伯也未答話，可我手中這盤黑子立馬就被他將死了！

"少爺，夫人今早撥了個電話，說是有緊急事要找你姨的。"

也不知怎著，霎時間我只是慌忙忙本能的丟下手上殘局，聽任鐘鼎伯發落，風風火火的踅回房間，我想那剎那的陽光依舊披照著鐘鼎伯，也藤纏著我的背，有點熱燙燙的，那一刻自己猶如半匹脫僵野馬只是盲目的往前奔，鐘鼎伯應該對我的失態視而不見繼續自顧自下棋吧！煙暖日光似乎未能蒸褪昨夜幽月引來的"幽水"，因而，整個下半身如泅溺水裡，不擅水的我腰腳越是用力，整個身子就越發往下倒扯似的，竟至於夠不著老雞翅木房門上的緙絲門帳，帳上的仙姬如此蒼白迷糊，已沉在幽月水底奄奄一息了！

燈火熄滅後天宮裡的仙姬似乎隨之煙消魄散，剩下偌大的空洞洞黑魆魆的房間。摸黑一瞥，隱約發現伊正捲縮於楠木床邊紫檀如意雲頭紋交椅上，斜對著我，一披青絲把伊剩下的側臉都遮蔽起來了。驟然，眼前那綹輕絲在幽暗中伸的更長，長不見底，似等待著被取去織緙絲永生淪為一塊為人們做裝飾點綴的料！只聽見伊不斷的發出極低的："嗯，嗯"之聲，似乎在通著電話。不知怎的，想挪移一下可雙腿卻忒也不爭氣，想說句話，可嗓子卻被堵死似的。片刻，伊緩緩地站將起來，往房門這邊走，卻對面前的我視而不見似的。出得廳去，伊又倏地止住了腳步，背對著我，頭也不轉過來說道："帆，我先到瑛姑那裡去卸妝，你趕快換套衣服，要到你媽那邊去！"聲音壓得低低的，只能勉強聽見，彷如夢中聽見的夢話一般，可這"夢話"卻冥頑不靈的在我腦海裡盤繞著，揮之不去！訥訥的怔著那花杆珠穗綠雲帚，死沉沉的濕黏在地板上，那綹綹雪白真個似披著霜雪的青絲，是寂寂地年華老去的青絲！那朵長長的凋零的花杆，說怎麼也生不出半朵花來！

一枝金光閃閃的金剛捧夾著淒厲而悠揚的簫聲、佯裝熱鬧的鑼鼓聲不斷舞動著，在地上起舞，在空中飛旋。精光紮目的日頭下，一頭疑從千年唐卡畫裱裡破繭而出的靈猴鎏著灑著飛著描著閃著赤金與粉金。那雙似笑非笑灑滿金粉的眼瞼總會出其不意地朝你眨巴兩下，眨得人心底直發寒！兩頰塗著過於濃俗的殷紅胭脂，猶如先人魂身蒼白麵頰上那兩圈看著嚇人的紅暈，鑼鼓喧囂的大日頭下，竟然瀰漫著沖天陰氣！極品唐卡我雖未多見，品鑑優劣除了老到經驗和十足的眼力外，那些巧奪天工的傑作往往就在於一剎那間的"驚現"，待緩神細察時，又不是那麼一回事了；比如說那雙佛眼簡直活得可怖，活得透著點邪氣似的。如遭此情況，最好稍為轉移視線，不要再跟祂四目遍視！我只好風雅的瞧瞧周遭的粗鑼糙鼓，又意趣盈然地探視旁邊那吹弄著洞簫的老漢。可雙眼終難免要嚐嚐禁果似的偷偷往靈猴身上又是一碰，然後又驚悚的竄到老漢嘴邊那支簫上，祂怎麼總是陰魂不散的瞅著我！

我那雙甩脫似的眸子驚魂未定地轉來竄去，至與老漢那氣定神閒的雙目一交，終定了定神，大家都不約而同的向對方禮節地一笑，不語。雖素未謀面，卻同是咱厝人，我想這大概是天底下無數閩南人初次見面的招呼架式。只見老漢骨架特大，如鋼刷般根根倒豎的灰銀髮好像鋪著板材廠彌天石灰一樣，黧黑的臉上已綻滿了蒼斑，那片閑定中透著點傲的眉眼往唇上洞簫微俯，但又不像眼裡有簫的模樣，不如說是在自娛自得於一點若有似無的東西！蒼青得泛著肉色的簫在枯唇與十指節瘤間泰山不動，左手下邊還打出兩只鳳眼，恍如一只從厝邊林間還魂過來的遠古鳳凰，漸漸地鳳眼下方鳳口處仙霧迷離，嫋嫋而上，把天頂壽日托得更高，更高，要蒸化了似的！

"嗚，嗚…"悠遠而勻厚，緩慢的綸音顯得時遠時近，若虛若實，乍聽不過一支老洞簫吹出嗚嗚之聲，傾神細味之下，竟然如下凡仙鳳吐出"嗚，嗚…"當那嗚嗚落入周遭空氣裡就有如天雨化於鏡湖，處處泛起絲絲漣漪，把世上一切虛的死的倒映頓時都活了起來，又靜滅下去，再活起來…那嗚嗚聲變幻起來，時長時短，時緩時急，時輕時重，乍如風火雷電，卻是一脈綠水青山！鳳凰一吸一吐，頓時幻化出人間的四時景，只留洞簫走掉琵琶的四時景有如鳳凰磐涅而魂歸離恨天！頓時周邊一切活的人的囂鬧沸騰似都凝死過去，而那靜寂的一花一木一山一水卻一一甦醒過來，勾起心頭嚮往著的遠古。不知何時枯小的靈猴身邊無端的閃出幾尊碩大無比的巨靈，同樣嚇人的專屬靈堂的殷紅胭脂，僵死的娃娃臉暗綻著叫人發毛的癡笑，在暗簫催喚之下，祂們一擺一擺地擠在一起，竟把烈日也遮掩起來，霎時間眼前一片潰暗！哎，那幾知鬼物身上竟同時發出午夜嬰靈的稚稚憨笑，心頭一緊，齊往我跟前壓過來…

嗚……那尾鳳凰突然發出一聲極高極尖如萬絲萬帛齊斷齊裂之聲，震得那四隻巨靈都歪歪斜斜前後幌了幾下，也震出了巨靈背後的光明！“嗜，真無成款！”老漢先忍不住笑了一聲，然後隨之又啐一口，補罵一句，鳳凰遠去了，正進行的四時景不得不戛然而止，那中斷音尖屬極了！他掃指著那幾只巨靈，別過臉來，對我說：“都是我的孫子，真無成款！”我斜著眼，仔細一望，巨靈腹中都開了個洞，露出來四個臉點胭脂，若莫六七歲的稚童，陽光下，都對著我綻放出燦爛的笑容，我也回以尷尬一笑。不覺把頭往後一側，黑漆洋鐵枝背後的窗戶正敞開著，透過鐵枝往裡望，整個廳堂昏昏暗暗的，右邊石灰楹柱上糊著一紙白底黑字挽聯——

“玉簫聲斷奏娥去後鳳台空”

“你是志清的囝洋帆唔？真成您老爸喇！”我忙不迭從圓膠椅上轉過身來，點了點頭，他又續道：“你老爸真會，生意做呀真大，伊就是咱晉江的李嘉誠！”說著已把洞簫摺到一旁，左手豎著的大拇指就要往我臉上貼過來似的，可能由於鑼鼓聲過於嘈雜，最後這句話他倒刻意提起嗓子，要教所有人都聽到似的。霎時間，我全搭不過話來，他也不再往下扯，只是把手探到恤衫左胸口袋裡去，掏出一包摺癟乾皺的中華牌香煙，然後迅捷的往裡抽出一根煙送到我跟前，臉上泛起漣漪般皺紋地笑了一下，嘴唇微微閉闔了幾下，這是閩南男人每逢見面都會做的，不論親疏，雖聽不清他說什麼，但我卻親切的婉拒了他：“我是不曉點的。”不消片刻，他掏出木夾從自備的洋鐵罐裡夾起一小撮茶葉，只見索條肥壯緊結，芙蓉沙綠明顯，沏出來湯色金黃，把白瓷杯湊到鼻底嗅了一陣，一陣濃郁蘭香徐緩而至，呷了一口，頓感心曠神怡。到這種場合來，生平懂事而來還是頭一遭，氣悶得很，不得不承認，這時候喝著鐵觀音比平常時卻多出了幾分“味”來。這位老人不單是名洞簫高手，就沏起茶來那手藝也一點不含忽；鳳凰沐浴，觀音入宮，盛夏沸水，金秋濃香，香凝隆冬，春風拂面，關公巡城，韓信點兵等等在他手下揮灑的有如上生四時天象，下淹巨鹿雄師般蒼壯流麗，大氣橫生！"味道怎樣，還好嗎？這是秋茶，名號至尊皇香觀音王，你老爸最愛的，這回兒他沒空，我看你喝也是一樣的，也許待會兒看看他有空沒有吧！"他得意的說。"這煌口香真純，很好喝！""呵，你也懂這！"他老瘤的臉上立即綻放出一朵脈理紊亂中又泛著燦爛陽光的笑容，像遭很多隻腳同時蹭踏的灰褐色泥土地。這時，鑼鼓喧聲有如無數圈不斷由小變大且粗糙扎手的回回錦紋，在空中轟然動蕩著；靈猴、四隻巨靈和那些容貌詭異的靈物好像都在配合空中的音圈一樣往地上死命的踐踏。老人的笑容依舊燦爛，但更顯僵硬和皺瘤了！空中的音響，地上的腳步以及他那朵笑影就像化合起來的病毒一樣，我似乎被感染了！

那些回回錦紋似的音波正一陣陣的往我耳裡紮，混身驟感難受，於是把頭大角度扭到背後，靈堂依舊暗暗的，倒是有那麼一束扎眼的陽光迷頭糊腦的往正中石灰橫樑上的四個金漆大字"紫氣東來"那裡傾軋過去，那四隻閃閃生輝的金字在一片灰黯的靈堂裡因而顯得那麼佻撻，那麼氣焰，直要蹦跳起來似的！大字底下的爸昂然挺立，顧盼自若，我想身為治喪委員會主席兼自掏腰包全權包辦這整場喪事的他此刻的自我感覺實在是不能再好了！頭上的四枚金字就是他暗地裡要求展放出來的，"蓋上白紙怪死氣沉沉的！"他抱怨又命令著。偌大的靈堂裡全是穿著各式喪服的人，但他們不是跪著便是盤腿席地而坐，把整個靈堂擠得水泄不通。只有他突兀的站在中心，雙手交叉胸前，下頦不時高高揚起，自賞似的審視著自己所安排的這一切；兩副大紅棺木都是最上等的永春杉木外加所有全新打造的極品側柏木木主，木主牌位之多也教人乍舌，補追到玄祖輩哩！那些各式各樣的表演藝人有扮火鼎公婆的，有瘋背啞的，有踩高蹺的，有跳拍胸舞的，也有裝西遊記裡人物的和時裝軍樂儀仗隊，人數過千，並且全是最出名最好的！是的，他就是這個靈堂裡唯一的一隻尊貴的金鶴，其他的都不過是一群滾得一身屎尿屁的醜小鴨！

靈堂裡不時透出一浪高過一浪的女人哭喪："我母呀！我爸！我母呀！無母通來囉！我母嗚…！母…嗚…！無母通來囉！"媽一臉倦容的俟坐在靠右側門的一張花紋漆黑木靠背椅上，頭低垂著，視綫似乎死釘在腳前的幾塊地磚上，滿身透著疲憊與無聊，也沒有隨其他女人去哭

喪。她的臉像極一個洩氣又起了些皺的皮球，也由於疲憊，前兩天的憤
懣抱怨之情似乎消去了一大半，"那個老的就那麼不得人心，早不死，
遲不死，偏偏單要揀這個日子才去死！"她在伊面前不斷咒罵著，像替
伊出一口惡氣似的。她意思是為什麼姨丈的老母遍要比自己兒子晚死一
天，她相信在這個關節眼上，如果老的先去一步，說不定就能替晚輩的
擋擋災也未可知。況且老人就有這個"保庇"晚輩的義務。還有，平日
甚少與爸鬧意見的那個隨和的太太好像被這靈堂的陰暗蝕去了半個似
的，"真笑死人，哪有人這個時節將那四個字放出來！"爸頭上那四個
炙熱得燒著似的大字似乎撩起了媽那股惱火。再者，這種場合擺出醉蝦、
紅膏蠘、紅燒魚翅和五糧液確實有點兒過了火，反正契爺那位福州師傅
我是絕不會讓他這般盲折騰的，倒也難怪媽那麼的氣。惹人氣的又豈止
這些哩！雖然俗語說："死在閩南泉州"，但逝世者未到五十歲的都算
夭壽，再說是死在長輩前頭，更何況聽說又是生車禍橫死的！按照我們
風俗，就非得草草把他葬了才是。就連偏愛姨丈的媽也認為該按照老法
子！可爸偏要把他放進最好的棺木裡，那道棺也不擱在"厝邊"，而是
硬生生的把他移到靈堂中央老母靈柩旁邊。姨丈下面還有一弟一妹，但
他們可比姨丈更折服於爸，一切要務，全由爸一人說了算，他們面前，
爸儼如一位高高在上的尊長，他也以此自況。更何況由於靈堂裡的嘈雜，
他那些動輒千萬的電話自然要喊得更響亮些，猶如荒蕪大地上空那點玄
幻燦爛的煙花！這時候，灰暗的大廳裡便頓時閃著一顆顆透了光似的眼
球，那些雜聲也自然而然的驟消了泰半。這個上午碰巧停電，停幾個小
時的電在鄉間也不是甚麼稀奇事，煙花更燿燦當然也救不了停電，靈柩
前端那兩幅彩色上裱遺照前也應景的各自多了兩枚白洋蠋。在這個正午
時份，陰鬱的靈堂裡燒著紙錢吐著濃煙的鑊火和這四點幽焰竟比外頭不
得其門而入的陽光還更光明些！"將政府的人統統叫來，不管要花多少
錢，馬上將電駁回來！"爸一臉不耐煩的把手拋出半空死勁的幌了幾下，
那四隻幽焰似乎受了驚似的也跟著幌了幾下！偏這個日子才碰上如此倒
楣事，叫他臉面往那裡擱！

　　突然，一陣風從大門外往靈堂裡吹襲進去，堂裡斷了電的燈管恰
巧掙紮似的放出一絲轉瞬即逝的淡弱的乳紫，就這樣，來風挾著乳紫硬
生生的打在那四隻威風八面精光閃爍的金漆大字"紫氣東來"身上，那

"紫氣東來"非但泰山不動，更泛著了只有站在泰山巔眺望離恨天兜率宮才間或夠得著的紫霞仙氣了！那風尾猶如鳳尾般把老漢的鳳簫之聲簫灑飄逸地逆迴進靈堂裡去，嗚嗚鳳簫正好撞上了母母哭喪，回回紋似的旋渦般地糾結盤纏在一起了，糾得淘湧東海上的天也紫暗了，水龍捲就要劈出來了，一拔千里的水龍捲看著要沖往焚燒於離恨天上兜率宮八卦爐裡似的黑鑊火焰，黑鑊裡劈劈叭叭的火焰立如海潮般吞吐捲展著，那瞬息萬變直如伊般千頭萬緒叫人捉摸不著的心思，方才那柱柱高噴有如地獄火山的火舌電光火石之間又幻化為一雙骨棱有狀的涅槃火鳳凰的金翼，那火鳳凰著了鳳簫綸音之後又懊悔似的極力搧熄身體上的火焰，竟留下了尾部撲之不滅的絡絡地獄黑煙，煙溜兒飄夾著無盡的紙錢灰爐，浪似的都潑往伊卸下了白繡花褘子的脂白肉體上，伊臉部微微繃緊，隨即又放鬆下去了，慢調斯理的把那些灑滿肉體上的白浪沫兒似的灰爐從斬衰服上撒下地去。瞄著伊紅火微燒的雪脂，陡地那半褪未褪的松煙鳳眼，那一針一線一絲一筆一下一下的從肉體上抽碌淨盡的唐卡緙絲鳳求凰衾，那甩甩曳曳的天都峰沿崖間墮落著的彩毛似的水鑽偏鳳恍如雙面繡似的好像在伊和我的心上都暗繡了一式一樣的圖案——一對心有靈犀相隔咫尺的人兒恨遍不能相近。眨眼間，那暗繡都成了自己身體上的紋理，我們的紋理回紋樣迴環纏印在一起了！喉頭骨碌骨碌的，任性的至尊皇香正玩命的要把凶透七煞的五糧液後勁硬壓下去。這時，伊通身上下突突的深深的哆嗦了一下，長跪在地掌抓支腿的伊把雙手從腿上移往後腰輕捏了幾下，又漫漠的挪了挪頭上的麻巾，攏了攏腦後的長髮，末了又煞有介事的抖了抖身上想必早已灰爐盡去的斬衰服。松煙褪去了，伊挑逗靈動的睫尾極力地壓抑著，就如夜燈上紙灰似的飛蛾一樣，隨時準備著無聲無息的翻騰恣肆一番！哭喪潮鳳簫波翻海連雲，滋生於八卦爐火旁似的一隻大黑蝶恍如偏蝠一般挑逗著伊髮際間若有似無的偏鳳，那藕絲纏觸使喉頭的骨碌轉化為震動耳膜的唭啲唭啲！倏地，鳳簫聲斷，黑蝶躍過火海，一縱縱往遺照上人中那道密匝得使人發寒的髭鬚上…

"你姨丈生前常跟我說自己一生無兒，最疼惜的就只你一個而已！"老漢這話甫畢，我手中的鳳凰白瓷已砰的一聲落得個粉身碎骨，流艷的金秋茶色觸及腳下半尺見方之地，褲襠上都已濕溻溻的。一時間不知所措，但我的眼梢還是條件反應式的往後側瞥了幾下，只發現那道："玉簫聲斷奏娥去後鳳台空"的白紙聯一角已然甩脫，迎著弱風微微飄蕩著。見此情形，老漢雙手握著斷聲鳳簫對我說："不用慌，等下自然有人收恰。"說著就用腿將一地碎瓷挪撥到枱底裡去。我自不理搭，但他好像繞不識趣的續道："小時侯你姨丈就常抱你到我家裡來耍，那個陳老伯你怕是忘了吧！"我只得裝出一副煞有介事的模樣"哦，有點印象，好像那裡見過似的！"那鬆弛烏青的淚坑兒上的一雙纏佈著紅黃根的瞳仁頓時放出了光明"呵，你還記得我呀，你就最愛吃我女兒做的狀元丸，還嚷著要留在我那裡，不跟你姨丈回家哩！"見老漢有完沒完的提起他，只得把話題轉開："這支鳳簫，不，這支簫很特別呀，想必是一支難得的好簫！"這句雖是客套話，但也真是出乎內心的，"不，你沒有錯，這支簫的確叫鳳簫，跟了我三十多年了，看！"接著他把簫身一轉，上面灑灑脫脫的刻著兩字"鳳簫"！接著他又熱情的跟我談了許多關於洞簫的東西，如他這支簫就是用老桂竹做的，少說也花了一年半載的，不要少看了老桂竹，你道他是下等竹材，就遍它的潛力最大，它不是一塊好料，但偏做得出最有共鳴的好簫。除此之外，他又提及簫的取材，最好是在冬季採材，還要五年以上的老竹，不單質感硬朗，且不易起皺破裂。

老漢似乎察覺到我興致不大，於是祭出一句："你聽過御前清客五少芳賢嗎？"一雙眼球緩緩一沉，我似是而非的裝個思索模樣。這時，他板直了腰，十指節瘤生了情似的不斷憐憫地摩娑著手上那支鳳簫，就像撫摸親人似的！"都已經三百年了，那時正值康熙爺六十大壽，想聽幾支好曲，晉江宰相李光地就去籌劃了。這樣，才有以咱晉江陳寧為首的五少芳賢入京獻技的好事！"管他五少十少呀，狀元丸呀，也沒有多想！不想太冷場，我只好附和："這支簫子看上去很是古雅，簫音也好聽，名字又取得好。"這時，烏青眼皮上那雙灰白了的羅漢眉不知怎地就凝上了一層油穢的霜，他吃力的笑了一下，輕輕把那裝簫的鋁盒蓋子蓋上了，之後又緩緩的打開，重新蓋上，又打開，"三十多年前一個很冷的冬天，阮某跟我到竹林去採竹，阮二人為了做一把最好聽的洞簫，這個嘛，伊老爸是位南簫能手，但文革時期被人扣上現行反革命罪的帽子活生生燒死了，他最心愛的那支簫也被燒毀了，伊當查某呀的不過想做一把這樣的簫…"

聽到這裡，我默然了，老漢自顧自的用指頭搓旋著鋁盒子裡那支鳳簫，他那張老臉也漸漸模糊起來，似有若無的印在那鳳簫身上，自言自語似的："那時她剛好懷了孕，我想那準是個兒子，就跟她商量等到兒子出生後，他的名字也就是那支簫的名字。伊笑著點了點頭，待到她的肚子已七個月大了，我們還是未取定那個名字。之後，伊難產了，丟下我獨自一人去做這支簫了，做好後我就取用了伊的名字。"鑼鼓依舊響著，哭喪聲還是停不了，但我已看不見他，我眼前只剩下一頭似曾相識的銀髮。簫聲這時又緩緩的響起，高音共鳴似乎在淒怨的訴說著，濃重渾厚如霧，恬靜飽和似水。若方才那段簫音有鳳凰臺上鳳凰遊之味，這段就是鳳去台空江自流之嘆了。鳳凰杳然而去了，只剩下一衣愁愁的江水，更是惆悵。我又不禁心懷憐憫似偷睿伊幾下，夢魘似的洋鐵枝後轟然擠出一張似是而非的臉，爸臉貼上鐵枝，隔著鐵枝屋裡屋外我們咫尺之遙，"你在偷看啥？還不趕快入去！"

當我緩過神來，他早已踏上那灰白雲紋大理石門坎上了，披在他身上那件半敞的總麻服不見了，只見他放出 Hermes 淺米色大格紋 Polo 衫，配以骨棱熨貼的藏青色毛料西褲，內彎的右手肘支著右脇，一個獨特的拱形，裡邊挾著一個 Prada 黑色公事包。這時，他背後靈堂灰暗的燈光緩緩復蘇，門外亮閃閃的陽光水鑽般逼射到他臉上去，這二重光前簇後擁地把他拱上那雲紋石的雲端似的！太高的天總有風雲暗生，恰好一道不知名的風打我們這邊迎面拂來，一下子便攢透爸通身上下，他的衣褲頓時成了迎風的帆一樣精力充沛的膨脹起來。

那風也不知到底經過了南天門抑或鳳凰山，竟挾來了路邊片片的的啞紫色的狗尾草，狗尾草們迎著風齊齊對他點頭哈腰。爸輕輕伸了伸懶腰，臉上有點驕然，嘴角微微往上翹，瞇縫著眼瞥一瞥天上金陽。那駕新款銀色系法拉利轎車早已逼到門前，逼得那四尊足以閉日的碩大巨靈直往後退，震天鑼鼓也不得不頓時瘖啞。見此光景，老伯早已放下手上的鳳簫搶身迎了上去"噯，志清，忘得不見人了，這一向好？我跟你兒子阿帆正在開講哩！""喂，文景，這大陣仗真多虧你呀！你真夠朋友的，給我這麼大的面子。過兩日有空一起喝兩杯好嗎？阿帆，你嘛應該學飲幾杯，下回不要再喝兩口臉就紅得像關公似的，真漏氣，這樣怎當我的兒子！”“話可不是這樣說，阿帆長的跟你這個老爸餅印一樣，真將才！”說著他已替爸點了煙，二人不約而同都朝我笑了笑。“啊，你看，我那會這樣沒記性，你女兒要是想申請去澳門，我政府裡頭有人，打個招呼就好了！到了那邊，看她愛到我那幾家貴賓廳去當經理，還是在同鄉會裡當秘書也可以。下屆我退了下去後就換阿帆當會長，到時找他就好了。”這時，爸通身已然泛著扎眼的陽光，一隻手搭著老伯的胳膊，那光像是會傳染似的迅速地竄到他身上去，使得他那件穿得起了灰黃的白襯衫也頓時放出異樣的光來。爸是這樣說的：“阿帆，這位也是你的契爸，快叫一聲契爸吧！”

老伯靦腆的笑了笑，又連忙搖了搖手，裝著抗議道：“這那裡話？我那來資格當阿帆的契爺，兒時的玩笑罷了！”接著他又換了一副調笑的口吻：“我女兒以後的差事得要勞煩您們多多關照了！”陽光下，他們的笑容漸漸模糊，一切也跟著模糊了起來！微風中蠢蠢蠕動的狗尾草似乎越發增多了，裡頭爬出來了好幾個人，都一迭聲的朝爸點頭哈腰起來。一陣喧笑聲下，身穿黑西裝的司機將爸迎了上轎車後座，車子一下子消失了。而狗尾草的笑聲，非但未消失，倒反越來越近，一顆冒著煙泡的粗黑臉子就要挨湊到我臉上來：“噯，洋帆，你爸真是貴人事忙，難得他往這裡跑一轉，要在平時不要說我們請他不動，連見個面也是萬難呀！”另一顆白臉子堆著笑說道：“暗冥歸去你嘛鬥陣來，上場不離父子兵嘛！”後半句他突然提起嗓門，操起抑揚的普通話，一字一字像滾珠吐出來，不黏牙似的。這時，桌邊已瀰漫著煙圈和散笑聲了。這樣高分貝的嘩笑聲於今日這種場合畢竟有點不諧和，契爺向狗尾草們使了使眼色後“喏，日頭赤炎炎，泡兩杯茶來飲啊！”他們也就一人抓了一隻椅子挨著肩擠到桌上來了。紅臉子啃著茶引吭高論道：“伊母啊！恁爸一生人這款場合不知走了多少遍，親像遮爾仔舖張的，還是頭一遭呀！”斜眼一瞥，只見他那張臉紅得豬肝似的，一雙眼紅筋暴脹，似是還未曾醉醒的樣子。旁邊黑臉子搶白道：“不要厚話啊，茶飲兩杯解一下酒唄！”白臉子咳嗽了一下，清一清喉嚨，甚是老成的道：“福慶生播足七日的大戲，文景你禦客社唱的南音，請出市長出面做點主官，聽講明天出殯時，同鄉來參加的每人就是三百，咱暗暝嘛等食佛跳牆。你看，那有人糊紙厝糊的比真的還大！吳阿雄這筆生意夠得上一年半載開銷了，我敢說，孤是那座大紙厝花的金箔就有十外萬了。"這座金碧輝煌的"紙厝"就這樣硬生生的擺在路口,路過的人敢情以為爸竟把冥府也搬到陽間上來!

"啊,您看,洋帆後面這張桌造的那樣別緻!"白臉子欣賞了起來。"喂,看到阿姨姨丈養添在玩麻將嗎?咱快點上去鬥一桌啊!"說罷,坐在斜對面的紅臉子竟把上身橫跨桌面往我背後紙厝撲將過去。黑臉子面色難看得來,兔起鶻落之際猛地抓住紅臉子的膀子把他括囊囊撳了下去,然後團著拳往他頭蓋上一磕,唪了一口"醉得個死樣,這兒那能讓你胡鬧!"洞簫老漢取笑著:"看您,無飲酒哪成!你三個是紅遍晉江KTV三天王劉關張啊!"這時,一陣陰風逼近,我周身起著疙瘩,不禁慢慢朝身後紙厝轉過頭去,那不是我家香洲裡面那張黃花梨癭木面回回錦紋方桌是什麼!爸也過份了吧!白臉子太息道:"養添實在太過糊塗了,做兄弟的,我們每個人也苦勸他,那個查某那裡招惹得,都已經有兩個冤大頭讓他剋死了!再說,志清待他可比親兄弟還好哩。他就是不肯好好的到澳門去幫他的忙,也難怪志清氣成這樣。我就說嘛,志清,已經發生的事有啥辦法呀!還是去喝兩杯消消氣實在。"黑臉子搶道:"就是飲也不見得有咱的份,志清昨晚已跟市長到俱樂部去開心囉,恁爸一世人猶未到過遐的所在!"紅臉子頭趴在桌上呼嚕大睡了,他們也暫不去理會。白臉子打鼻孔裡哼了一聲:"遐的所在哪是咱去的!攏是好額人佮做官呀去的。阿帆,聽說昨暗你親像一尾活龍全款,有夠讚啊!"說到這裡,白臉子鼻孔裡的哼已消失了,雙眼似笑非笑的瞇成一道縫,嘴角也暗暗地掛起一抹淺笑,我給他揾的耳根子也熱辣辣的,只好裝聾作啞呷著茶不作聲。洞簫老漢連忙替我解圍:"伊是綴老爸去學一寡做生理的,佮市長遐的做官的相交插是真正有需要的,恁莫練痟話呀!""啊,恁看,契爸來鬥相共囉!"說著又是一陣哄笑。哄笑聲中閃出來一個淨扮婦人,五官倒是標緻,就是那對淚坑子過於深陷,且烏烏青青的,與整張臉很是不搭調,她搭笑著問:"啊,你就是洋帆啊,十二生相你相佗一號?"我怔了一怔,她是誰呢?怎為初次見面就說著怪話?最後也略為遲疑的答道:"蛇!""妳真正起痟哪!這陣猶閣咧數想笑六合彩啊!"白臉子運轉自如地又轉笑為怒了。桌子周圍人氣沸騰的煙圈、靈堂裡彷彿煉獄傳來的陰氣惻惻的紙錢煙跟遠處午飯那烤燒著肢體與皮肉透著肉腥的炊煙正遙相呼應似的滾搖樣合,身後頭頂這座被太陽照得熱烘烘碧閃閃的巍峨紙厝剎那間似乎冒出了濃煙陣陣，就要自焚坍塌然後溘然倒下，非得把周圍的人包括那四隻巨靈和自己統統收歸到冥府裡去不可似的。半晌，紙厝身上那匹匹煙圈伸得更高，像一道道地獄爬出來的蛇魂冉冉的旋繞上青天，把那顆高高在上的太陽烘托得更高，更高，高得就要熔掉頂上那壁堪堪青天！

"指日高昇—"太陽熾熱的燒著廣袤蒼空，燒著雲也白熱，燒得大地燙熱，也燒到了一個老頭子身上，連自己身體都被那股無處不在看不見撲不熄的陰焰吞噬著，那燒得絲絲響的彷彿不是甚麼，而是罪孽！只見一個邋遢的老頭兒，披著一塊破夾襖，一徑甩甩曳曳，左襟處伶仃的別著一枚沁出了鏽軋的毛主席大頭胸章。他吃力的蹬蹬著，雙眼注視著甚麼似的，都要挨擠到一處去了，嘴裡卻呢呢喃喃的悄聲自語！他儼如幽靈，在一圈圈披著孝衣和穿著便服的人周圍晃來晃去，完全未被發現似的。不一會，就在離那張供滿祭品的木桌處頓住了。

"萬事由神佛菩薩作主—"，鳳簫聲似乎又嗚嗚的暗暗迴蕩起來，那老頭突然起雞瘋似的，霍然張出那雙枯瘦黑瘠的老爪，就要往供桌上那些葷品一把抓過去似的。電光火石之間，"點天天清，點地地靈—"，也不知從那裡閃出來了兩名殺氣騰騰的壯漢，一把撈住了他的膀子，連推帶摔的把他攆開去。周圍的人也剩機朝他怒啐的怒啐，嘲諷的嘲諷！

"那老頭兒是啥代誌呀？""病的，咱咪管伊！""也未曾見過似的，面生的很，那裡來的？""好像外鄉來的，近幾年才發現，起初大家看見他這副德性，都恨不得把他立刻攆出村子而後快。後來，日子久了，見他只討他的飯對大家也沒有甚麼妨害，便聽任他了。""這把年紀，這個下場也怪可憐的！""可憐？那是他自招孽罷！""何以見得？""聽說，在文革時代，真不可一世的！他老是開批鬥會去鬥這個鬥那個，凡是跟他結樑的或是他看不順眼的就搞個名目，非要把人鬥死不可！呵，聽說有一回他的仇家跳進他家裡把一家老少殺個精光，他就是裝死才免過那一劫的，末了又一把火把他家燒毀了！""點子點後，子孫活到老老老—"

那把地獄孽火咆哮嘶燒著，蒼天驟然一片黑魆魆的，太陽也沉淪為一泡五彩繽紛的情慾彩球，就要壓到人頭頂上似的，眨巴眨巴又顫巍巍的，一種赤裸的挑逗。伊偎著我，臉上酒渦淺淺一展，妖嬈地笑了。只覺伊那溜長髮把我側頸也搔得癢癢的，那酒渦倏地就浮出了好幾重，分分合合迷迷晃晃的，那夾著胭脂的冷香觸鼻而至，"翠—"

"你看，這個囡仔真飯桶，飲兩杯就醉按呢，真予人笑笑死！""阿清呀，你按呢說就真毋著囉，我看怎阿帆是長江後浪崁前浪呀，伊按呢小可仔佮一下醉，你看咱大小姐遮爾毋甘，又著攬又著親喙，真惜命！"說著爸和市長都格格的笑了。

伊操著帶江浙口音的普通話，佯怒嬌嗔道："市長，妳怎麼可以這樣取笑人家，陳少爺他是真的醉了，你太壞了，我不管，罰你喝一杯。"吳市長聽後更呵呵的笑不攏嘴，緊繃著的白襯衫底下那顆大肉球更顫巍巍起來。爸順水推舟："你遮個真奸巧囡，怎爸都予你騙去，好得市長看會得出來！"說著便把我桌前的杯斟得滿滿的，提起嗓子道："來，咱爸啊囝相佮敬市長一杯！""噯，陳老闆，我看阿帆是真的不能再喝了。不然這樣，這杯我替他喝總成了唄！"伊的呵氣恍如夢裡幽蘭，吐字就如粒粒蓮子，都能放進口裡似的。那蘭香蓮膩裡都滲和著洋酒辣，在那雙溫軟粉唇裡品嚐著，醉得人周身發麻發軟。"你替他乾了也成，那麼可要罰你兩杯啊。"市長換了腔濃濁的普通話一徑對伊笑吟吟的說。市長說罷，伊臉一揚，半聲不吭的連續乾完了兩杯酒，喝罷粉臉泛起了片片緋紅。此刻，我們兩張暖綿綿的臉又悄悄的依偎在一起了。吳市長伸手便去扭住身旁一位穿著杏黃禮服小姐的纖腰，似真似假的裝腔佯怒道："你們這位蘇州公主小鳳蘭脾氣可真拗，你就是花了金山銀山也不要想能打動她，今天竟倒貼給我這位世侄了！"這時，那位禮服小姐柳眉一矗，捏著吳市長的肉鼻子不滿的說："哎喲，吳大市長，怎麼了？咱小蘭嘴裡有糖是不是，我替你喝不是一樣！我看你們男人都是一樣，偷不如想嘛！"她未及說罷，房子裡的人已笑作一團了。這喜氣洋洋的當下，爸又在不滿了："拄仔佇咧食彼陣，伊枵甲囤幾大碗，這陣兩杯都袂當飲，真正笑死人喇！"接著又轉過頭對吳市長笑道："拄才遐的燖穿山甲真補喇，換準別位按怎樣揣嘛揣無。""遮的好料別位當然無，有閒閣常來，我(毛火)你食閣濟，暗暝嘛打一寡包倒去，好唔好！""市長你真厚禮數，早幾日我嘛托朋友按菲律賓帶一寡虎肉倒來，閣有相通看喇，彼條虎鞭尚閣補，予你試看覓，毋過海關彼片毋知有法通過嘛？""海關彼片我有人，免驚！按呢著先共你講一聲多謝喇！""咱家己人，毋通傷客氣！"

吳市長那對匿於迷離星塵太空鏡片後的虎眼好比東方紅人造衛星似的，表面上裝的若無其事，實際上正暗地裡死死的盯住你。它看得見你，但你歪想看得到它。"志清啊，看恁洋帆頭額生得遮爾仔好，我看後擺前途無可限量啊！""啥物話呀，你看伊含一杯酒都愛查某共伊飲，後擺有通親像你按呢我就著燒香啊！倒講過來，遮的囝仔運氣也袂穩，伊有一個契爸放幾十億予伊就走的看無人囉，親像伊廿外歲就有遮的傢伙我看無偌濟人矣。喂，你看阿伯偌爾看會起你，你手頭有偌濟現金呀，不如佮阿伯相佮共服裝城彼塊地買落來，後擺彼片肯定是市中心！佮阿伯做房地產咱穩趁矣。也唔緊佮阿伯乾一杯！"吳市長頓了一頓，借著酒威把嗓子打得死粗"好，乾一杯，祝咱馬到功成啊！"吳市長舉起酒杯興沖沖的說。突然間，銀幕裡太陽金光閃閃，萬樂齊奏，有如雲端裡萬馬千軍洶湧的就要往我們這邊千里一瀉而來！"東方紅，太陽升，中國出了個毛澤東—"吳市長受了感召一般邊唱邊說："讓我們唱紅毛主席，唱紅共產黨吧！"爸搭腔道："沒有毛主席中國哪有今天的繁榮呀！"爸興致盈然的操著半鹹不淡的普通話來。"共產黨，像太陽，領導我們向前進，那裡有了公產黨，呼兒哎喲，那裡人民得解放—"那千千萬萬海藍色的女孩瞬間就如海水一般把我們淹沒了，"乾杯"，"乾杯—"

"舉起金杯酒於滿斝，敬把三獻表於情衷，寸心略盡虔致祭，今旦永別各于參商—"靈堂正中一位身披黑絨外套的耄耋老人拖著嘎啞的嗓子悽愴呼號地唱著，他已衰老得背上都弓起了一個拱，這彎外裹黑絨外套的拱一徑顫巍巍的，門外風一起，灰暗內堂的白紙輓聯角便沙沙的輕輕飄曳幾下，老人松長的外套也篷篷的抖索了起來。滿天似飄滿從泡桐橫抱琵琶撩撥出來的陰魂灰蝶，滿地密匝蠕動的盡是二弦十三太保長弓從地獄拉放出來的暗紫赤毒蛇，都隨著嗚嗚簫聲的顫動而散漫竄逸著。倏地老人乾瘦短小的身體一下子被數不盡的毒蛇纏繞著，彷彿一個就要叉著自己喉嚨雙眼反白馬上斷氣的人一樣，嘴裡艱難嘔吐的都不是歌詞，而是毛茸茸令人毛骨悚然的灰蝶！那一聲聲登登的千年琵琶，登登登—

幻彩迷黑包廂裡的迪斯科音樂，我的心室息得要停下來，是轟然跳動前的閉塞。伊酥膩溫熱的肉體使人腦袋脹熱得快要窒息。忽然，通身上下猛打了一下哆嗦，十指都冰冷冷的，我死死的瞅著他的遺照，冷不防一瞬間他會那麼冷笑一下，抑或是朝我撲面以來。"想著起來我目漒，只處珠不汝珠珠淚，人生一世枉費機，魚雁遊來速驅馳，萬載江山永于自在，爭名無處無於幾時—"

爸叉開雙腿大剌剌的坐在紅膠椅裡，一個頭顱賴洋洋的挨靠在灰漬斑駁的白水泥牆上，兩只手肘都支在椅柄上，右手食指中指間手丫子裡夾住一根燒掉一大截的香煙，煙頭冒出的劣質絲線般的黯白煙圈正密密匝匝懶懶洋洋地在他面前半空如靈蛇糾纏的盤懸著，把爸整顆臉都霧裡雲裡的遮蔽住了，！半晌，可能燈光刺激的緣故，雙眼澀澀痛痛的，眨巴眨巴，彷彿一線線陰森透明的幼蛇浮滿半空，有好一些更落在那一片白芒芒苦著臉肩挨著肩盤腿席地而坐的孝子孝孫頭上身上！瞬間，那髒膩膩灰鹵鹵的地磚上都爬滿了條條白靈蛇，忽如一道道散射地面的乳白燈光。此時，堂裡門外都擠滿了人頭，充斥著喧囂人聲和嘔心人味，腦子登時發了旋，旋得眼前一張張臉都模糊了—

我猛然登起身子，只想逃逸，霎時間眼前金星亂舞，便頓時撲的一聲不由自主的跌回膠椅裡去。這樣一來人聲更急促了，臉轉得更快更模糊了，一條條赤胸跣足顛顛搖搖紅著臉對著眼的肉體趄趄趄趄的踏著鬥雞步、李鐵拐和蜘蛛步，都朝著自己發出癡戀的怪叫，那咿呀怪呼使我突突的通身打了個哆嗦。不一會，那一雙雙鬥雞眼珠就要黏成一體似的，毛主席紅襟章像被沙泥和稀了的血塊般結得滿地，胖禿瘦癱的頭顱上都纏著冷森森的吐著紅信的黃蛇！嘶嘶蛇鳴下都打出一張張清一式的瘋臉，齜著焦牙咧著嘴，人中上都亮著一撮撮毛茸茸的髭鬚，那敢情是，是他—

豁啷一聲，手中瓶子裡的礦泉水都發濺了出來，徹頭徹腦的全打到昨天大鬧點主儀式的那個老瘋子臉上去。他忒也瘋狂，先是佇立門外隔著人群一徑盯著我訕笑，倏地起雞瘋似的盡朝我撲來，虧得站在我前面的人駕起臂子將他一塌糊塗的撞了出去，此刻意會過來後猶有餘悸。人們都說那瘋子往日自對自獨好地地的也不擾人，不知怎著打此葬禮開始就著了邪似的無日不鬧，這樣下去怎成體統！

"阿帆相蛇的，驚相沖，閣說伊嘛真忝囉，就予伊歇睏一陣子，"說著伊頓了一下又續道："阿帆，緊去面頂睏一醒啊！"由始至終，伊就跟跪著的紙人兒一樣，一副冷冷的木訥神情，那張臉靜得沒一丁動態，身上的斬衰服也好比紙人那紙糊的衣服一樣寂然！雖然後半句簡衝我而來，但伊那神情姿態卻倒全然的漠視了我。我明白伊在賭氣，伊實在有賭氣的理由，可我卻煞不住的彆扭了起來，你對我視若無睹嗎？你要我消失嗎？我偏賴著不走！"攏是家己人，哪會有問題呀！等一陣師公就欲做拜懺囉，你嘛著聽！"爸面前那團團煙霧愈發脹大愈發蠱惑了，我順應著他又坐了下來。轉過頭的光景，赫然發現一隻毛茸茸的蜘蛛正橫陳在遺照裡那撮髭鬚上。暗抖的手揣到褲袋裡緊緊攘著那道用禾杆草編成的早已被壓縮成扁桃型的護身符，那捆草早已被大腿的熱汗沾得溫濕黏軟，隨時要溶掉似的。

伊母鬼囉，祭壇上那座紙厝裡全是些人不像人鬼不像鬼的紙紮傭人，乍看之下那身上白下黑的打扮倒與雅蘭園裡那幫傭人有點相似，他簡直瘋了！滿堂掛著吊著的盡是喪氣喪味的大紅綢花梨木宮燈和幹邑式水晶吊燈，擱著置著的都是不倫不類的祥雲百吉紋八仙桌，福慶有餘紋南官帽椅。哎啊，還有那幾對大鐃鈸和大銅鑼呢！"嗳，阿帆，礦泉水若是無愛飲，我共你園桌仔好嘛？"一位疏得讓我不知怎麼稱呼的姨姨輕輕的對我說著。我這才注意到手礦泉水瓶的蓋又開又翕的不知讓我擰了多少回呢！瓶子裡的水去了泰半，卻沒有一滴進入我的嘴巴，全用去對付了方才那位瘋老漢。此刻靈堂喧嚷的人語參差起落，我猶自偋促萬分。瓶裡的紙厝由一小撮化為一大半了，愈發稀稀糊糊的，那個詭異玄奧的世界就是這副讓人看不清猜摸不透似有還無的樣子？突然束束煙魂好像正從紙厝裡飄晃出來，眨巴幾下，那些陰魂卻又無影無蹤了！半晌，煙更濃烈的復發起來，紙厝像被點燃似的，竟晃晃蕩蕩，歪歪斜斜起來，煙原來是從底下那盆燒著紙錢的大黑鍋裡的火舌尖吐出來的。

　　時裝便服外披一層古早味道士袍的師公們精彩的演說起來，一下子把時光倒流到幾許年前，幾許年前的天界和地府，不是人間！堂裡悄無聲息的已充斥滿迷離煙霧，氣氛更是濃了起來，靠門站穿著便服的鄉裡開始嘻嘻笑笑，堂子中央披著孝服的孝子孝孫快都要引俊不禁了。師公們滑滑稽稽唱著雙簧搭著訕的演說著一個不死老翁的荒誕傳說，不知是否離鄉經年的緣故，他們相互譏謔著，那抑揚頓挫的腔調吐出來的句子好一句我就要聽丟大半句似的，也不好意思向旁人求解。總之約略是一個活不膩貪生怕死的老翁，據說他不知活了三萬四萬六七八萬八千歲，正是活過了頭。所謂閻王要人三更死，不許留人到五更！閻王老子取人性命的手段實有如天惘恢恢、疏而不漏中的天惘，可惜的是，那不死老翁卻偏偏有鑽那道天惘漏子的運氣能耐，每一次他總是福大命大的躲過了一劫又一劫。閻王老子慌得很，兩撇八字鬍氣抖抖的盯著那本生死冊，那老不死陽壽已盡，卻偏活過了這麼多年，眼看著就要比自己長壽了，我可是閻王老子哩！再說，這樣下去非要鬧到天宮玉帝那裡不可！那麼掌管地府的堂堂閻王威信何在，說不定連烏紗也快要不保了。我們中國人社會裡，就連壓力也如建築學一般講究哲理的，傳統老式的建築屋頂都喜採用重簷歇山頂的模式，不管官場或是其它什麼場都是一樣，上頭的壓力就如雨水一般從頂簷一道道往下卸，愈往下所承受的壓力也愈大，俗語所謂死的愈快就是這個意思。這樣，站在閻王爺堂前通的牛頭馬面和黑白無常的通身顫抖大家也不會太費解了吧！

　　裝神弄鬼嚇唬誘弄親友，就差斷子絕孫的法寶未出了，那個自私自利貪生怕死死不斷氣的老不死仍然一副無動於哀的樣子，那道長可委地的飄然銀髯彷彿驕傲頑故的說：「老子有活著的權利，誰也歪想推我新鮮死！」那老不死的親友子孫們要死的都已死得七七八八了，未死的泰半年輕得很，他們當然不想死！可曠日持久，他們再也裝不下去了，一個個的面色尤如牛馬無常的慘白灰敗，他們實在無計可施！

　　噯，有了，不如幫玄祖爺爺辦個四五六七八萬八千歲大壽，就說地的盡頭天的開頭有棵參天古樹，有四五六七八萬八千丈高，高聳入雲，不只入雲，還可直達王母娘娘的蟠桃園呢！據說那棵樹本身就長桃，吃了更可以出生不老！見這小鬼說得煞有介事，大人和牛馬無常們一個個都怔住了，一粒粒眼珠都凸得快要掉下來的樣子。牛馬無常縱然見多識廣,卻從未聽個世間有這稀罕寶貝,都暗自納罕。一個大人一本正經的咳了一聲,讚賞那小東西道:"好,不愧為你爺的好玄孫子,孝心可嘉!"可他那對羅漢眉卻那麼暗蹙了一下,只怕你爺未吃著桃我們都一個個代他送上了西天呢!可那句話不過是心裡的話,算不得數,也不見得光的,他轉瞬之間又著力的有節奏的更顯莊然地乾咳了兩聲"可是,你認不認得路呢,再說,遠的很呵!"小東西待要接腔,大家都屏息靜氣"當然可以,我跟哪吒哥哥最要好,他腳下風火輪只消轉兩下準能把我轉到那裡去的,然後用混天綾將我身子一綑一拋,準把我拋到樹頂—"牛頭馬面們一個個岔然慌張的打岔道:"小東西,再放屁就搧你嘴巴!驚動哪吒太子那可了得,這樣無異於請玉帝天神們開個派對一齊觀賞孝孫萬裡摘桃記嗎?"另有一位耷拉著一雙壽耳的長者附和道:"再說,如果那樹頂還未長出桃子呢?那麼不白白勞了太子爺的駕,這我們萬擔當不起的!"

只見那小子做了個鬼臉道:"要是那樹不結桃子,我就請哪吒哥哥取出他的豹皮囊,他只要念幾句咒語至少三五七個蟠桃都落入那只皮囊裡去。況且有太子哥哥照應著,更何況—"小子說到這裡已是一臉詭異。大家都怔住了,嘴裡卻喊道:"快說呀!何況怎樣?快說呀!"小鬼這回提起了嗓子,獰笑著的嘴角露出一點陰森的喜氣"爺的大壽是要做的,桃子我們也一定要孝敬的,叫他老人家吃了之後壽終正寢,到西天王母娘娘那裡去享福哩!"此語一落,大人和牛馬無常們都不約而同地齊打了一下深深的寒噤,畢竟長江後浪推前浪嘛。"咿哇咿哇,哇—""呵,乖喲,這個囝仔遐有孝,佇咧吼阿媽喏!阿媽若聽到肯定誠歡喜,阿媽最毋甘你囉,知影毋?"(這個孩子真乖,兩歲就已經會為嬤嬤哭喪,使嬤嬤黃泉老上得福報了)他弟弟養和接腔道:"阿媽當然知影呀,咱囝仔未夠兩歲就遮爾捌代誌!"(嬤嬤當然明白,好孫子那麼年小就如此懂事)

倏地,小子一雙眼珠子嚓的一聲燃起了兩丸火,口中念念有詞的道:"疑我是妖精,不知吾是上界降魔星。七歲能發震天箭,能開乾坤弓—"這時,大家都被攝住似的,面面相覷,不知所措。似乎都怕被乾坤弓射中似的,要知道法力高強的妖精都要被打回原型,牛馬無常和常人無異,中了箭就要魂飛魄散,永世不得超生的。這樣一來,無常和常人彷彿同病相憐的竟無比親近起來。正驚魂未定的當兒,小子臉上那雙黑火丸蓬的一聲燒的更旺熱起來了"殺身削骨救父母，大仁大義，至孝至忠。"那雙顫得厲害的羅漢眉緩緩的又咳了兩聲："小英雄，好樣的，就知道你最孝義！"說著豎起了一隻顫抖抖的大拇指。我又愣愣的怔著靈堂左側踏著一對風火輪飛昇半空的三頭六臂紅衣哪吒，那六隻手臂裡正殺氣騰騰的握著擎著混天綾、火尖槍、打仙金磚、乾坤圈、九龍神火罩和豹皮囊。那九條系出元始天尊和太乙真人的神龍似乎正劈叭作響的往那燒著紙錢的焦黑火鍋裡不斷放送著三昧真火，直要把窗外那座巨紙厝和旁邊那些置在大紅膠椅裡的先人魂身燒毀淨盡一般！

爸的背後是一面灰漬斑雜的白水泥曲尺牆，他滿身華光的沐浴在暗暗的燈火裡，另一邊則暗地倦縮著一位裹著一襲松大的黑色粗絨外套的黑瘦老頭，他們呼之為九老叔公，老頭子那顆光禿禿的小頭顱儼如一顆枯乾縐癟的黴橘子，橘子頂上蓋著一頂過大的黑呢帽，臉上那些灰黑蒼斑恍如被爸指縫間那支快燒完的煙頭烙印出來的煙跡一樣。九老叔公整個身軀都要被包進那絨外套和黑呢帽裡去了，簡直一副裹著衣冠的骷髏。就那同樣置在紅膠椅裡的貼著仙人遺照塗著紅的魂身也要比他多著三分人氣似的。

孝子賢孫們正給不死老翁擺了場轟轟烈烈的大壽，天上飛的地下爬的水中游的都給弄來了，只有天上掛著的水面浮著的地面泛著的月色還弄不來，但另有些本來弄不來的王母蟠桃卻被孝子賢孫們費煞苦心給弄來了。老翁高興得把那幾枚壽桃高高的置於黃梨木半月桌端的金盆上，與中堂那副大金大紅的壽字圖相映成趣！關於壽字的寫法，就連巧舌如簧的師公也不能切實的叫出個花樣來。要知漢字裡的壽字就有超過兩萬種寫法，不僅為漢字之最，也為古今中外所有文字之最，可見我們對壽字成癖成癮的鍾愛了。僅此一條，不死老翁就能為自己的貪生怕死開發出二萬多個理由來！

言歸正傳，師公們那三寸不爛之舌就能吐出多少個花樣來，這樣不僅可以調劑氣氛，遇到僵局時更可以延捱一下，俟機而動。談談那幾枚滴溜溜粉亮飽滿的仙桃吧！席前席間孝子孝孫親朋好友們都死死的盯緊那幾枚蟠桃，唯恐出了甚麼差池似的。落在旁人眼裡，這也不失人之常情，稀世寶貝當然得看牢一點，況且這些旁人早已收到風聲說是不死老

翁的孝子孝孫們特為賀他做壽而弄來孝敬老人家的，倒是叫滿場子白髮
斑斑的老人們紅透了眼。

　　散席後，嘉賓們都走得七七八八的時候，孝子孫們才一個個亮著臉
呲牙咧嘴的晃到了老翁跟前，叫嚷著要老人家享用那些得之不易的蟠桃
了！但世事常與願違，正所謂冤死鬼都是糊塗人，半路裡偏殺出一個程
咬金！兔起鶻落之際，眾人眼前一閃，一個等著上演黃雀捕蟬的耄耄老
人早已飛身撲到不死老翁跟前，把他捧在手裡的那枚仙桃劈手奪去，放
到嘴裡哢的一聲！只見瑟縮在暗隅裏的九叔公打起哆嗦，蓬鬆褲管裡的
薄小如枯枝的腿齊往地上一蹀，早有幾個穿戴孝衣的孝子孝孫圍攏於老
叔公雙膝前。

　　往下扯的當然不外乎是噗的一聲倒下地去，雙眼翻白，口吐白沫
等的一些陳腔濫調罷了！那位偷桃老頭這麼一下倒成了替劉備枉死的鳳
雛先生，真個是陰差陽錯！這一下大家都慌了，老奸巨滑如不死翁怎會
不明白眼前是甚麼一回事，立刻強持住胸前那掛抖抖的銀髯使之不露出
任何破綻，也可藉此延宕一會好生想出一個對策來。他先裝出一副哀悼
老友的樣子，嗚呼哀哉！接著便吩咐子孫們為這位甚麼叔公云云立刻辦
理後事，並聯絡他的子孫們要他們馬上趕過來。接著當然是一頓大義凜
然的訓斥，甚麼老夫生來天性率真，崇尚樸素。這樣窮奢極侈的高調作
風實在要不得。尾聲更銜接以一串串子曰詩雲，務求令那夥絕祖絕宗抿
滅人性的小畜牲聽得雲裡霧裡。那輩孝子孫果然如墮五裡霧裏，一個個
抓耳撓腮的。當他們反應過來，老不死早已開溜。這時，孝子孝孫們一
個個氣炸得捶胸頓足，恨不得那個老不死立馬壽終正寢才好！都偷活了
這麼久，還懶著不死麼，老的不死據說都是奪了兒孫的陽壽的，這下可
應驗不爽了。另一邊廂，由於他們這次借天宮蟠桃和哪吒太子之名鬧得
實在太大了，那裡能不驚動到玉帝老爺，但以玉帝爺之尊難道要派一眾
仙家或天兵天將到凡間大舉圍剿不死翁，這又太不成體統了！那麼，派
幾個得道真仙暗暗結果了他怎著，這般偷雞摸狗的事確實又有違仙家作
風。閻王那個笨蛋簡直帳混，尸位素餐，連這般芝麻小事也辦不了，摘
他烏紗嗎？首先，這便招了玉帝專橫地插手陰司地府事務之罵名，再者
也玷污了玉帝經營以久的寬大為懷的好名聲。隻眼開隻眼閉撒手不管

嗎？王母蟠桃釀出人命血案，，哪吒太子無端成為"幫兇"，茲事體大，可以撒手不管嗎？此刻，英明神武如玉帝也苦感束手無策，跟前一班沒那麼英明和涵養的大羅金仙早已氣炸得一個個的朝服脹的恍如巨浪狂濤下的船帆，快要炸裂似的。

那兩道看來糊得服帖的白紙挽聯"青鳥傳來王母歸時鶯閣冷，玉簫聲斷奏娥去後鳳台空"忽如狂怒的風帆一樣通身劈哩的鼓脹著，風都攢到底下去了。這時，盤腿席地坐在由側門至九老叔公坐處的過道上的孝子孫們在中間讓出了一條小道，小道開端側門外的紅黃玄壇旗幟南昌朱殿、北極玄穹、九州四海、五色中藏、丹誠龍虎、溪源龍宮、祥開黃道和三清寶殿等一面面都迎風招展起來，那片匿於壇後的漆黑夜空是陰司地府？九老叔公跟前孝子孫間闢出的那條小道就是他們潛途陽間的路？敢情他們正一個挨一個的飄浮到那排安坐大紅膠椅裡的先人魂身裡去了？我通身起了疙瘩。

勢頭不大對勁了，有幾個輩份較老的孝子孝媳都眼睜睜的打量起九老叔公來，各人你一言我一語的喚著"喂，你嘛著出聲呀，既然都來了。""就是呀，你按呢一句話都無說，叫人按怎佮你鬥相共呀！""養添，既然你人都來了，就愛說話嘛，你看怎大交恁某攏佇這搭，緊佮(人因)說一寡話呀！"一把哭喪的聲音高高的喊道："養添啊，你真可憐代啊，好好一個人哪會舞呀按呢呀！""養添，你今仔日啥實真無應該舞呀按呢，你家己想一下看覓。你看遮的人逐個遐想，你遐創創一寡遐爾代誌出來，你看怎某為著你遐爾仔傷心，你叫人後擺按怎樣一個人生活落去呀！"九老叔公眼毛幾乎脫落貽盡，長淌著淚的眼圈已潰爛了大半，露出斑斑蒼灰粉紅的嫩肉來。他一徑瑟瑟哽咽的低聲抽噎，那顆枯橘般的頭顱衰頹的低垂著，空氣愈發稀薄了。

孝子孫們苦覓不遇，原來那不死翁早已跑到神樹底一直朝天攀爬了上去。真虧他一把年紀，竟也爬到了樹頂夠著了王母娘娘的蟠桃園，當然，他定必被眼前的一切怔住了！這時，一路上逃亡的疲乏和恐懼倒掃除了大半，不死翁的一顆心雖然並沒有多長一竅，可卻壓抑不住的亢奮的年輕了起來。他涎著臉看那粒粒碩大無比的蟠桃，想像王天不負有心人了，待會摘下幾顆來吃後自己從此就能長生不老，再也不用步步驚心的提防那夥自絕於祖宗的小畜牲的戕害了。但所謂高處不勝寒,衣衫單薄的他不自己的打了個哆嗦,就連呼吸也困難起來了。這九重天仙佛地空氣的寒薄,那是凡夫俗子禁受得住的!在一陣陣迷晃晃仙霧的侵襲之下,老態龍鐘的不死翁頓感呼吸困難,全身抖索索接連淺淺的打了幾個寒噤。

爸呼噴出的迷仙仙的煙霧絲絲縷縷的迎面而至,他那張隱藏於煙霧背後的臉空泛泛的,空得就如神龕上那些大仙的法相。此刻,他煙頭上那點夾在迷霧與空臉之間的亮亮火焰就如臉上長出的第三隻眼一樣無端使人慵然。我發現到他那只夾著煙蒂的手閃然顫了一下,然後立馬剎主了。

"你真夠膽喇!知影這搭是啥物所在呢,你已經犯著天條囉!就憑這條,我馬上會當鏨你的頭知影毋!"此話未畢,不死翁已嚇的強抖精神猛撐眼,只見迷茫霞霧中束束精光在揮動著,原來那透閃著精光的東西就是二郎的三叉二刃刀,那冷森森的刀鋒在這片迷離的世界裡閃躍佻撻如火。那團精火卻映托出一副邪型兇相的臉來,那怪面如毒靛,髮似血染,獅嘴獠牙,聲如悶雷,隆隆"大膽莽民,看到我們清源妙一妙一道真一君一君昭一惠靈一顯王一王一二郎顯聖真君還一還不速速下跪!"要不是雷震子有點口吃,他一定還要拋出斬蛟龍,誅六怪,擒猴王,劈桃山,除水患,救明皇。儀容清儁貌堂堂,兩耳垂肩目有光。頭戴三山飛鳳帽,身披一領淡鵝黃。縷金靴襪盤龍襪,玉帶團花八寶粧。心高不認天家眷,性傲歸神住灌江。赤盛昭惠英靈聖,顯化無邊號二郎!

乍見二郎真君那只橫在額頭紅筋暴脹快要跳殺出來的天眼,可憐不死翁早已三魂飛走了七魄,雙膝一軟,竟神奇的攤跪在這顆神樹的枝丫上。"真君饒命,小人豈敢冒犯仙境,全因被一群不肖子孫追殺,逼不得已才誤闖貴地的,請真君明察!"只見真君橫在額上那只天眼翻得跟天高,也不去答睬,只是右手把一隻玲瓏寶塔托得高穩如泰山似的,一副擎泰山而睨天下的傲倨神氣。站在一旁的雷震子也幾乎用鼻子來說話了"刁一刁民,我們真一真君神精廣大,豈一豈容你狡辯!你在陰一陰司地府的生死冊裡陽一陽壽已盡,還貪戀甚麼呢?現一現在二郎真君宅心仁厚,要一要指點一條正途讓你走呢!勸你好生感激之情,不要那般

不知好歹！"　"真君大恩大德，小人沒齒難忘！"　"這塔名曰八寶玲瓏
剔透如意舍利子黃金寶塔！"

不死翁頓時慧根萌生似的，怔怔的睨著那玲瓏寶塔上旋動著的風
鈴。說也其怪，塔剎上的風鈴橫不過三五隻，那轉出來的叮叮鈴聲卻聽
如三五千隻從四面八方吹蕩而來的梵音，都鑽到他四五六七八萬八千個
毛孔裡去了，熏得他迷星晃晃的。二郎君打著閩南腔斥道："老歲子，按
我所知來說你已經是古早以來歲壽尚長的人，這站已經算是予你加活幾
年囉，做人愛知足。"不死翁愣了一愣才意會過來眼前這位大神正對自
己發著話，但一句完整的話卻讓他甩掉了頭只聽著尾，以為大神存心呵
責，不禁無由的打了個大寒噤。真君繼道："你看我手頭這座佛塔，
千萬袂當看伊袂起，愛知影伊就是天頂佛祖的寶貝，毋管啥物人佮伊有
緣會通走入去，最後都固定會成仙成佛長生不老！"

"你捌聽過九蓮菩薩毋？伊都是按這塔得道成仙哎！"二郎見不死
翁將信將疑，便也舉出了這枚實例以信服之。然而，二郎並不是不知道
人家九蓮菩薩就是得道成仙也得有萬曆這種皇帝兒子的誥封呀，實情是
祂可顧不了這許多，祂得要漂漂亮亮的完成這差事呀！多少隻眼在暗裡
盯住自己，祂是心中有數的。天宮這崇高之地那裡容得這老頭如此放肆，
再說這是茲事體大，群仙礙於天庭形象和自己身份更是對這老翁投鼠忌
器。難得自己額上慧眼一開靈機一閃計上心頭，何不襯此機會好好表現
一番，一洗自己多年頹氣，說不定還能威振一下九州哩！要知民間人氣
對於神仙來說並非可有可無的，一旦大仙失去了民間的擁戴，祂在天庭
上的底氣自然也就幾乎蕩然無存的了。而天庭上呢？玉帝的寵信不但從
未落到自己頭上，反而讓那肢體不全的哪吒撿了個大便宜！

"莫閣想遐濟囉，你知影往過彼個哪吒就是因為毋聽話才會予佛祖
關治這塔！你是想欲學伊是毋？"說著竟大有把眼前老頭關死於塔內之
意。大難臨頭，不死翁倒未表現出先前之慌亂，臉上只是唯唯諾諾，暗
地裡儘揣摩著二郎的心思。那些貪生怕死的人愈到生死關頭意志倒是愈
堅定，這是說保命的意志。"你緊落去，一路向西行，千萬莫越頭，無
偌久你就會看到這座佛塔，行入去—"

九老叔公瘦小的頭顱已深深墜入爸手邊煙霧中去了，夾在峻嶒的肩胛裡一聳一聳，久久的哆嗦哽咽使眼前這個小老頭深深不能自己！只見兀立得雄姿挺拔的爸就像大神一樣對之吆喝著："幹伊娘！免攔假仙假觸，欲做予啥人看呀？你遮的人我知知，跤指頭仔尾動一下我攏知你咧想啥！有啥話直接說，莫講白賊！"只見那雙脫了神的眼珠子氣虛虛的往我這邊一碌，頓感一陣陰冷。那雙沒有焦點的瞳仁突然迸發出一股凶煞之氣，像老驢臉上睜出一雙惡鬼眼睛，冷不防通身像被電亞了一下，驟感酸麻。好不容易緩過神後，九老叔公臉上竟透著陰笑，像大戲裡的丑角臉譜上一徑浮著的詭譎的笑。"雄雄吼雄雄笑，到底治咧變啥鬼呀？"爸有點不耐煩的喝問。只見他邊打嗝邊陰笑道："哼！我是予人害死的，我是予人害死的，哼！""你是予查某（女人）害死的！啥人會來害你呀？真誠愈說愈有花喇！"只見媽蹙著眉，猛地拍一拍爸的胳膊叱喝道："你是治咧歹啥？有話毋著予伊好好呀說！"說著她又揍到九老叔公跟前，因道："養添，無要緊，有我治這搭，免驚！啥人害你的做你說，遮的全部攏是家己人，阮攏會共你做一個公道，害你的人固定不得好死！"養和也在一旁附和道："都著呀，都著呀！姊既然都按呢說囉（姊既然已經開口了），啥人害你你毋著說出來！""哼！這搭人傷濟，毋好說話。哼！"（這兒人多口雜，不宜多講）說著九老叔公瞇著眼頑皮的笑著，活脫一個老頑童。"這句啥話呀？你就驚有予遐的人聽到咻？恁爸這陣就共門都關關起來，說！啥人害你，有治這搭無？若是治這內恁爸今仔日就共伊剮剮死！"（若兇手在這兒，現在老子就幹掉他）說著猛的把煙蒂往地上一擲，就吒喝著王龍王虎王狼幾兄弟趕快把門都關上，只見那煙蒂在地上哨的一聲，火花四閃。只見三王兇神惡煞的各自搶到各個大小門去，眼看就要把門都唰的關上。這時屋裡的人倒反增多了，人語也更喧鬧了，都是一些起初靠門外站的人發死勁擠了進來，唯恐錯過了這齣活生生的關門打狗的好戲似的。那些拜懺的師公卻全然不受外界影響的依舊有一搭沒一搭的互相搭訕調侃著。真是無巧不成雙，這時候天庭的地府的凡間的真實的虛幻的齣齣大戲都擠在這小小靈堂裡同時上演，況且人神共賞，好不熱鬧。

媽見狀恐怕鬧劇就要上演，只得及時喝止住爸"你是病矣，你治咧創啥！人老歲仔囝孫都治這搭，你有啥資格來按呢亂！"養和忙對九老叔公說："添，你有看到無！大哥遐鬥相拱，抑閣毌緊說是啥人害你矣！"三王見狀只得把關上一半的門按著，看看爸還有甚麼進一步的指示，一下子場面倒有點僵了起來。這時，無故也穿上跟媽一式一樣的孝服的張媽的神色卻活泛了起來，只見她揍到媽耳根下又故弄玄虛的不知說了些麼甚鬼話。九老叔公見此情景，也就撇了撇手道："哼！伊無治這搭，但是我知伊有叫人來偷聽咱說話。哼！"此語未畢，擁腫的張媽已矯捷地搶到"他"跟前把右手食指豎直貼到閉緊的雙唇上俏皮的向大家掃視一番，發出輕細而短促的一聲"殊"，因道："這搭人擠，您毌通閣厚話！"爸只好等待張媽再發話，當下也沒有再說甚麼，三王只好巴巴的把關上一半的門又放開了。張媽揍到九老叔公跟前儼然一副老資格的模樣問道："養添呀，你這馬感覺有較好無！"只見九老叔公把臉微仰，訕訕的瞅著那灰漬斑斑的白水泥天花，半晌，把雙眼一翻，眼圈裡只遺下陰森森白茫茫一片，又深深的呼吸了一下"嘎！這幾若工親像予火燒全款，艱苦的欲死，食也毌通食，親像誠實予人關治火爐內底，這陣卡好囉，規身軀都有力！"張媽聽著，身子一軟，不由的跪了下去，以兩掌支地，微俯著臉只往自己膝蓋看，聲音有點哽："失德囉！哪有人遮爾雄呀！伊是予人做寇的，迎弟呀，咱太子爺誠實真有聖喇！你早兩個月前做彼個夢我早共你說是三太子來報的，有影否？好佳哉咱太子爺有靈有聖予養添今仔日來出頭，若無咱養添就真可憐代囉，真正是予啥人害死都毌知影！"說著說著她的眼眶竟是又紅又濕，嗓子也噎住了。這個"十"字形的靈堂頓時悄無聲息，堂裡本來熱鬧的氣氛似乎都被張媽所掀起的這股突如其來的悲慨鎮壓下去了，連師公們有聲有息的演說此時也彷彿變得蒼白空泛。

此時，這座"十"字廳堂頂端的披紅布緞地鋪金盤綿龍鳳桌圍烏木檀案上那張彩色遺照裡的養添媽臉上那一徑容和的神態只是更見蒼涼。遺照前那兩撚幽焰在白洋蠟頭一揚一錯，也襯映得鏡框底下養添媽的臉時明時暗的，她就佇立在張媽背後用慈藹的目光審視著這芸芸眾生。"阿嫲—"我一直以來也是這樣稱呼她的，由於小時愚鈍，竟至於糊裡糊塗的，反正凡是自己所親近的又慈祥的老嫗一律統稱"阿嫲"。我最愛她做的湯圓，那湯是清清的，裡面的丸子粒粒粉紅紅圓碌碌的，甜而不膩。

　　"我知影是啥人害死你的！是—"養和的聲音就像平地一聲雷轟的一下霎時打破了四下的沉默。大紅桌圍裡的靈鳳仿彿受了驚似的，猛力趨湧出來，就要不顧死活的一躍躍過跟前黑鍋裡吞吐著的那面紅紅火海一樣。"汪，汪—"遠處傳來嘹亮而空洞的狗吠聲，聽著叫人有點惻然。"殊—"張媽示意養和不要貧苦，免得打草驚蛇。媽汪著眼吃力的道："添，你莫想傷濟，志清捌咱福建遮的做官的，害你的人固定無所在通覕！""你看你家己遮爾仔膦鳥，恁爸早就叫你母通去摸這項物件，你偏偏共我說的當做耳邊風，趁的錢母到你去趁的你偏欲，這擺予人烏食烏才知影後悔，傷晏囉！你若會當像你小弟養和一半，恁爸今仔日嘛免遮頭痛！"（我早已勸你不要幹這種勾當，若果聽的入耳，今天又怎會讓人黑吃黑，陪上自己小命哩！）爸又掏出了一支煙邊抽邊揪心的說。

　　養和趁空忙道："你有看到無？咱大的遐爾仔疼你，共你辦的遐鬧熱，欲啥物有啥物，無人親像咱遐有面子囉。"說著連忙以手比劃，指著四周掃了一掃，示意九老叔公我爸為其所做的這一切一切。九老叔公只是茫然，未幾潸然淚下，滿口嗚嗚，說不出只言片語。養和續道："你看你這個人誠實遐爾仔袂曉好歹，猶閣毋共咱阿大講多謝！"只見九老叔公臉朝地低低的"嗯"了一聲，又默然哀傷起來了。爸擺了一下手示意養和"算囉，算囉！伊既然知影毋著就好囉，代誌都已經按呢，哪有法呀！"張媽這時指著壇上祭品道："趕緊啊，遮濟日無食囉，先食了閣說啊！""我頭拄仔已經食囉！""啥人煮予你食呀？""老媽呀！老媽尚疼我囉呵！"九老叔公說著就朝養添媽的遺照俏皮的撇了一下嘴，又嘻皮笑臉起來了。養和悲哀的強笑了一下，道："老母遐爾仔老，嘛毋通閣予伊遐拖磨囉。""伊老歲仔從細地疼我，你免怨妒，伊佮老爸睏樓跤刁意故讓予我睏樓頂，三不五時伊就共我煮一碗。哼！"養和又道："你敢毋通三更半暝才叫伊煮呀！"九老叔公登時猴笑了一下，養和繼道："你就是遮的款毋改，三更半暝才來吼腹肚枵！噯，無愛閣佮你講遐的，對囉！這間大厝有婿無？大哥刁意故創予你的。""哼！真婿啊，遮隻車我上蓋愛，但是車牌號碼愛改一下，才有夠力。哼！"說著九老叔公團著拳，把胳膊高舉，成"L"形，右腳往地猛一踩，做出了戰鬥前激勵志氣的姿勢。據說九老叔公他是做跳童的，這在我們閩南見怪不怪，今天便見著了。但不同的是他背後卻流傳著一段英勇往事，當然這也是道聽途說的。話說在日據時代的一個夜晚，兩個荷槍實彈的鬼子進了他屋子一把抓住他老媽就要幹那檔子事，說時遲那時快，那一刻他驟覺全身一個疙瘩，接著便空手入白刃，搶過一個鬼子斜在腰間的刺刀，就把那兩個倒黴的小日本幹掉了。這段故傳的越開，他的聲名便越噪，最後竟吃起這行飯來。眼前這個耄耋老人的蒼白無力，恰恰映襯著窗外的月亮，那個幾十年前的蒼涼歲月。

眾人自是一陣愕然，半晌，爸饒有意趣的趨前問道："若無，按你說愛用啥號碼才好呀？"九老叔公一氣把右掌推到他面前，豎起拇指和食指，赫然一個七字的手勢，提起嗓子喊道："四條七！"爸一臉不解："四條七有啥好？咱四條八佗落輸伊囉呀？四條八大好額，戀團！""哼！四條八我佇彼片都無路用呀，愛錢阿大你燒予我就好呀，你都已經燒幾萬箍落來暫時都有夠喇，無夠我閣揣你討就好呀。我欲四條七，四條七尚緊，'兵'一聲就到，按呢我才有法去報仇！"說著老九叔公早已向養和要了一支中華煙，當他噴出那"兵"的一聲時嘴裡同時爆出海海煙圈，霎時間一切都惘惘幌幌起來。一片迷煙中只聽見爸狂笑了兩聲："婿，婿！說的好，咱相佮揣伊討命！王虎，馬上打一通電話去共車牌換去！"他們兩似乎已悄悄的在這片漸漸散開的迷霧裡達成了甚麼共識似的，都擺出一副肝膽相照的模樣。接著，又是一片默然，只見人群中不時有幾個人一起交頭接耳，發出細碎的嗡嗡之聲。半晌，養和緩緩的問："阿兄，你佇彼片需要啥愛共我說，我會想辦法去辦，知無？"九老叔公別過頭來搭了搭他的肩膀，輕輕的笑了笑："兄弟，我幹焦只有你遮的小弟，你嘛愛燒三五千箍予我！下跤遐的也愛酒也愛薰啥物都愛，辦遐的代誌需要真濟錢去楔後手，知影嘛？"說著將拇指頭和中指頭黏在一起，"噠"的一聲，一幅有錢使得"鬼"推磨的神氣，卻又帶點無奈的乾笑了一聲。養和趕忙道："明仔早起我馬上叫人去載五千箍轉來，好嘛？"九老叔公聽後滿意的笑道："按呢毋才是我的好兄弟！不而過也閣是欠一點點仔物件"說著兩指頭又是"噠"的一聲，忸忸怩怩的呵呵笑了起來。

此時，張媽忽而提起嗓子搶白道："好囉好囉！你嘛毋通遐爾仔病貪，也愛錢也愛厝也愛車也愛這也愛彼！""嗐！麗芸呀，你毋通按呢嘛，也閣是全款遮爾仔愛嫌人，都予你嫌的毋一塊好囉！」九老叔公俏皮的笑了笑。張媽笑著攤開雙手擋在胸前搖了幾下「養添呀！千萬毋通按呢說喲，我那敢嫌你呀！不過你愛啥嘛直接說，毋通按家己小弟面頭前掩掩揜揜，你遮的小人體就愛改一下！」九老叔公笑的更忸怩了，抗議道：「也閣敢說無嫌，誠實愈嫌愈超過喇！予你按呢說我那閣敢開嘴呀！」張媽即便裝出一副賭氣模樣，伸出胖手一把摀住了嘴，卻猶自從指縫裡迸出歪歪斜斜的幾個字「好！我這馬就噦噦據在你說，等一下說袂得出來就毋通閣誣賴我囉！」九老叔公這時笑的簡直有點猴了，卻聲如蚊蚋，揍到養和耳根底嗡了幾聲，立馬又縮回去掩嘴竊笑。

　　他到底跟養和說了甚麼我全聽不著，但似乎卻給媽聽著了，只見她一張臉直紅到耳根底，掄起手掌結結實實的在老叔公腿上「啪」的一聲。「哎喲！」只見老叔公痛苦的叫了起來。嚇的旁人連忙過去抱著媽，做好做歹的總算把她勸住了。媽猶自餘怒未息的咒咒罵罵道：「真正死性毋改喇！到這陣也閣咧想查某（這時還在想女人），遐爾仔大一個人你袂見笑我嘛替你見你喇！」張媽霎時笑的一顆碩大的頭顱前後亂晃，可轉眼間卻換了另一副模樣，兩眼怯怯竟抬不起似的道：「太子爺莫傷氣，伊這個人傷過份無毋著，但就是驚老歲仔袂堪得，著毋著？」說著又轉過頭去對她的外甥女道我的「小妹妹」道：「阿芬呀，緊去共恁阿母床頭彼尊公仔呀抱出來！」阿芬便一聲不吭飛也似的跑上樓去找那只小孩模樣的棉公仔去了。張媽更是煞有介事的向老叔公說道：「養添，你愛閣聽話，這馬太子爺已經來囉，袂當予你閣烏白舞（不能胡鬧），有聽到無？」接著更儼然一副「太子爺」御用使者模樣氣定神閒的點著頭向眾人捎個喜訊「這馬好囉，太子爺到底來共你養添出頭哦！」好個張媽，我就知道她這是醉翁之意不在酒的，表面上是跟老叔公說，還不是說給爸聽的！當然，論到神佛，爸畢竟也有幾分憚忌的，我想這可能也是爸媽倆如此看重張媽的原因所在。

　　媽又轉過頭對伊道：「也閣袂緊過來佮你說兩句話咿！覝佇彼片是要呢？」見伊只作聽不見似的，張媽緊忙三腳兩步搶了過去，一把將伊拘到九老叔公跟前，又是壓低嗓子對伊道：「你呀，嘛毋通按呢，畢竟伊人都過身囉！有啥話今仔日就愛好好的說，你翁是予人放符仔的，好佳哉咱太子爺有聖這陣養添才袂當出頭你知影無！」說著我們可愛的小阿芬已興沖沖的把那只棉娃娃捧到張媽跟前，一迭聲嚷著："契母，契母！"張媽接過後便遞送到媽懷裡，卻也不忘白了小阿芬兩眼"愛教你偌濟擺呀！叫阿母，毋是契媽！"那只可愛的棉娃娃我是記得的，那是媽一次跟爸一道到菲律賓探訪友人，在那邊逛商場時買的。其實，我所用這個"買"字倒是有欠斟酌的，媽常常得意的對人誇口這只棉娃娃竟是自己分毫未付便得來的，原因是那所超市的電腦系統碰巧發生故障，以致把這只娃娃誤讀為已付了款的貨物。天下那有這麼巧的事兒呢！更何況系統在讀其它貨物的條碼時都好端端的，獨獨是這只娃娃才出了亂子不成！"不得了啊，迎弟呀！這尊就是三太子囉，你也看袂得出來噫？你看這伊兩蕊眼睛遮爾仔有神，那有親像一般的公仔呀？"媽當然覺得其所言甚是，說甚麼其實自己早已經覺得有點彆扭，心裡老早倒猜出一兩分來了，倒是像黏在牙仁上的湯圓一樣嚥不下也吐不出。更其怪的是，當爸媽拌嘴的時候，張媽就要沖著爸說："志清，你嘛愛卡會曉一點仔，迎弟是帶天后娘娘交太子爺兩尊佛的，已經有夠忝囉，萬代誌愛閣相讓才著。共你說喇，咱娘娘好鬥陣好說話當然毋要緊，見若遇著太子爺就無全款囉，伊是囝仔脾氣，也是神佛，咱愛卡吞忍淡薄，聲嗽嘛愛卡好咧，神佛才愛共咱保庇，知影無！"媽神色頓時有所緩和，輕輕的拍了拍伊胳膊，說道："人都講一夜夫妻百夜恩囉，毋著好好的佮伊說。"伊平日的活潑此刻早已蕩然無存，那只在媽懷裡搖搖晃晃的棉娃娃倒更見精靈。

"隨在伊哦，我看伊是欲去另外嫁一個卡好的！"九老叔公憤然的撒了撒手道。這句話有如劈面一拂冷風，鼻腔頓時如悶水裡，爆出一陣陣冰寒酸澀之感。爸睨了他一眼，示意其不要動輒說些沒體沒臉的話。媽倒像是自個兒吃了啞子虧似的，但又不能跟啞子一樣若無其事的嚥下這口惡氣"遮爾仔無良心的話真虧你會說得出嘴，恁遮的查埔全部攏全款，家己伫外口耍查某耍無夠，轉來厝內再閣冤枉東冤枉西。恁某嫁到你就真可憐代，這一路來佮你艱苦拼家，嘛無得到啥；你幹焦會曉去開查某去暢！"（你們臭男人都一個模樣，只會在外頭玩女人，回到家又冤枉抱怨自己老婆，我們這些女人真可憐）說著媽又別過頭去推搡著伊，吃斥道："你嘛毋通親像木頭全款，都啥物時陣矣？問看伊有啥話欲交代無，做翁某的有遮生無下世，會曉得毋！"（你也好歹說句話呀，做夫妻的有今生無來世了，知道嗎）說到最後更是哀哀的。一徑呆滯木訥的伊卻迸出了一句："伊都愛佮外口的痟查某死歸堆呀！這陣拄仔好應伊的願囉，敢毋是！"九老叔公這下子可暴跳了起來"我遮爾仔艱苦伫外口拖磨你想閣是我家己愛呢！我攏都是為了趁食，為了你矣！"伊只是冷冷的啐了一口"放屁！"這一下子那邊場面霎時僵了起來，可老成持重的張媽總是為大家都鋪定了下臺階的"噯！怎看，小翠遮幾工無暝無日嘛真忝囉！也毋捌聽著伊哼一聲，真是予人袂嫌的。"接看她知情識趣的對著媽打個笑揚聲道："太子爺呀，你愛保庇予怹兩個下世人閣做翁仔某矣！"說著便雙手合什向媽輕輕的作了幾揖，媽領會其意，也隨即雙手合什，把懷裡那棉娃娃的左邊身子掖在胳肢窩與左脅之間，呢呢喃喃的唸著，其後欣然的對九老叔公道："養添呀！緊去拜一下三太子求伊神明保庇咱哦！"這時，聽得"噹啷"一聲，隱約看到一枚色澤黯淡的袁大頭從媽媽腋下的"太子爺"肚子上的"百寶袋"裡掉了出來，只見小妹妹阿芬淘氣又別扭的對張媽笑道："契爸予我的！""也閣叫契爸，看我等一下剝你的皮！緊共銀角仔掔起來走去阿兄彼爿，毋通閣佮我孿潲！"說著張媽又喜氣盈盈的別過頭向媽讚道："早幾日伊老爸媽就共我報夢，你看這個囡仔佮咱太子爺真有緣喇！"說時遲那時快，通身絳紅的小阿芬早已把地上那枚袁大頭揣進褲袋子裡，繡球兒般滾到我腳邊來了，然後悶不吭聲嬌的的一頭栽進我兩膝間去。

　　形如雄獅吼聲也如雄獅的哮天犬並未大呼大吼，只是磨牙霍霍的等待隨二郎一聲令下而來的一場惡戰；似乎就是祂也能嗅出站在對面的可是當今三界六道裡裡外外最當時得令的哪吒太子。面對著這場一觸即發的惡戰，手握三尖兩刃刀的天下第一戰神二郎真君的三隻神眼似乎只會呆怔怔的望著三太子那身裝束；看那小子面如皓月，目若明星，頭頂束髮嵌寶紫金冠，眉勒二龍搶珠金抹額，身穿朱紅五彩繡金雲紋祥瑞圖案寶藍繡金箭袖圓領袍，外罩石青起花八團倭緞排穗褂，足登青緞粉底小朝靴。倏地那圈金抹額變作一道金光緊箍，那通身的衣飾都幻幻化化的，甚麼白綢暗花交領中衣，鎖子黃金甲，鳳翅紫金冠，大紅繡金緞面腰帶，藕荷褲子，藕絲步雲履，項纏金螭纓絡，五色絲縧上系著偌大一塊閃爍爍明燦燦的人間至寶兩花石。只見祂們一個黯然失神；一個神悉飛揚，倒是未動手已見三分勝負似的！太子胸前那兩花寶貝不單神光紮目，更是紮得二郎額上那只慧眼晃晃發眩，羞恨的祂咬牙切齒，心內就像生了個礦兒不斷打圈，暗盤著究竟要用甚麼字詞來呵責這趺扈的黃毛小子一頓來壯壯聲威呢！不期然嘴裡卻迸出了一句："老猴閣怎樣穿啥毋成太子！"這句話猶如失控飛弦，就是二郎自己也暗自吃了一驚。其實，若論武功祂堪配天下第一戰神這震古鑠今的名號，況且身邊又有個驍勇善戰的哮天犬，哪吒功力雖高，但若真的跟二郎動起手來恐怕是佔不到任何便宜的！可君不知二郎此時此地的處境簡直可以用失理失勢來形容。失理當然是眼前佛塔一事祂因妒嫉而致口舌招惹哪吒在先，在天界這個戒律如此森嚴的社會裡這便是大罪一條；更甚的是現在哪吒端十分得寵，出入朝堂儼然一副玉皇王母乾兒子的模樣。二郎對此心知肚明，若真個的動手不單止自己沒有十足把握去應化太乙真人授予哪吒的繡球兒和九龍神火罩，要知道那裡頭的萬千妖怪和三昧真火豈是好嚐！更甚者或有可能演化成一場曠日持久的戰爭，而且肯定牽連甚廣！試想想那幾個一向與自己交情還可以的好手如巨靈神，牛魔王，哼哈二將，甚至此時此刻藏於南天門內對祂們進行監視的千里眼和順風耳十有八九必然會因勢利導而倒向對頭這個黃毛小子那邊去，就是身邊這個怯懦的患難之交雷震子難道就敢站到自己這邊與玉帝紅人為敵嗎！畢竟自己在凡間的人氣已遠遠不及往日，要是在五百年前，哼！

儘管哪吒太子氣焰如此炙手可熱，那顆心又是如此剔透玲瓏，二郎所憚忌的祂早有所料了；可就是哪吒也有哪吒的顧慮，雖然已搭起架勢，對於動手與否祂卻未敢存絲毫托大，要知道今時今日的哪吒再也不可能像當初那個兩手空空的黃毛小子那樣凡事不顧後果就拼死命往前衝的。儘管眼前這個落魄二郎地位已今非昔比，可畢竟祂功架尚在，何必要為一時意氣而打上這場無把握的仗呢！再說若此刻真的不顧自己尊榮與這傢夥廝打起來這樣無異以玉擊石，即使僥倖獲勝恐怕也是得不償失呢！試想想要是太乙師父得知自己用這些法寶來對付眼前這個"家己人"二郎神而不是去斬妖除魔的時侯，祂老人家當作如何想呢！更何況再怎麼說二郎畢竟也是玉帝的姨甥，自己再怎麼得寵橫豎也不過是契団罷了！誰知那神罩裡的神龍不單法力高強，而且極通靈性，像與主人心有靈犀似的竟都察覺到了眼前潛在的危險，頓時蠢蠢欲動，身上都發放出異常扎眼的精光來。那邊哮天犬生性好強，深諳輸人不輸陣的道理，猛朝神龍狂嗥，哪吒太子冷不防這一下，突突的吃了一驚。「哎，太子爺也毋是你這隻烏焦瘦的老猴，哪會驚哮天犬呀！」一位長得頗像個人物的師公調侃著身邊那個猴模猴樣的同伴說道。「哎，哎！你這個人哪按呢呀，人咧講古你嘛毋通佇咧插喙插舌！」太子爺無由來的吃了這一驚，可引得滿廳鄉裡們搖頭吐舌，哄然大笑。這下可了得，要知太乙真人那些神龍是一貫威武慣了的，那裡得下自家主人吃這個虧呢！於是龍老七睚眥「蓬」的一聲，一團火熱的三昧真火便朝那頭孽犬奔過去了。在這風馳電掣之間，好個二郎迅捷的把手頭三尖兩刃刀一歪一撥，那團火便打雲海直墜凡間了。二郎暗覺虎口隱隱作痛且通身不舒暢的猶發著熱，祂這下可知道三昧真火的厲害了，暗忖著要真個的與那只惡豺纏上了可不是玩過過家兒那般簡單的！好個睚眥正急於立威，那裡理得站在對面的是天下第一戰神二郎真君，見一擊不中，便欲再唰唰唰再射幾道三昧真火，好歹要讓那只孽畜見識一下自己潛心修練千百年的真火威力！那睚眥的火爆哪吒是明明白白的，怎能讓牠再放肆呢，自是下死勁的將之掣住了。那邊又見二郎必現出極為克制，心下怒火早已去了大半。

擅於鑑貌辨色的雷震子怎麼會不懂眼前形景，便做好做歹的都勸住了祂們，其實也不過給二郎和哪吒雙方都有個下臺階罷了！誰知這邊一波未完，那邊一波又起，真好個無巧不成書的，方才睚眥噴出的那團三昧真火，被二郎用天上真刀三尖兩刃刀給撥到了凡間去，恰好撞上了二郎那座佛塔，不死翁早依二郎之言鑽了進去，這下子又逃不出來，只好眼巴巴的任由火燄吞噬了！那知道絕望之中他還是本能的呼號著，奢望那些不肖子孫來打救哩！事情演到這裡本該就跳出一位慈悲大仙用甚麼仙水聖水來打救之的，可老天又因他陽壽已盡不便逆天而行的去打救。至於那些子孫呢！通了人事的一個個都知道折損陽壽的利害，情急之下早有幾個已一巴兩巴啪啪交響的打得自己膝下那些未通人事的小傢伙先哭喊起來，其他的看見了也就個個依樣畫葫蘆，當然，施打者自己也傷感得嘄啕悲慟，哭得比那些小傢伙還厲害呢！「我母呀，我爸，毋爸通來囉……」那道這佛塔可是仙家的真寶貝，在三昧真火的烈燄猛焚之下竟分紋未動，但不死翁不過血肉之軀況又年事已高，早感酷熱難耐了，再者那些從萬年檜木窗櫺外侵入的濁煙早已薰的他一雙眼金星亂舞，整個人晃蕩不已！

那些火雖暫燒不動那佛塔，可反燒的跪在周邊圍看的孝子孫們一個個心焦煩躁起來了，他們大概都暗自忖度著"還都是天上下來的真火呢，怎麼就燒不動這蠢物兒？難道這，這個竟是甚麼仙佛的寶塔不成！"幸好他們中間有幾個明白人都低聲點明道："雖說這火燒不進去，難不成憋在裡面就熱不死悶不死他的！"眾人都聽明白了，更愈發提起嗓子繼喊"我母呀，我爸，毋爸通來囉……"那聲浪一陣蓋過一陣，竟好比長江後浪堆前浪的一般。

不死翁在裡頭只覺有百般難受，掙紮間猛的瞧見跟前一幅偌大無比仙氣醉人的碧紗櫥，只見那"軟羅煙"上頭染的圖案不斷變幻，竟幻化出自己一身的種種形景來著，及後恍惚間又好像看到一座九蓮菩薩，在招他似的；眨巴兩下，似乎只是一盞閃閃生光的蓮花燈，莫非就是傳說裡的寶蓮燈！那可了不得，據說經袍一照就是豬狗畜牲也可以馬上羽化的！只見那底部的須彌座不斷自旋，淡紅的花瓣煙煙影影，大有逍遙紅塵之姿！天地疊澀媚媚的逼出富貴不斷頭的對對回紋，那妖妖回紋又彷彿精氣在蠢動著，毛毛的蠕脫出一隻只生生不斷的團壽符號。覷著睨著可又像那催生萬象的八卦爻號；乾三連，坤六斷，震仰盂，艮覆碗，坎中男，巽長女…

其實老眼昏花的不死翁倒也沒有看走眼，眼前那盞寶貝的確是寶蓮燈，可卻斷不是聖母那盞貨真價實的寶蓮燈，只不過是托塔天王李靜吩咐一批能工巧匠仿製出來的罷了。這背後可是有段緣故的。話說李靜三子哪吒因承玉帝天恩便恃寵生驕，睥睨一切，也因此無意間與二郎神結下了樑子。二郎也蓄心藉機羞辱其一番，以挫其銳氣，展己威儀！於是乎二郎便向這個與兒子貌合神離的父親李靜借下這座曾收伏過哪吒的如意塔；不過，條件是只讓他觀摩一下這盞開天辟地的神器寶蓮燈而已，決不外借！

瞬間只見菩薩和蓮燈也沉淪於漫漫迷煙之間了，耳根隱約聽得外邊傳來的嗡嗡悲音，好像有人在母呀爸呀的喊著自己似的，也難為那家孝子賢孫們，他們端的要哭冤了菩薩好把老爸遣返陽間樂敘天倫呢！

"哼！怎哪無唸我的名，哪無唸我的名呀！"九老叔公近乎是從鼻孔裡把那幾個字雜雜碎碎的哼出來似的；實叫人難以聽懂，也教人聽著難受！一旁的養和只是耐心的安撫著他"你嘛好等一下，師公這陣先叫老爸老媽的名，等一下怹就自然會喝你的名，好毋！"果不一會，那位猴師公便喊道："龍湖鎮—賴養添—"這座鎮的名字我不知道，也可能只是霎時忘了，只見九老叔公一臉如釋重負的模樣，雙眼輕輕的闔起，深深的籲了一口氣，然後那張老紋滿佈的臉上隨即綻放出童稚的憨笑，朝著那猴形猴相的師公豎起大拇指，嘴裡一徑嚷著："哼，這個師公真厲害—"養和馬上附和道："當然呀，這個師公是咱阿大請來全晉江尚好的！"誠然，這大廳裡也不乏些年紀長的有見識的，自是都附著養和點頭稱道起來。

當然，師公再厲害也是比不上高高在上的太子爺的，九老叔公最後也就少不免要依了媽和張媽到三太子跟前拜上幾拜，一者要感其讓自己"出頭"的恩，再者也代表了已往生的和仍在生的親人們向太子爺祈求添福添壽，到這裡大家可能已暗自納罕"在生的人祈求福壽自是稀鬆平常，但那死去的還要這些作個屁！"也說不定是我庸人自擾罷了，要知諸君怎會如此不通我們的人情義理呢！中國人社會裡，陰間陽間裡的世故人情原是相通的。

論理，承著哪吒太子重如泰山的恩澤，少說也要三五七拜，還要磕上幾個響頭哩！可九老叔公委實年事已高了，到底崇敬神明本是發自內心，一切外在行為也不過是擺擺姿態的儀式擺了，可免的就該蠲免，況且張媽早已滿心愜意的迎了上去一把攙起九老叔公，紅紅的火光頑猴一般正潑纏到他們身上。二人背後那面紙厝也迷迷離離的起了火。

那火愈發毒烈，濃濁濁薈煙虵紮，一隻只騰空而起的焰蛇一般，好像要把人間的紅樓金夢都封攏起來燒個精光似的，那黃花梨回回錦紋方桌，紅木西番蓮紋插地屏，青花將軍罐，萬年檔木窗櫺，幻影軟羅煙，琴簫嗩吶二三弦，瞬間不過成了春夢一場啞煙灰！圍著這陰火白通通一圈孝衣曳地的男親人們一個個恍如野鬼似的都一副喪喪哀哀的臉面，間或有一兩個掄著長竹往火裡去挑那袋袋堆疊如山的紙錢的，焦煙雜著紙灰都往男親的眼裡鼻裡嘴裡耳裡甚至髮際裡送！可這些皮肉之苦比起這箇中的大意義來又算得上甚麼呢！我們正在用血肉之軀來捍衛著那業已成灰的金山紅樓，以防周圍那些看不見的真的孤魂野鬼來搶，這就好比闊人的陰森森的深門大宅，銀行門面鬼差一般模樣的警衛，都是用來防止動了邪念的赤人來搶掠的。呆一瞥大厝左邊的側埋，昨夜的玄壇似乎拆去，那鋪金盤龍錦緞桌圍和旌旗上佈著的暗燈光兒般的月暈脈絡彷彿都作夢幻泡影了。看來昨夜對玄壇後藏陰司之疑並非全然是子虛烏有的，那邊的人都眼睜睜瞅著我們這羣孤默默的白衣野鬼，一時情擾心扉，連日來一頁頁的送草引魂安壇朝靈請神牽椿普示進表打城勸願都似蒙上了幾張薄紗般的舊信箋似的，恍如隔世。

通身鮮紅滾圓活脫一團火繡球兒的小阿芬早已聯著幾個小孩在火的那邊起哄似的亂奔亂竄起來，更有兩三個拋起麒麟來的。養和只是呆愣愣的望著眼前這一切，然後癡癡的吐了一句："遮的囝仔後擺大起來攏都五五二十五哦，哪閣有人會曉共咱公媽燒香拜拜呀！"無意的話總碰著有心的人，隔著火的張媽彷彿聽著了似的，立馬從火焰裡把小阿芬一把扯將出來，然後兩手緊緊的將她攬在膝前，爆了一句："啥說的！恁都是咱神佛公媽保庇大的，呵！"那句話飄到我耳邊，又好像隔了幾代人似的。

紅的白的黑的神佛面都輕輕的朦上了一層灰灰紫紫的薄紗般的神香煙，飄飄繞繞的神煙根都連著星星淡淡的橘紅火苗，像舊時老月灰飛煙滅時濺落人間的流星點點。穿過這遠年的流星沫和薄紗背後，倒是俐俐落落的一雙雙肅穆莊嚴的佛眼，那些正經八兒的眼神實在冷得有點不近人情，難道祂們這一向都是冷冷的默然的對著這些年來發生在這些虔誠與不虔誠的人之間的故事嗎？

神龕底下一個當歸一樣的女人正默默虔虔的跪著給祂們磕頭，那邊的煙香味不消片刻便瀰漫著整個淺窄的客廳了。雖不過下午時份，這所位於筷子基的單位客廳早已黯暗不堪的非要借燈火光來撐起一個舊歷新年應有的迎客氣氛不可！一來春節期間澳門的天色一向鉛灰灰，愣沉沉的，至少在我腦海裡的印象如是，說來實在教人笑話，一個長年居住澳門的人竟要以"印象"來察看其天色，但不管你信不信，久住這裡的人大約都不免練成了一種自然的慵懶，有時候真連大廈頂上那縫窄窄的天也懶得抬頭看的！再者這裡不單高廈林立，且街道也較為狹窄，一種小家氣的星羅棋佈，因此大廈之間樓望樓，對面人家的活動大家都相互清晰可見的。

在一張半新不舊的黑皮沙發上與我挨肩而坐的媽操著一副春氣盈然的腔調對著那當歸樣的女人的背喊道：“著啊，冬梅呀，年兜拜神佛，保庇咱興旺大發財啊！”說著便哈哈的笑了出來，那哈哈笑聲好像在冷冷的空氣中給凝住了，良久還未褪去。只見那一身幹瘦瘦，土呆呆的冬梅阿姨兩肩兩膝上上下下的擺了幾下，浮浮沉沉的站了起來，一面把手上三炷香又插到那金色的小香爐裡，一面也背著媽笑著回道：“神佛保庇一家平安順喇！”那話音一落，小廳裡的空氣頓時又沉寂起來了，臨街的店面都關的七七八八，顯得街上一副冷冷清清的，倒是遠遠近近那不時的炮仗聲還能讓人約模聯想得到印象裡應有的春節之感！可就連這一陣爆似一陣的豁喇喇劈叭叭的炮仗聲一落到這無盡寂落的空氣裡去，都不免泥牛入海的，過不了一會，還不免回歸空虛。稍為可喜的是當你調開電視機，裡頭那排山倒海的廣告裡的新春背景樂與川流不息的電子化的炮仗聲還能稍為驅趕片刻的寂寥，可恨的是，時間一長了，就連那電子炮仗聲聽起來也變得跟那不時從周邊單位內丟出來的麻木的炮仗聲一樣，簡直就成了它們的回音，一陣沉似一陣，悶悶的都往胸口壓將下去，端的教人聽著發慌！

昨晚與伊並大夥兒在大屋裡頭一夜耍樂，早上那裡起的了床，俟將午間，突接來媽的電話，才糊裡糊塗的穿衣踏鞋，徑自一路回澳來待命的。伊當然一大早就接到媽的吩咐不辭而別的自行離開了，半句話也未曾留下，還教我白摸了半日哩！此刻當然疲乏沉悶不堪了，眼皮也重重的，只是自顧自的賞啜著白瓷杯裡的鐵觀音，把那杯子舉到口邊後又摺到玻璃矮幾上，反反覆覆只是小口的吮，爽性金口不開，連客套式的答腔也一概省免了。又百無聊賴的呆呆地用指尖去摳褲叉下沙發那個指頭大的開口，把裡面黃白的棉絮挖個又挖的。媽像是吞忍很久似的，終於發作，啪的一聲在我右手背上就是一掌“死囝仔巴呀，你毋真手賤喇！千吩咐，萬吩咐，叫你今仔日著穿卡好的，就是毋聽，你看裝呀有親像人毋！你彼個阿姨嘛真是的，叫伊佇遲你彼搭就是愛共你顧卡好厘，伊毋倒佮你咧拚喇！”

畢竟我已年過弱冠，而媽這一頓話又實在與訓斥頑童無異，霎時羞的我無地自容，一臉熱辣辣的。這時坐在媽對過的洪柏叔又灌了一口茅台，便隨手把那隨處有售的劣質茅台酒瓶哐的一聲擱在那霧花滿佈的玻璃幾面上，然後不冷不熱的接腔道：「少年家也閣俗咱大人遮爾仔照起工就真稀罕囉，也閣嫌！」說著又把淨空貽盡的酒瓶擎起來作勢往口裡海海一送，然後又是空瓶碰玻璃的更大的豁哪一聲。媽只得"呵呵"的擠出一副僵硬以童稚的笑容以對！洪柏叔便是舅舅那位結拜兄弟，因這層關係他跟媽也就自小認識，可能由於那些年他對舅的照顧，媽對這位老朋友總是一向恭恭敬敬的，要知道我們一干表兄弟姐妹們背地裡只管叫她"老佛爺"哩！

我也只有對洪柏叔報以忠厚的憨笑，然而不知怎的我並未直視其容，只是不知所以然的睜睜的睞著幾上擱著的幾只紫砂品茗杯。奇裡奇怪的那幾只杯好像漸漸圍攏成一面小潭，杯底內圍暗黑的玻璃面就是那神秘的潭水，潭底下赫然浮出一副蒼老倦容，那角度彷彿是置身潭底朝天望似的，一對嶒峻的觀骨被突突的放了出來，朦朧的臉，鼻和眼；那雙眼似乎正朝神龕方向望去。

冬梅姨正直挺挺的站在神龕底下，身上那襲土氣的駝色羊毛短呢外套正泛著毛毛的光，碰巧她也在瞧著洪柏叔，眼裡卻是一副怪怪的神情，好像在盯著品茗杯旁那幾瓶茅台；可瞬間卻換了另一副臉面，笑迎迎的裝著向媽抗議道：「招弟呀，我說你嘛毋通傷過嚴囉，像阿帆遐爾仔將才閣有孝的少年家，這馬哪有地揣呀！」說著已忙不迭的端來一隻大紅平金牡丹塑料糖果盒，一把送到媽和我跟前笑吟吟的說：「怎說我哪會遮爾仔無頭神呀，人客坐遐久也袂記得招呼一下！」接著便挪開盒蓋，"來，招弟呀，阿帆呀，來甜一下！"那盒子裡的零食可算是琳瑯滿目，只是我小時候就全都吃膩了，所以並不怎樣感興趣，只是隨意拈起一根牙籤，把一枚蜜金棗送到嘴裡，便覺膩的牙根隱隱痛，竟不由的骨哪一下把一整枚棗子圇圇吞了，噎的我忙灌了一小杯茶。媽卻一把抓起了小撮西瓜子，自顧自嫻熟的嗑了起來。

當我跟前那只空空的品茗杯還在守候著相距幾個蘋果之遙的呼呼呼呼冒著怒氣的電水壺時，桌上共三來只的空的滿的茅台瓶早已不見蹤影，可中心處卻突兀的多了方才冬梅姨手上那只塑料糖果盒。洪柏叔似乎透著點不耐煩的乾咳了幾下，便混身別扭縮肩彎腰的往幾底架子窸窣摸索了一會，終於抽出一疊薄薄的報紙，那疊翻舊了的灰紙似乎湊雜著近幾天刊印的澳門日報，雙臂在胸前左右橫拉，一張展開了的報紙霎時遮去了他大半的臉，只剩下一雙雜亂眉，紮捲乾粗的黑髮和薄薄的骨額。到了這下子我才恣意的掃描起這張砥舊磨殘的上三分一的臉來！

"怎看澳門遮的筊場趁的錢真驚死人喇！欲翻千億起來囉！"（大家看澳門的賭場殺錢真兇狠，賭收已過千億了）洪柏叔隔著報紙拖著那粗粗沉沉的嗓子徑自喊著，可報紙並未隔絕他那嗓音，反而將之散溢開去，狹小的客廳頓生一陣空泛。媽接道："都是大陸人交香港人來筊的，若毋是，規澳門的人輸了了嘛無夠楔遐的筊場的嘴！""大陸人呵——"說著洪柏叔稍一停頓，雙手一沉把報紙攤在大腿上"這陣人咧筊攏是一下幾百萬歸千萬的數仔咧簽的，一暗輸幾千萬的濟呀吼爸！遮的頭家加加嘛趁焦！啊，志清這氣敢真無閒，我佇貴賓廳彼片上班都毋捌閣遇著伊囉呀！""伊這陣都倒去佇福建囉！""一個年兜毋按澳門，煞倒去佇大陸一下！""伊都若像說佇彼屆毋知咧做啥物碗糕委員呀？規日無閒呀欲死啊！也毋知伊咧無閒啥？"說著她把掌心裡的瓜子殼輕輕的丟在玻璃幾面上，便又往糖果盒裡再撈起一把瓜子。洪柏叔倏地雙眉一聳，忽如兩只躍起的毛蟲，逼著點笑祝賀道："怎志清誠實真喇！也做頭家也做官，這陣真真正正大無閒人囉，袂怪得連來坐一下都無閒囉！"雖然印象中好像跟洪柏叔也見不了兩次面，但只消看一眼你便能感到他是那種任你癢也不會笑出來的人。媽頓時把放到嘴邊的手收攏下去，瓜子也顧不得嗑了，忙笑著唷了一聲佯裝向冬梅姨抗議道："冬梅呀，你嘛著管管怎洪柏一下！都遐爾仔濟年老朋友囉，也閣說一寡有的無的來蹧躂人喇！舊年彼屆佇咧做普渡按怎都請你這個翁婿袂到，加一站呀怎同鄉總會彼片毋知說欲辦啥物華僑聯歡會，到時陣都若像說請也濟香港交大陸的演員佮歌星去鬥鬧熱啊，志清伊嘛真數念你，特別吩咐叫你著去，遐濟年也毋捌看你一跤跡踏入去同鄉會一步抑是佮咱一寡老朋友坐一下喇！"到了下半向媽已然別過頭對著洪柏叔說了。只見洪柏叔探手到胸前衣袋裡摸了幾下，又瞥了冬梅姨兩眼，然而還是對媽說道："志清伊閣捌遮濟大歌星呀？"閣了一會又淡淡的像是自己跟自己沉吟著：

"到時陣全部攏都是好額人大頭家，我遮的無路用人才毋愛去鬥遮的鬧熱哦！"（那麼多大老闆大人物，我這個無用的閒人去幹甚麼哩）

常言道人生不如意事十常八九，就是說這裡的"八九"都套用到了洪柏叔身上也不為過的；回歸前在樓市投機上的失敗加上幾年後又被兒子捲走了貴賓廳老闆存放己處的千多萬元款項，還好洪柏叔這一向轟轟烈烈的處事為人早替他贏得了那些閩南老闆們的信賴和倚重，債務一事是可以"慢慢說"的，但他當然得替老闆們幾乎無償的工作和"揣客"。自此，洪柏叔便沒年沒月的為那筆債務"拼性命"了，過度的疲勞與焦慮使他整個人都脫了形，真不敢想像眼前這個骨瘦嶙峋氣頹神敗的男人竟會是媽口中從前那個魁悟神武的洪柏叔。自從在養添的喪禮上見過他以後，我便藉機老纏著媽打問關於他的一切，媽當然抵不過我嘮叨不休的纏問，終於皺著眉頭還不時罵罵咧咧道："你喇遐雜呀"，但到底還是有意無意間一點一滴的向我透露了他的故事。

看來媽對冬梅姨的抗議收效甚微，她也就不得不對洪柏叔的話裝出一副不經意的表情，可她又按捺不住了"你看你幹焦愛說一寡有的無的，共你說喇，這擺若無你鬥相共共禪客社遐的唱南音的人請出來，養添恁母仔囝這條代誌嘛無才調來辦夠這款場面！"洪柏叔忙皺起眉哎哎連聲又擺了擺手道："這條代誌佮我哪有相干呀！都是老程面子夠大，毋才有法度共恁請請出來。"坐在旁邊的媽好像知道我腦子裡在想甚麼似的，便笑了笑指著洪柏叔向我說："這個洪柏叔交你彼屆彼個契爸都仝款誠唱南曲交搬大戲喇！恁養添姨丈這條代誌嘛是靠伊咱才有法度共歸個禪客社請請出來，遐的人是你用錢都請袂得出來的，養添按呢嘛算真達囉！"說到最後媽臉上的笑容也收斂了，一雙眼愣愣的瞅著前上方的天花，卻是有幾分哀戚狀。

洪柏叔把右手握成掌狀，抵到唇前不輕不重的乾咳了幾下，只是對著在一旁忙著揮掃的妻子微帶抱怨道："正月年兜人客來坐坐，你是倒咧無閒啥潲呀！"冬梅姨忙對著媽陪笑道："連鞭就好勢囉，招弟呀，恁先閣坐坐等我一下，喉焦家己泡茶起來飲，千萬毋通細膩呵！"說著她又呵呵連聲的沒入走廊裡去了。偏逢這種場合，她倒愈發興興頭頭的忙著清潔打掃，洪柏叔該有點惱了。媽先是訕訕笑了一下，又替她打完場道："阿柏呀，你看怎某遐爾仔清氣相，共你歸厝內挈呀遐屧貼喇！"洪柏叔早已點起了一根中華牌香煙，我霎時感到煙霧後那雙陌生的眼正不住的打量著自己，半响，他只是冷冷的緩緩的點頭說道："迎弟呀，怎洋帆交招姐生的遮相全呀？"媽倒是把我端詳了一會，輕輕的啜了口茶，一字一字的對著洪柏叔道："也濟人都按呢說呀！"（洪柏叔說我跟招姊舅舅長的相似，媽附和著很多人也是這樣講）

洪柏叔起勁的籲了口煙，泛了點興緻的沖著我連珠地說："你知往過我交你阿舅是兄弟阿輩，定定相伴去病相伴去唱大戲毋？也閣有一個你嘛捌的，叫嚴肅！"我知道他是在指契爺嚴華的弟弟，可不知怎的只張了張嘴，竟吐不出半句答話來！這時冬梅姨早坐到我對過的那張老榆木沙發上答著腔硬笑道："怎三個尚愛病三國演義喇，啥物桃園結義，三戰呂布，火燒連營囉，物啥碗糕都有通舞起來啊。也笨儕，也愛唱，真毋知見笑喇！"話未說完她已是咯咯笑個不停了，可那笑聲不知怎的叫人聽了一顆心就像車過坎兒似的，哱嘞哱嘞，她眼睛上的紅根就像輪子刮過黃泥地留下的軌跡。

"你是捌啥潲呀！"那股裊裊娜娜的煙霧倒把洪柏叔的精神蕩起了三分，連僵臥額底那兩紮毛茸茸的粗眉都要聳動起來了，續道："洋帆呀，怎阿舅彼陣仔嘛真好笑！攏相說好勢伊就是黑張飛囉，也閣一直叨欲做關公喇，哪有人按呢呀！"我早知道關帝一位是由契爺弟弟嚴肅佔去了，就論長相論年齡也該如此。舅舅雖然長的俊，可排資論輩還只剩下黑張飛可當了！可我還是打了個岔，明知故問起來："叔叔呀，彼陣啥人教怎唱大戲呀？""呵，就怎契爸老程的丈人洪仔師囉，彼站時咱三個都若像七月半鴨仔哩，哪知死活呀！也毋插潲伊是啥物唱黑戲的，定定去伊厝內偷偷綴伊學彼陣尚紅的無鑼無鼓搶盧俊義，三氣周瑜，三英戰呂布喇！會記得彼陣伊也偷掩一尊相公爺佇厝內，後尾大隊的就誣賴伊是啥物…現行…反革命份子，伊彼個性地哪有通據在人掠呀！遐的當權的就活活共伊燒死佇厝內，含彼尊相公爺嘛燒去。聽說彼幾個燒神佛的後擺囝孫嘛死的真慘！"（據說那幾個燒死洪仔師和燒毀佛像的好衛兵子孫們都沒有好下場）好像聽說那位洪仔師曾經師承大名鼎鼎的"紅毛語"，在臺上儼然神明顯靈變出來的活關公一樣！我本是想再問一些問題的，可是腦裡卻恍恍惚惚的浮出來一副帝爺盔，臥蠶眉，丹鳳眼配重棗臉；一盞舊的泛了霧花的磅燈，啪嘞，蓬─火燒竹茅的聲音！

洪柏叔見狀，便自嘲的道："怎看我都說說一寡有的無的！"接著便把手丫子裡的小半截煙往玻璃煙灰缸的邊槽上揮了兩下，灰白的煙灰頓使缸底冰冷的茶水又暗死了半寸！可洪柏叔一臉半笑不笑的又續道："怎兩個誠實！人都佇咧演火燒連營囉，哪也閣有關羽交張飛呀！遐兩個也硬迸迸欲殺出來！"他手上那根煙蒂此刻彷彿通了心性似的，一下一下的在透明的邊槽上敲著，竟有點像和尚在敲木魚。

冬梅姨偏又插口道："莫笑人！你家己都袂偌好，做劉備做的手頭的嬰兒都差一點仔摔倒佇塗跤！"那知洪柏叔竟氣呼呼的搶腔道："歸去摔摔死卡好呀，卡免佇咧害人！"冬梅姨臉頓時沉了下來，有點難看，嘴裡似乎喃喃哼哼的駁了幾句。霎時間，我有點意會過來，心裡竟暗暗的讚同起古人那句老話：慈母多敗兒！雖說我自小總是恨不得有個大慈母的。媽當然也機動的笑笑迎地打了幾句圓場。

咇嗚…沙…，"你看，你看，我哪遐無頭神呀，（火君）湯（火君）呀都袂曉禁火喇！人客來坐坐也袂曉煮一寡來食。"她竟有點自言自語狀，匆忙忙就要一頭栽進走廊裡去似的。媽連忙接腔道："都老朋友囉，也閣客氣啥！"媽一句未完，冬梅姨老早溜進廚房裡去了。媽也只得把眼睛得大大的，對著洪柏叔帶笑抗議道："怎某真厚禮數哦！"之後無非又是把談過的話翻來覆去，媽向來話不多，很少像今天這般無話偏找話來說的。

片刻功夫，整個小廳裡便充斥著那股難嗅的四物湯氣味來了。不要說如此這般嗅著，就是腦海裡哪怕想了那麼一想，我也會本能的皺著眉，尖一尖鼻子，差點要吐出舌頭來。偏那貧嘴張媽就日日熬夜夜熬，怕連她氣不忿時七竅裡生出來的煙都要沾著那股四物怪味來。說實話，雖然我不會抽煙，可我倒更願意去嗅嗅洪柏叔那股煙臭！當然，這下裡他們的對話我是無心理會的，便無聊的扭頭轉目，方才進門時玄關上那雙棕色女過膝長靴又無端的闖入眼簾；決不像是冬梅姨這把年紀會穿的，那麼是"其她"人嗎？

　　窗臺那邊赫然一盆青白瓷水仙花，幾株水靈靈仙姿綽約晶黃瑩白的漳州水仙就鋪印在那麼一幅土俗呆氣的石屏街景上，真個的大傷雅緻。往下一瞥，那盆肚上飄飄灑灑的飛著上下兩行"猶似不忘君，垂頭情脈脈"。不知怎的，卻無端的叫人想起小媽閣裡幾盞仿古燈上的那些碧瑩悽愴的瀟湘竹來。那一泓碧清明澈卻沾不著日光的湘江愁水……

　　"問君能有幾多愁，恰似一江春水向東流！"一把清翠嬌柔的女童聲忽突從廊間小房裡喊出來。"雪，同你講咗幾多次呀，讀書唔好咁大聲，仲有五分鐘先可以出嚟！"冬梅姨一腔別扭的白話隨著那股四物湯味發散開來─都氤氳著濃濁的"閩南味"。

　　"媽，已經三點半了，我全部書都背識晒喇，唔信你問嚇媛姐姐！"那股丸翠的聲音忽而蕩到心扉似的，恍如小時候春節市場裡"吟吟"的風鈴聲，只不住我的心顫了那麼一下！

　　霎眼之際，一球艷澤紅光已從暗廊端搖了出來，只見一個面容俏麗，約莫十一二歲光景，留著長髮的小女孩朝著我們一臉稚笑，眨巴著一雙水靈靈長睫毛的大眼睛，一口喊道："阿姨，你好！"話喊完了，一團粉白的十指拳猶自在空中不停的朝我們點著。"同你講咗幾多次呀，唔准再講福建話！要講廣東話，知唔知！"說著冬梅姨兩手已放到女兒阿雪肩上，把她輕輕的送到我們跟前來。"仲唔快D祝姨姨同哥哥新年快樂！""姨姨，哥哥，新年快樂！恭喜發財！"逼前一看，小阿雪的一雙水眼就要滑到人臉上來似的。鼓脹脹包著一件紅羊毛薄棉蝴蝶結鈕扣短外套，大紅外套下擺是一件短不及膝的薄紗百摺碎花裙，暖白襪褲底下箍著兩筒有點滾圓的腿子。乳白燈光下細細一看，好工麗的五官，輪廓只消再過三五年便綻放在來。那一分像她那兩位父母，"醜烏鴉倒生出個鳳凰兒來！"我暗忖。

　　待回過神來，坐在旁邊的媽老早利落的從手袋裡取出兩枚大紅利是封，一把要塞到小阿雪的小手裡去，嘴裡卻不住喃喃讚道："囡仔真巧真婿喇……"。小阿雪卻一動不動，只是溫溫順順的別過頭去望著冬梅姨。"唔使懶斯文喇，仲唔快D多謝姨姨！""恭喜發財，多謝姨姨！"冬梅姨扳起臉俯著眼命令著女兒，卻又探起頭來朝媽笑了笑。

"小妹出來，阿姊哪也未來呀？"媽突然朝著我尖著嗓子嚷道，臉上罕有地現出近乎頑皮童稚的笑容來。霎時不知所措，又不好便發話，只得暗暗納悶，可心頭卻不知怎地緊緊的。"阿姊連鞭就出來囉，呵！"冬梅姨與媽唱著雙簧似的往走廊那邊房裡嚷著。"姐姐怕羞呀！"小阿雪突然吐了一句，"大人講嘢細路仔唔好插嘴！"冬梅姨此時卻只是笑呵呵的向女兒象徵式的警戒了那麼一下。滿廳一下子便充斥著她們的咯咯笑聲。我奇窘，只裝一臉漫不經心。

畫在刻板上似的舊鐘，粉筆般移移挪挪的秒針，一秒一秒的；那分明小時候課堂裡的時間，奇慢！還有點像在等待老殘遊記裡的白妞一樣，真是千呼萬喚還未出來。可是又希望不要登場的太早。果然，三個女人霎時都靜了下來。只見一位身材高挑束著馬尾的女孩自走廊端若隱若現的浮出眼前—因為她們三個都梅花間竹的擋住了我的視線。這有點像在香洲裡隔著紗窗透過竹林看花一樣，反更多了那麼一點韻致。一把有點熟悉的聲音"姨姨，阿雪真係好叻呀，D書都讀識晒喇…嗳，阿姨你好！""呵，冬梅呀，你看才幾若年毋見，咱阿媛繼愈大愈婿呀！來來來，抑會認得咱阿帆袂？"媽猛的站起身，就要撲過去把阿媛往這裡扯似的，那副腔調突然比做大醮的還要別扭，聽著有點叫人起疙瘩。兩手只是緊緊的抵著膝蓋，半眼也不朝那邊看。掌心偏是那麼討厭的溫黏，指甲老長的竟也忘掉了修剪，待會兒她若是走過來要握手……

"遮個就是往過囝仔彼陣佮你尚好，定定交你交你爸三個相佮去石獅騎馬仔的阿帆喇！"洪柏叔乾咳著把這句話像煙霧般朗朗的噴了出來，他臉前也早已煙霧漫漫了，神色也顯迷糊。我恍恍惚惚的用眼角尖了她兩下，凝脂雪肌上兩丸有靈氣的眼珠，活脫一個亭亭玉立了的小阿雪！至於她以前的容貌，在腦海裡都已煙煙渺渺。良久，她那雙會說話的眼睛竟守口如瓶起來。有人曾說過：女人天生就是擅忘的動物。恕我畫蛇添足：何況是出過洋留過學的！此時此刻空氣都有點緊，恍惚我們第一次依挨著騎在馬背的時候，馬彷彿只是默默的踏著草地，我們在上面一顛一顛的，緊張太過倒致半聲不吭。太陽都溶化得剩下滿天白熱的光和煙，我竟也有點煙煙怨恨了！

　　這時，洪柏叔臉上頭上那些煙絲倒被我賦於一點無病呻吟的詩興了，那煙絲就是…就是過去那些永不回來的歲月，乾望著她們昇上虛空，又化於無形…又上一層，再化於無形…

　　青松翠柏送寒去白雪紅梅迎春來

　　煙絲倒給大紅春聯做了點活掩映，神香與香煙味氤氳混雜，又再纏上那觸鼻的四物湯味，這裡面蒸騰著足足二十年的歲月，一個近乎自嘲的念頭"這也算一種詩意罷！"

　　"去外國留學倒來都毋記得脫脫囉！"媽帶點試探性的調侃。

第三節　阿茂與阿壽

　　故事架開始例牌又係乜乜荒山野嶺乜乜老榕樹呢啲咁老土架情節，唔使問阿桂都知係個自稱壽頭居士架老坑水兩條唔單止智商唔高，就連個朵都一樣咁益智架，叫做阿茂阿壽架後生仔落搭，呢個世界真係無奇不有，仲要衰到神仙博物館呢家野都要有人信呢吓你先吹佢地唔脹嘛！

　　"喂，契弟，過黎喇，叫緊你地呀！有毋聽過山不在高，有仙則靈，水不在深，有龍則靈，斯是陋室，唯吾德馨？"茂壽有點不奈煩"老餅，家下唔係叫你吟詩呀，我地大拿拿比左 8 舊水，就咁比啲咁架假野水我地，過份左喎！"壽頭已經起晒角。"咩話，阿叔出來行走江湖幾十年，為左果 8 舊水昆你地？細佬，阿叔依家係點醒你，塞錢入你地袋咋！抹大眼睇下，feel 下呢度啲山水氣息，係咪勁到爆之餘又充滿住復古色彩哩！"茂壽駁道："唔係阿話，老坑，你一開頭水我地 8 舊水話用黎參觀啲乜野神仙博物館，原來係呢啲咁架山旮旯！早知我地擺去落轉廟街好過喇！"

　　壽頭架知己壽面奶奶即時笑咗出黎"哈哈哈，都成廿一世紀喇，原來仲有兩個傻西相信呢個世界上竟然有神仙架喎！細佬，你地係咪讀書定係讀屎片架？"

　　茂壽二人頓時又羞又怒，大呼回水！

　　壽頭不幹了，乾脆扎行馬，大聲咁拋佢地"呢度我個場，今日邊個夠膽唔俾臉！"講吓講吓手上邊無喇喇仲多咗把關刀！

　　茂壽暗自思量一下，低聲商量"呢條老坑越睇越似果個精神分裂架傻西人魚館長，等陣喪起上黎真係唔係人咁品架，我地都係快啲撤，當比狗打劫咗喇！"

只見壽頭怒吼“你兩條契弟，返黎！睇嚟今日阿叔唔露返兩手，你地仲以為我係流架嚁！當益你地喇！”忽然，壽頭頭上金光乍現，乜野金光？即係好似就黎使出如來神掌果時，電視入邊好鬼刺眼果啲咁架光囉！

咔！壽頭對住壽面奶奶大聲疾呼“喂喂喂！仲咩你次能次都係最緊要架關頭先黎停能晒我啲電架！”壽面奶奶沒好氣的回罵：“你條仆街仲好講？廿狗幾年都喺度播埋呢齣如來神掌，又成時借意發瘟唔記得比人工，呢盞咁架茄嘢道具燈又光振振，你睇矖能到！係我先頂得你順架咋，你老味，仲衰度連電費都唔Q交！”茂壽二人見此情景，都O晒嘴，腦裡一片空白。

壽頭居士擰過臉去，喃喃自語：“好男不與女鬥！睇嚟，今次唔使出看家本領都唔得喇！”此刻他心想自己從來一步一腳印，好不容易到咗今日，無理由臨老唔過得世，比兩件咁架低能仔拆自己招牌架！想到此處，壽頭頓時滿腔熱血，怒髮沖冠大喊“齊 天 大 聖 ……”“齊 天 大 聖！”

有見茂壽二個嘴O到老虎咁大，壽頭風騷的道：“都同你地講咗，唔好睇唔起如來神掌架喇！架勢哩？架勢就比番幾下掌聲黎先喇！”雖見二人作殭屍狀，壽頭一於少理，自顧自的續道：“查實佢前身是天佛掌，係幾廿年前我國一位偉大武俠小說家柳殘陽先生架傑作！電影大家睇得多，查實，又有邊個知道塵世間竟然有我呢個識得如來神掌架人喇！阿叔剛才施展果招並非打燈，而真係如來神掌第一式，佛光普照！睇你兩個無嚟慧根，都係唔能明架喇！我宜家就破例施展一次如來神掌第七式天佛降世，將樹上呢隻馬騮，呀唔係，係齊天大聖收落來比你兩條契弟睇下阿叔我到底有幾咁架勢堂！”

“喂！拿番隻蕉過來先喇！唔好玩喇，攞番呢喇！”壽頭幾乎哀求似的向壽面奶奶打恭作揖！她那裡肯賣這個面子“你要蕉哄馬騮自己去買，呢條係我今朝買黎作為琴晚宵夜食架！”

茂壽幾乎耐性盡失，有氣無力的提醒壽頭：“老坑，馬騮戲都唔識玩，收起條尾先喇，唔該！"壽頭那裡肯吃這個虧，立馬豎起關刀挑弄了幾下樹上的馬騮尾巴，喃喃自語道："咁大聖爺本來就係馬騮，馬騮有尾犯法呀？大驚小怪咁！"

發現阿茂阿壽一直無奈的盯著自己袴下，壽頭猛然醒悟："哎，唔好意思，係玉叩紙喇架！唔怕唔怕，剛才如廁時忘了丟棄，多多失禮！"

見到茂壽二人發晒瘟咁，為了安撫他們一下，壽頭尷尬說道："唔使驚，啱啱同你地扤果只隻係右手，我一向都係用左手抿屎架喇！你估我唔識分左右嘛？自細我老母就教落心口係右邊！"說著趕忘把玉叩紙塞回褲襠裡去！

真係佛都有火，茂壽二人怒吼："扒街！我地頂唔順喇！以後千祈唔好再見到呢條粉腸，如果唔係見鑊打鑊！"二人憤然離開時，只見天上驟起狂雷，嚇的他們回頭一望，只見壽頭颯然獨立狂雷之下！一臉從容的道："兩位細路，你地難道忘記咗自己內心架真善美？忘記咗自己對中國古神仙文化架興趣嗎？你地今日搵啱人喇，乖乖過來，阿叔今晚逐個捉手仔教你哋！"

"知唔知道幾時如來佛誕？幾時齊天大聖誕？又知唔知勾欄女係乜水？點解準提觀音要嫁比亦正亦邪人格分裂既濕婆神？王母下凡同周牧王雲雨之後又比咗周穆王食過 D 乜，搞到佢命都長幾年？孩子，你地實在太無知了！你地睇下自己個衰樣，額又窄眉又粗，邊鳩度係讀書架材料？只有阿叔咁抵得諗先肯教你地兩件嘢咋！"

"噂，話時話，喺講古文化前，巡例幾句，你地咁架貓樣肯定連女都未溝過喇！依家阿叔半價教你地，睇過星星果齣情聖未呀？無錯！唔使望，真係要好似入邊果個主角咁食住條蕉著住套老爺裝先學到溝女架！算喇算喇，經濟小小，老爺裝都唔使著住，淨係同我先叼住剝蕉就得喇！見係你地咋，8 舊喇，友情價！"

"有母搞能錯，叫我地含住剝馬騮蕉，你條老坑自己係度睇龍虎門！"

"非也，非也！此非俗之所謂鹹書也，吾實乃用此書洞悉準提佛母濕婆神所施行之雲雨大法也！"

茂壽二人低聲私語："噯，當自己時運低比條青山出黎架變態佬打劫咗！聽朝褂佢未醒拿拿聲撤就係！"只見壽頭居士勃然大怒："你兩個契弟有爺生無娒教！個衰樣簡直係比雷劈過咁，都唔知你地老母係咪咁有緣份都喺三八位度生你地出黎架？一個咸咸濕濕已經差唔多冇屎忽，另一個簡直係七零蒙蒙搓電筒添！"

茂壽二人自然不甘受辱，回駁道："老坑，我地邊忽似低能弱智呀？"

"你地唔該柯篤尿照下自己衰樣喇，一個眉粗唇粗加埋兩條孖潤腸，對眼仲要生到成個金魚佬咁，邊度有色魔出現我肯定第一時間報警叫差佬第一個搭你，包冇死錯人先喇！另外一個仲折墮，個樣成個唐氏BB不特已，仲要條死人頭腦綾爛都好似比幾隻狼狗咬過咁，真係醫番都嗟藥費喇！"

壽面奶奶裝個白臉打趣道："咁又唔好咁講，正所謂天生我才必有用！家吓時代科技昌明，垃圾都可以循環再用喇，係咪？更何況我認為呢佢兩個架樣衰就衰啲，但係又或者可能俾佢地拯救到世界架和平呢？世事無絕對嘛！"

阿茂阿壽二人氣憤道："好喇喎，你地唔好再契弟前契弟後喇喎！"壽頭居士正色道："你地知唔知上契文化自古以來已經有之，亦係我國傳統非物質文化遺產之一，最早出現在封神演義的周公雷震子故事入邊，而詩經入邊的小雅小苑亦有云：螟蛉有子，蜾蠃負之！所以叫你地契弟其實亦係關愛架一種，另外，你地聽過唐詩三百首未？唐詩其實又邊止三百首喇，古人收錄……"

茂壽二人狂吼："唔好再講，ok？都係叫番我地契弟喇！"壽頭居士："係囉，契弟呢個稱呼咪幾啱你地兩個喇！哎呀，停停停！同我停手，你係度搞邊科……"

阿壽："嘩！個桃咁大架！真係正喇！"壽頭居士："停手，放番佢落黎，哩粒桃唔係普通架桃！"

"超！有毒架咩！睬你都傻！"

壽頭正色道："呢粒係皇母娘娘架壽桃哩架，成千狗幾年先至結一次果架咋！"

阿壽痛苦的呻吟"好能痛呀！你做乜渣我呀！"

"好彩咁多年來我呢招獅子偷桃從來無荒廢過！"

"你偷番個桃咪算囉，仲乜渣我陰部先？"

"哎呀，唔好意思，渣錯咗，我查實係唸住從這一渣之中睇下可唔可以領悟到啲乜野人生哲理咁話啫，暫時未領悟到，留番下次再領悟一下先！"

"變態架！痛Q死人喇！你係咪搞基架！"

"施主，我的苦你不會領悟，嗚，你試下幾十年風雨不改咁對住果個衰樣喇！好似比打樁機打過咁呀！嗚！"

"明架明架！唔好咁唔開心，我都知你的苦，聽晚細佬帶你落山去威下，撫慰一下你條老坑弱小架心靈呀！"

壽面奶奶怒斥："喊喪咩！播埋啲咁架扒街音樂，電費又要我交！你估你開著部機我就聽唔到咩！想當年，老娘假假地都靚絕青城山……"說著更忍不住搔首弄姿一番！

壽頭回道："去青山你就有！喂，你地兩個仆街又搞邊科呀？停手！放低條女佢！"

"嘩，你個老屎忽都古感喇！係邊度拿到呢張咁索女架海報？仲靚過蒼老師和松島老師喎！做乜我地未見過架！無理由架？有邊條av女我地唔識架先！"

"放低先喇，呢個係勾欄女，唔可以不敬架！唔通，你真係想認識一下佢本尊！"

"喂！你地又做乜野，都話個桃唔食得囉！你睇下你地自己，仲食到好似隻狗咁！"壽面奶奶皮笑肉不笑道："都話咗佢兩個一定唔係池中物，遲早有一日會拯救世界架喇！"壽頭居士苦笑道："咁使唔使頒個獎比過佢地呀！"

"乜獎先？"茂壽二人饒有興致的問道。

"飛躍進步獎同終身成就獎囉，揀邊個先？"

"嘿嘿！梗係終身成就獎喇！"

只見壽頭居士面發青笑"真係識貨！成個宇宙最強就係呢個獎，咁都比你地揀中！一早就話咗你地骨格精奇，係送死，哎，唔係，係練武拯救世界架奇才哩架喇！"

"唔好咁多廢話喇，咁係咪即係好似太平紳士之如此類果d咁架獎？"

"傻仔哩架！我地呢個終身成就獎仲架勢呀！你地有無聽過封侯先？"

"呀！好似有，好架勢堂果隻，但宜家仲邊有呢支歌仔唱喇！"

"講故唔好駁故，你聽埋先喇，呢個獎直情勁到封你地上凌烟閣同廿四開國功臣排排坐呀！得閒仲可以爬上閣樓裝下黃母娘娘手下果班仙女們沖涼添！跟我過黎喇！"

阿茂發現什麼不對勁似的"咩事呀，點解呢度成個祠堂咁架？"阿壽又說："嘩果度成幾廿個神主牌，嘩仲有兩個空咗出來無名添喎！"

壽頭居士："無事無事！細路仔唔好周圍望！"

"喂，咪喇，唔係好對路！你究竟要帶我地去邊？講清楚好喎！果兩塊牌做乜空架先話時話？"

"無事無事！係喎，衰婆，去搵支毛筆出嚟！呀，仲有，唔好意思，兩位點稱呼呢？"

"要我地名做咩？"

"無事無事！叫個婆娘練下書法，用果兩塊神住牌試下寫上你地個名睇下啱唔啱身咁啫！純粹係練習書法，弘揚國粹，唔好諗太多！"

阿茂阿壽："嘩！做咩呀！呢度跌落去榨都無得剩架喎！"

"跳喇，無事架！你地食左黃母娘娘架仙桃，已經有金剛不壞之身架喇！"

"嘩！你條黏綫佬攞命咩！咬你一啖爛桃，仲要俾埋條命你添！"

"唔準走！今日邊個都唔可以離開哩度平步！頭先你地撕走咗準提佛母個肖像，宜家濕婆知道你兩條扒街調戲佢老婆，發晒爛渣，要將人間燒成無間地獄！呢單嘢，唔該你兩個自己搞番掂佢！"

"嘩！撕吓張 AV 海報都罪犯天條呀！你個老坑姓賴定姓屈架！"

"唔好咁多廢話喇，時間無多，你哋要馬上跳落去執行任務！放心喇！唔駛驚，唔單止唔痛，仲好有快感添喎！你地諗吓，嘸一聲就番到千狗幾年前，幾威風呀！差啲連啲女都比你地兩個契弟溝晒喇！差啲恨死隔離呀！"壽頭居士立馬轉身斥責壽面奶奶："喂！衰婆，你喊驚呀，叫你寫兩行字就喊到鬼五馬六咁！依家人地兩個小英雄要去拯救世界呀，咁樣幾唔吉利你話！"

"嗚，以前個個都係 fit 馬，但係照樣有去無回頭！呢兩條茂鯉年紀仲咁細，我地就要白頭人送黑頭人，仲要幫佢地寫定神主牌……"

"殊！你講咩呀！"壽頭居士又回過頭安撫茂壽二人："我地唔好理佢，條友 short 左，放心喇！無事架！"

阿壽趾高氣揚的說："超！濕婆戰鬥力得個 999，嚇鬼咩！"壽面奶奶回道："傻仔，999 只不過係 online game 呢架咋！真正架濕婆係宇宙之神，戰鬥力爆晒燈架，真係由呢度一路啲燈都爆到維多利亞港都未爆完架！"

"收聲喇！無事無事！香都燒到一大半喇，快快去燒啲元寶呀蓮花銀福衣比佢地一路上去用喇！係喎，仲有甲馬同埋金古錢，差啲唔記得咗巡例都要醒返小小比鬼差大哥佢地，宜家已經搵食艱難，啲大哥仲要加碼，話要好似天兵天將咁架待遇喎，唉！"

阿茂既驚又怒："你條老坑依依呵呵講緊咩呀！你講多次！"

"無事無事，細佬仔唔好問咁多！睇嚟，我一日唔出手幫下你地，你地都係唔掂架喇！"

茂壽二人大呼："咩能嚟架！你比條繩我地托呀？"壽頭居士嗔道："細佬仔真係有眼唔識泰山！呢條唔係普通架繩，呢條係山海經入面大名鼎鼎架燭龍嚟架！騎咗上去，呢個天下睇怕已經無咩人可以係你地個對手！"

可是，壽面奶奶卻道："傻仔，呢條繩縛係條腰度先，等陣若果咁唔好彩比濕婆捉到折磨到喴老母之前最好先上吊自殺，上唔切就吞繩自盡，或者又可以拿來割脈，呢條真係居家旅行必備之選呀！"壽頭："烏鴉口，出少句聲無人話你啞架！唔怕，我呢度仲有錦妙計比你兩個！不過，記住遇到危險前先至好拆開呀！依家我兩件法寶都比你兩條粉腸有齊晒，真係想輸都幾難喇！嘩！你睇！仲當堂靚仔咗添，真係不得了！"壽頭又道："喂！做乜！唔好咁多手！扒你個街，扒你個街喇，都話咗唔好咁多手囉！"

"噫！呢條咩呢架！咁臭架！"

壽頭陪笑道："唔好意思，呢個真係尷尬位，我本應已經準備好晒妙計架喇！點知突然間比狗叼咗，於是咪求其係屎忽度囉住張廁紙嚟頂下檔囉！其實仲未抹過屎架，某程度上來講仲係乾淨架，即係無咩細菌果種呢！"

"我沙煲咁大架拳頭終於頂唔順喇，我要打佢老母！打佢老母！唔好阻住我！"

"你地手下留情，要打就打佢喇，唔好打人地老母喇，都一把年紀，咁樣好折墮架！"壽面奶奶一邊敷面膜，一邊伸個懶腰串嘴道！

"咪住咪住！唔好打我！至多我免費咁教下你地做人既道理喇！其實哩，咁架，男人為咩先？錢同女人囉，錢我就燒比你地啫，但係下面有好多索女等緊你地個嗰！唔落去就白白浪費晒呢啲溝女架大好機會嗰！"

茂壽疑惑"話時話喇阿叔，你鄭先唔係仲叫緊我地去拯救世界咩？仲乜講到好似落地府咁架！"

"無事無事，都係一句話黎啫，細路仔唔好諗咁多無謂架野！再講喇，阿叔咁錫你地，又點捨得叫你地去送死喇，我似啲咁架人咩！係落地獄阿叔自己第一個去先呀！"此一刻萬籟俱寂！

"究竟係乜事，你都係同我地講清楚 d 先好喎！嘽，講主旨同埋中心思想，你自己啲廢話就儘量少提喇，好毋！"

壽頭道："說來真係一匹布咁長，話說阿叔做仔果時正值滿清入關，大明覆亡，袁世凱馬上風就咁去咗，之後群龍無首，軍閥割據，龍蛇混雜，風起雲湧，群魔又亂舞，鬼哭神嚎，石破天驚，祝融共工為咗爭女又反目成仇，相互隻揪，女媧於是練石補青天，之後又石破天驚，之後再練石補青天，當然又再石破天驚，又練石補……"

"咔，扒你個街，你補夠未呀！真係唔掉你唔鬆化，炷香燒完佢地就要上路喇，仲練鬼練馬咩練，真係練你老味呀！"壽面奶奶憤然罵道。

"好喇好喇，拿拿聲講晒佢喇，你地知喇，逢年尾十二用廿四人間都會送返晒嘅大神上天，要到正月初四才迎回，咁呢咁多日架真空期，濕婆就會乘機入侵，祂亦正亦邪，脾氣古怪，明明好咸濕，又賴係扮到苦行僧咁！仲變態到將個撮合自己同索女老婆架印度月老燒能死埋！燒到燶晒，燶到阿媽都唔認得呀陰公！而佢自己又繼續若無其事咁同條女梳乎！梳乎完又再扮苦行僧！作為一個頂天立地架熱血男兒，真係唔明佢中間呢度點樣次狗次都角色轉換得咁能完美！真係寫埋服字比佢！但係話又咁講，佢確實又為人類做過好多奉獻，例如用自己身上果碌擎天柱震守天界，同埋有時順便播埋種添！人類有今日，好大程度上都靠佢！一日都係你兩條咸蟲，精蟲上晒腦，都話咗濕婆啲女係唔可以掂架！你地自己死掂佢！之不過，方法唔係話無！其實個中心思想好又簡單，只不過係送神日同埋迎神日中間個幾日真空期想辦法阻止濕婆，令到佢無辦法毀滅世界！"

茂壽問："你講到濕婆咁架勢，講到佢識三昧真火同七十二變咁架！""佢何止識七十二變呀！簡直就係二郎神三太子同四大天王架合体化身呀！""即係點個樣？可以可以描述下呢？""咁能蠢架！即係好似龍珠二世果 d 呀，二個人四指對插，噔一聲就合咗体變埋身果款呀！閃晒光果隻呀，連條女係入邊赤裸換埋衫都唔又比你睇到個種囉！最要小心係佢額上只天眼和手上果支三叉戟呀！真係見神殺神，見佛殺佛架！""喂，我想知濕婆最鍾意食 d 咩！"壽頭無奈："我宜家同你地講緊佢隻揪有幾勁呀！佢鍾意食咩，關我能事咩！""話就唔係咁講，研究佢生活習慣絕對係對付佢必須要的方法之一，君不見 CIA 次鳩次暗殺人之前都好又小心咁研究目標人物架生活每個細節架咩！經過頭先簡單架眼神交流，我地發現佢應該最鍾意食燒雞翼。佢額上果只眼啲三昧真火一定成時噴出來練架，咁多多餘架熱能，仲唔係拿去燒翼，一定比一般架火好食好多喇，仲有呀，佢支三叉戟平時都唔用架喇，估佢都唔會淨係攞出來兜人咁無聊掛！咁一定係肚餓果時拿來叉雞翼喇，一次過食三隻雞翼添呀！佢有無狼 D 呀佢！"

"唔好咁多廢話，送君千里，終需一別，阿叔今日都只能送到你地呢度，唔好咁多野講喇，快 D 打開道門查查臨跳落去喇！""師父，喺喺先拜你為師，我地真係唔係好捨得咁快就分別呢！""為師明架喇，快 D 落去喇，唔好登波鐘喇，查查臨跳落去，我今日仲要晚飯宵夜直落架，投先你地介紹果度邊度話？啊，係大富豪！係喇，就食完晚宵夜後仲要直落大富豪！我好能忙架，仆街，快能 d 喇喇！""鳴，師父……"壽頭向壽面奶奶又使眼神又打暗語："呢兩條仆街死都唔肯落去咁喎！快 D 襯佢地唔為意，喺背後送佢地一程喇！""喏係點呀？""喏係剪能左佢地條繩，然後係背後一腳伸佢地呢兩條契弟落去，禮手栅埋道門，咁咪一天光晒囉！"壽頭突然一個跟蹌："喂，朱西，你做咩呀！喂喂！

救我呀！你仲咩伸埋我落去呀？朱西！""嘻嘻，唔好意思，我本應諗住 rehearsal 一下，點知你催三催四，我急得濟就，真係唔好意思！都已經叫左你好多次講嘢大聲小小，個把死人聲仲要蚊滋咁細，仲要雙眼好似抽晒根咁眨下眨下，好似飛咗篤雀屎入去咁！下次有嘢要講清楚，大聲 D！講清楚，講清楚，講清楚嘛……"" 嘩！果條朱西咁狼死，仲柵埋道門添！"

"Dddd 凳凳登，dddd 凳凳登登，登嗯嗯嗯嗯嗯登嗯嗯嗯嗯……"茂壽二人："喂，仲乜賽馬咁聲呀！"壽頭居士忙陪禮道："唔好意思，唔記得熄 wifi 添！"路人甲乙："嘩！你睇！果兩隻狗一黑一白好得意呀！仲要好似馬咁咬住條繩仲要比人騎，好盞鬼呀！"茂壽二人十分怒罵："喂，你條老坑家下屎耍我地扮狗呀？"壽頭一臉正氣："無知！世人膚淺，狗眼不識人，你地知唔知自己宜家乜身份，代表緊邊個，有幾咁架勢先？時間架關係，我已經上奏天庭，等緊玉帝佢老人家正式冊封你地入凌霄閣，雖然玉帝貴人事忙，未得閒正式封賞你地，但係我相信有朝一日你地一定可以出頭架！所以，宜家正係急危存亡之秋，正係萬不得已先至委屈一下你地，安排你地扮住黑白狗先，呀唔係，係黑白門神至啱！相信我，時機一到，一定冊封你地為左武衛大將軍同埋右武侯大將軍，我絕唔會任由你地白白為國捐軀架！"茂壽二人終於頂唔順，於是乎暗使眼色："喂，係咁落去唔係路喎！不如大家夾手夾腳搵個地方埋左佢係，呢條痴線佬唔死我地一定無運行喇！"壽頭臉色一沉，氣由丹田吐出，低沉而由緩慢的道："唔好當我傻架，你兩條契弟抬起條尾我都知你地諗乜架！唔好話我唔提醒你地，我識如來神掌架！仲有，你地唔使眼超超唔順超喇，你地口中果條，並唔係狗帶，真係山海經入邊架天下至寶燭龍黎架！執到寶都唔知，超乜呀，人地出幾十億我都唔肯賣呀，白白益左你兩條契弟！唔使問喇，因為你地宜家火侯未夠，未能夠同佢撻得著，若果撻著左喇喎，試問天下間仲有邊個係你地對手！無敵是最寂寞，最是痛苦！"茂壽："超！幾廿億！精蟲有你份！"

茂壽二人驚呼："噫……！呢度咪係尋日果棟爛鬼榕樹，你個老屎忽又話噍一聲返番千幾年前架？！"壽頭恥笑道："你地兩個係真傻定假傻呀？大拿拿千鳩幾年前呀！噍一聲去到！你地有無物理常識架？你地究竟有無讀過書，係咪人嚟架？用光速飛都要千鳩幾年喇！傻西！"茂壽道："你咁仆街，真係唔驚生仔無屎忽，真係唔驚俾雷劈架？"說著天上果然傳來一聲巨鳴，忽然間風起雲湧，天地為之變色！

茂壽二人狂呼："仆街喇今穫，我地撞嘢喇，都話呢條老坑夠邪架喇，今次我地好似真係番咗黎古代喇，仆街都唔得掂喇！"茂壽起了個突："噫！前面好似唔多對路喎！有官兵設卡喎！"壽頭道："你地有所不知，前面點單止係官兵設卡咁簡單，好可能就係濕婆手下化身，專門查截一d懷有絕世武林高手，一比佢地發現我地成盤計劃就凍過水架喇！而你地兩個正得玉帝授命，身懷曠世武功，差小小仲學埋我架如來神掌添！為免被佢地發現，所以……"說著壽頭一臉情深的俯視著茂壽二人。茂壽氣不忿道："所以就叫我地扮狗呀！"壽頭苦口婆心的道："古語有云有丈夫能屈能伸，更何況依家正係韜光養晦之時！"說著說著，壽頭也不禁略微搖頭，捋一捋胸前長鬚，一臉太息！

突然間，眼前一幕使他們三人不禁同時一怔！官兵甲："企係度，唔好走住！你呀，話緊你呀，過黎！"路人甲問："官差大爺，剛才唔係查過囉咩！點解仲要叫我返番黎？"官兵甲叱喝："尋日食過飯，你今日使唔使再食呀，仆街！"只見官兵乙一臉慈悲為懷："大哥，稍安無躁，正所謂神愛世人呀嘛！"說著向路人甲雙手抱拳，彬彬有禮的打個揖道："施主，正所謂，貪財是萬惡之根。有人貪戀錢財，就被引誘離了真道，用許多愁苦把自己刺透了。提摩太前書，第六章，十節！我佛慈悲！"路人甲："且慢！且慢！差大爺且慢！若有人傳異教，不服從我們主耶穌純正的話那合乎敬虔的道理，他是自高自大，一無所知，專好問難，爭辯言詞，從此就出生嫉妒、紛爭、毀謗、妄疑！亦是提摩太前書，第六章，第三、四節！"只見官兵乙眼神突然充滿了殺機，手中一劍半出梢，閃放著陰森森的殺氣："先生，千萬別用愁苦把自己刺…透…！"說著路人乙便垂頭喪氣，臉如死灰！

茂壽二人離遠看到如此情景，不禁暗自驚嘆："好嘢好嘢！果然係高！吹兩句聖經就連人地d銀兩都攞晒，真係食人不吐骨，仲要係以主之名添喎！”正當他們吃驚之際，又見到另一批路人被查截下來，過路者是一家大小老幼，還有幾名惹人垂涎的美嬌妾！正是一波未平，一波又起！

官兵甲：“施主，且慢！有云放下屠刀，立地成佛！今日施主凡塵俗務罣礙甚深…”路人乙大吼：“過路費我都比左，你班仆街，仲想打我d女人主意，你地真係無有識死，當今國師就係我干爹，你地呢班狗賊仲唔彈過，信唔信斬晒你地個頭去餵狗！”說著便離遠向茂壽嬌的的地打了個眼色！茂壽二人當堂打了個冷顫，慾吐不能！

官兵乙：“施主，觀自在菩薩，行深波若波羅蜜多時，照見五蘊皆空，度一切苦厄。舍利子，色不異空，空不異色。色即是空，空即是色…！”接著道：“當今國師乃得道高僧，名昭天下，世人愛戴，從不近女色！既然國師咁唔又係令干爹，想必閣下不會不知家有家規吧！全部人，聽住喇，原來國師大人架契仔係條淫蟲，黎人呀，國師大人個仔係老淫蟲！蒼天呀蒼天，皇天呀皇天！小人從來對國師架欽敬簡直有如無邊落木蕭蕭下，不盡長江滾滾來呀！今日真係替國師大人佢老人家痛心疾首，一夜白頭呀！兄弟們，同我貼晒皇榜，公告天下，國師大人架契仔…”路人乙：“且慢且慢！官差大哥，一場誤會呀！我唔識呢幾條女架！實情剛才路過，見到佢地可憐無人照顧，咪諗住好心幫佢地搵差人叔叔，好好咁安置佢地一下囉！宜家卒之比我搵到，真係破鐵鞋無覓處，得來全不費功夫呀！哈哈哈…！”說著路人乙黯然魂銷，倏然淚下！

見此情狀，茂壽與壽頭三人低頭耳語，商量對策：“你睇個條友傻架喎，講嘢講到跳晒舞，好能似肢體抽筋咁喎！”“實情係陰毒古蠱賤格下流卑鄙無恥淫賤大塊田生仔無屎忽添喇！”“你兩條友唔好咁大聲呀，因住等陣比佢聽到呀！總之呢，你兩個等陣忘情咁樣扮狗，盡量放d，呢個應該無乜問題，對你地信心十足呀！都係叫你地做返自己啫！”“你條扒街仲好講！一日都係你呀，唔係你我地駛扮狗！”

官兵乙突然打遠處朝壽頭三人大聲叱喝：“喂，做乜鬼殺咁嘈呀！你個老坑，快d過黎！呢兩隻嘢係乜嚟架？”壽頭低著頭喘嚅道：“差大爺，你都見喇，咪就係兩隻狗囉！”官兵乙陰着眼道：“係狗咋話，咁你又仲乜滴晒汗咁呀！好緊張咩家陣？""係呀，大人！小人自細生不入官門，平時更加無乜機會見到大人喇，所以一見到咪就緊張，一緊張d汗咪周圍標囉！你睇，我雙手家陣緊張到作下作下，抽晒筋咁架樣呀！"官兵乙向官兵甲作狀道："嘩，你睇！呢兩隻狗幾高卡士喎，帶晒眼鏡咁架！嘿嘿，真係第一次見呀！"壽頭繃緊的神經突然炸開："差大爺，放條生路嚟行下好喎！你今日已經錢又有女又有，何苦為難我一條老坑兩條狗哩！更何況我呢兩隻狗既無犯聖經又無犯佛經，你憑咩為難我地！"官兵乙："噯噯噯，此言差矣！首先，呢兩隻狗確實無犯聖經佛經，但犯了我地皇法呀！今日國師生日，皇上已經下令，今日全世界唔比帶狗出街，你既帶狗，已經係犯咗皇法喇！來人呀⋯！"

一陣紅塵突然吹過，官兵乙忽地愣住了，順眼望去，只見紅塵漫漫之間一個農夫騎著一頭青牛徐徐而來，也無特別之處！"恩恩怨怨，生死白頭，幾人又看透？紅塵啊滾滾⋯"官兵乙和甲求饒似的道："多龍大哥，就拜托你唔好再唱喇！當我地求你呀，高抬貴手喇！"多龍陪笑道："兩位大人，點解咁講呀？大家friend底，又講埋呢d衰嘢！"官兵乙道："多龍大哥，實在係唔好意思，我地今日真係好又忙，都係請你過主把喇！"多龍作狀道："兩位大哥，大家本是金蘭結義，你地甲乙我做丙，情同手足，細佬見你地做嘢咁辛苦，都係想話今晚叫你地一齊去小店多龍客棧打令樓度一齊梳乎一下啫！"官兵甲乙打岔道："噯，都係咪喇！呢d好嘢，梗係留番比兄弟你自己慢慢歎喇！當我地求你拜你！放過兩位大哥喇，你再係咁苦苦相逼，係咪要我地死係你面前先至開心！"見到官兵甲乙已經拔出匕首，多龍連忙阻止："大哥你地又何苦呢，插在你身，痛在我心呀！需知我對兩位大哥架陰莖有如無邊落木就蕭蕭下，不盡長江⋯！""無能就滾喇，要滾你自己滾喇！你個扒街，我地就死比你睇，今日你趕盡殺絕，他日我地子孫一定尋你報仇雪恨！"

壽頭連忙上前歡解："兩位差大哥，枉呢位兄弟對你地咁好，尊敬有加！佢都係出於一片好心，想好好服務下你地啫，又何苦尋死哩！"官兵乙連忙從口袋裡掏出一根香煙，忙不迭的遞到壽頭咀邊："呢位老大哥，風塵僕僕，睇你都累喇，食支煙先喇！說來話長，你實在係有所不知，講起就真係坎坷囉！以前都怪我地少不更事，年少無知，上咗呢條扒街個當，真係跟咗佢去打令樓呀陰公！真係陰公豬囉，果度d女，都係無提喇，個個都好似比油浸過咁架，肥能到呢！佢地果個衰樣呀，真係好似前世就比雷劈過咁架，醫番佢哋藥費呀！嗚，果晚我地兩兄弟，就咁比果十狗幾條朱西輪咗呀！可憐我地純潔架貞操啊！嗚…，阿媽，我唔制呀，我生得咁靚仔…！""乖，傻仔嚟架，一切都會過去架，依家咪一天都光晒囉，唔好成日諗埋呢d衰嘢先得架！"壽頭叼著口煙，一臉溫柔的安慰道。官兵乙突然靈光一動，暗暗的向壽頭私語："大哥，就唯有委屈你一下喇，你今日大恩大德，小弟沒齒難忘，請受我地一拜！"壽頭忙道："唔好咁喇！舉手之勞啫！"只見官兵乙突然放聲道："多龍大哥，我身邊呢位老大哥，啊，同埋佢果兩隻狗大哥都話好鬼饑渴，你知喇，十狗幾年無掂過女人呀陰公！老大哥佢話今晚好想代我地去見識下梳乎下咁話喎！我地依家仲要番公司報到，實在係好唔得閒，咁請你地自便喇！"壽頭還未及推辭，官兵甲乙早已挾尾而途！

現場只得他們三人與多龍，於是乎茂壽三人便暗自私語："快d閃喇，大家都聽到喇，十狗幾隻朱西，跟佢番去大家今晚仲有得剩？"三人正當離開之際，說時遲，那時快，只見多龍已經神不知鬼不覺的站到他們眼前："三位大哥別走，一睇呢兩位狗大哥身光頸靚，就知撈得好掂，簡直係娛樂界架明日之星呀！眼前呢位老大哥仲架勢，就憑你呢身咁架打扮，成個 model 界邊個夠膽話唔識你呢個猛人呀！小弟對你地架陰莖實在有如無邊落木蕭蕭下，不盡長江滾滾來呀！"

壽頭靈機一觸："多龍大哥，實不相瞞，小弟其實都一直仰慕咗大哥呢位廣告界架奇才好耐！望穿秋水都不過係想一睹大哥架風彩！今日有幸相見，正想與大哥舉杯夜談，共剪西窗燭！可惜身負要務，實在不敢有皇恩，只好就此作別！眼前如斯美景，又得大哥這位知音相送，都算應咗呢句桃花潭水深千尺，不及多龍送我情囉！"多龍一時答不上話，只是輕輕的道："大哥何必客氣，世間一切，於我不過浮雲呢架啫！"壽頭不耐煩的道："好喇，閒話少說喇，我地真係趕時間要起行喇！主上厚望，辜負不得啊！"多龍連忙道："且慢！三位大哥莫非係…！"壽頭慌忙回咀："殊！知咪係囉！其實我地師徒三人係受皇上委派秘密前往西天取經架！"多龍又驚又嘆："哦！原來如此！我一早就話咗三位大哥絕非池中物架喇！取經呢d咁艱巨架任務都比你地攞埋呢做！小弟對你地架陰莖，真係有如無邊落木就蕭蕭下，不盡長江…"多龍頓了一頓，突發奇想，心生疑問："你話皇上派你地去取經，咁佢老人家到底有無比幾盒正露丸你地旁身先？"壽頭一臉無奈的答道："快能d放我地走喇！依家我地係去取經呀！我地好趕時間架，時間就係金錢！關正露丸乜能事呀！"多龍不依不饒："佢老人家既然叫得你地去西天取經，試想想西天路上d食物一路都係路邊小販攤，而且仲要咁又多咖喱，我地中土人士一定水土不服，呵偶肚痛，思鄉成狂，繼而抽筋發作，喪心病狂，見人殺人，見狗奄狗呀！"說著不禁擎起右手作刀劈狀！茂壽二人都吃一驚，不禁伸手暗摸自己褌部，好在還是原封不動，絲毫未損！多龍續道："所以話，佢老人家有乜可能唔比幾支正露丸你地傍身哩！真係點都講唔過去！"壽頭已經急得滿臉通紅，掄起關刀："你個扒街再唔彈開，仲係度正露丸正露丸正露丸呀架話，我就一刀斬能左你死人頭落來餵狗！"只見多龍眼睛睛的好似雞蛋咁大，沉低聲音對壽頭道："大哥，小心，你身後妖氣沖天！"壽頭心生一計："多龍大哥你一身絕世武功，今次真係有勞你幫幫我地！你都知架喇，今次我地架任務真係好秘密，見係你先同你講架咋！所以話，我架如來神掌係唔可以咁快暴露出來架，我背後正好對住東海，係前往西天架必經之路，今次真係勞煩大哥為我地做次先鋒打探一下情勢！仲要有要記住啊，若有d無有識死架盲頭妖怪出現，大哥千祈唔好出手過重，始終今次都係秘密任務呀嘛！如非必要，我地都真係唔想咁快暴露行蹤，況且有句話叫得饒人處且饒人嘛！總之，有勞大哥了！"多龍道："老大哥何必客氣，兄弟架嘅心照喇，為咗兄弟我真係上刀山落油鑊，甚至連打令樓d女讓能晒比你地都仲得呀！"壽頭三人連忙耍手擰頭："唔好客氣喇，多謝晒喇，朋友妻不可窺嘛，果d朱西都係留番比你喇！"話未說完多龍便已策牛趕往東海妖氣所出方向，一探究竟！

壽頭連忙道："終於耍走咗個扒街喇，你兩個仲動係度做乜春，仲唔快 d 撇，走得摩無鼻哥呀！"在逃跑路上，壽頭暗自忖量："無理由架，明明查過通勝，今日係乙卯水張成大吉日仲要遇能埋天乙貴人架嘛！點解會撞著條粉腸仲要搞到落荒而途架田地呢？"一路上，茂壽二人禁不住道："真好在突然間有沖天妖氣出現，否則大家今晚便貞節不保慘遭揉藺了！"壽頭啐了一聲："邊能度有咁多妖氣喇，如果唔係我架吸星大法？你兩條契弟今晚仲有運行！"壽頭見二人不解，便做出了示範："吸氣，放屁！"原來壽頭早已練成神仙屁功，所放出之屁非但可以傳出千里之外，而且更可以幻化出各種妖氣仙氣，他這般神功確實已達化境！只見壽頭惺忪睡眼，打個哈欠，不屑的道："都話咗唔好同觀眾解釋咁多咯，我份人最鍾意低調架，你唔知嗎！舉個例喇，唔通我戴咁多介指就係因為我溝好多女咯嗎？雖然我確實係風靡萬千少女，但我絕對係一個專一長情架美男子！其實，我戴咁多介指無非都係時刻提醒自己千萬唔好亂咁使出如來神掌，否則雖然是殺盡妖孽，但勢必使生靈塗炭，山崩地裂，海枯石爛，甚至世界末日！咁何況上天有好生之德呢！"只見茂壽二人勁開 wifi 喪聽歌，壽頭不禁有點惱火："喂，唔該你兩條茂里配合一下好無？依家講緊千狗幾年前呀，你兩個扒街開 wifi 聽兒歌，可唔可以再無人性 d 呀你地！"

蝶翩翩　伴空鞦韆　夏日炎午裡有蜜蜂飛過 /
沒有我　在歡聲高歌　運動場上課鐵閘下了鎖 /
真可惜　先生不會懶惰　放學有數不清的…

"小心，前面有殺氣，果班細路唔係咁簡單，一定係濕婆派黎架化身！等陣儘量扮無知弱智低能，濕婆好鍾意玩嘢，唱能晒兒歌咁，今次仲唔係佢，以為逃得出我架法眼？放心喇，只要無癮佢就自然會撤！佢雖然神通，但弱點係最鍾意玩嘢，不作不死嘛！你兩條友記住咁低能扮到咁低能呀！"茂壽一臉漠然，齊聲道："放心喇，至少佢地識穿唔到你先喇，皆因低能呢樣嘢，唔使扮，你都經已係喇！"

"嘿嘿嘿，哥哥哥哥，你地睇呢三件嘢好搞笑呀！動係度成碌木咁，仲要生到咁樣衰！""哈哈哈，係喎，但唔係好似木頭囉，依我話係人棍至啱呀！""係喇，二弟，佢地真係唔識啲架嘛，睇黎幾好玩喎！”“我又唔係好信喇，大哥！除非攞黎煎炒煮炸燉佢地都無反應，我就信喇！”“哥哥哥哥，你地睇呢兩隻木頭狗好得意呀，戴住眼鏡，仲識流汗添嘛，我要騎騎，要騎騎！”“二弟，你仲乜偷桃呀？將個壽桃壽包放响度，唔好走，大家追！六弟，你又賴尿！”“哥哥哥哥，你地去喇，對唔住呀，隻狗仔好得意，我一坐上來就忍唔住…”

阿茂怒罵：“扒你個街，死肥仔，攪到我成身尿，信唔信阿叔打鑊金架你呀！”“嗚嗚嗚！”壽頭急道：“快能d追過去捉住班死靚仔喇！千祈唔好比佢地食能埋壽包仔同壽桃妹呀！”茂壽不解：“老坑，你個書包唔係裝能晒經書話去取西經架咩？”“扒你個街，取西經都好信？再唔快d追，等陣個壽包壽桃比佢地食埋，大家就乜女都唔使溝喇！”原來壽包和壽桃是靈氣仙物，吃了不單可以延年益壽強身健體，還可以增進魅力和磁性，實乃溝女界女必備之選！壽頭怒嗆：“都話咗唔好成日同觀眾講咁多咯，仲邊有癮啫！仲要成日搶能埋我d台詞，真係少你老味！”

茂壽興致勃然：“係咪真架？咁仲唔快d搶番黎！”壽頭怒氣：“話搶就搶？都要食腦架！搶！宜家個世界唔講武力架喇，都要食腦要包裝架，明冇？”壽頭續道：“我都諗好晒架喇，指意你兩個粉腸，真係屎都有得食呀！嗱，首先你兩個使出平時自己最拿手架看家本領，本色演出一下，黎一招天狗食日，咁大地咪黯然無光囉，無晒光，你荒班死靚仔唔荒失失？有路都唔識走喇！跟住，我先使出一招迷蹤拳和佛山無影腳，咁又唔係真係打死佢地，砂煲咁大個拳頭我自己都驚喇！放心喇，只係嚇嚇佢地，另到佢地失晒方向。喺呢個時候，就可以用乾坤大挪移同吸星大法，咁佢地手上架嘢就自然手到拿來喇！如果班靚仔無有識死，拼命反抗，考慮佢地可能係濕婆派黎架六合童子，我唯有使出鉸剪腳扭紋鎖同十二路覃腿將佢地撤底擊退，若果佢地冥頑不靈，咁我手指上呢幾個金剛圈…，實在殺孽太深，阿彌陀佛！”當壽頭自high完，睜眼一看的時候，只見茂壽二人已經追的老遠去了！“等埋呀，你兩條扒街！”

壽頭就這樣的連追三日三夜，當他發現眼前有間客棧，正打算歇歇之時，突然見到茂壽二人一臉志得意滿的坐在桌上點餐，大家六目交投，茂壽二人笑了笑道："老坑，見你上氣唔接下氣，坐下喇，整碟你至愛架雞屎忽過你食吓！"壽頭一臉紅暈："耶！你地又知人鍾意食雞屎忽架？""無，睇你個樣成個雞屎忽咁，估都估到嘛係話？"壽頭忽然醒起甚麼，連忙正色問道："你地有無見到果班靚仔？"茂壽一臉傲然："有！仲一齊坐底飲杯觀音茶食埋個叉燒包添！"壽頭忙問："咁你地有無攞番個八寶袋呀？""當然喇！""點攞架？""超！鉸剪腳喎扭紋鎖喎？我地用你唔要果包白免糖同佢交換咗個袋番黎囉！""咁快d比番我先喇！""邊個攞到手就係邊個架，做乜也要比番你先？""唔好玩嘢，拿返個壽桃同壽包出黎！""我地一早食晒喇，開講有話，有得食唔食，罪大惡極呀！唔好阻住我地溝女呀！"壽頭奸笑："你地真係以為食咗果兩件野就溝晒天下女呀？唔好玩喇，無我個咒語，你地只係會對天下朱西得別有吸引力架咋！"茂壽驚道："唔係呀話？"突然，眼前金光極強，大家睜不開眼。

"登登登登，登登登登…"茂壽二人勉強睜眼一看，只見頭頂赫然一道金漆招解"多龍飯店打令樓"！"登登登登，從此被困！恭喜晒兩位狗大哥，咁唔到多龍咁快又可以同大家見面喇！真係有緣千里能相會呀！我地呢度佳麗三千見兩位大哥性感又 sex，都嗒晒糖！今晚請兩位大哥盡情享用！"只見茂壽二人驚慌過度失晒魂，眼鏡底下都不約而同的對造化作弄流出無聲的淚水，幾根手指都微微抖動，像是向壽頭哀求請救。此情此景，有恍如驪宮高處入青雲，仙樂風飄處處聞。芙蓉如面柳如眉，對此如何不垂淚。春風桃李花開日，秋雨梧桐落葉時。就這樣，茂壽二人經歷了七七四十九日的洗禮，可謂洗盡鉛華，返樸歸真！

"扒你個街，邊能個做旁白，講野講到咁能屎忽，仲吟能埋詩咁能串，信唔信我就跳出黎打Q你，我頂唔順喇，攞碟棍黎，攞碟棍比我，我唔撈喇，我就跳出黎毆又佢！毆到佢阿媽都唔能認得！"壽頭安慰阿茂道："唔好咁喇，所謂取經路上都有九九八十一劫喇，小不忍則亂大謀！況且人地又無講錯，而且今次引用詩詞都唔錯，有進步，今次我欣賞佢喎，仲諗住投番一票，比個最佳原創獎佢添！"說著便搲著咀淫笑不停！

"阿壽，你講句嘢喇，你咁樣O晒咀又唔出聲，痴仲線咁，真係令人好擔心架！」壽頭諄諄勸慰著。過了老半天，阿壽才幽幽的抽出紙巾抹拭嬌淚，只見他一臉梨花帶雨，楚楚之中實在別有一番嬌媚。

「扒你個街，你地唔好擋住我呀，我就跳出去打佢老味！我今日唔打撻佢就佢跟佢姓！」只見壽頭一臉肅然的攔阻阿茂道：「冷靜 d 喇！唔發生都發生咗咯，你咁找人晦氣都無用架！人地都係搵兩餐晏仔啫！唔係咁寫，邊有觀眾鍾意睇！觀眾唔睇，我地紅得起嗎！其實，你地試想下，無返咁上下經歷，又點叫人生呢！記住，態度決定人生。況且，你地琴晚架經歷，好多人一世恨都恨唔都架，後宮佳麗大拿拿三千呀！真係身在福中都不知福，朦丙！」見茂壽二人情緒都穩定了一點，壽頭越講就越 high：「仲有呀，話埋比你地知喇，你荒個傻仔編劇唔係成三十歲人都一事無成，都未有女肯受溝，於是懶好心，求能其其娶左個鄉下老婆，仲要比家人反對兼夾掃地出門，於是兩人兜兜蹈蹈，過街老鼠咁都人都唔敢見！仲要懶瀟洒，懶係偉大咁，以為相濡以沫，相依為命，同舟共濟！超，我地頒能埋個國際人道主義以身作則獎，比埋個南丁格爾佢做喇笨！」茂壽二人竟聽得有點樂開花了，忙問：「跟住呢，佢卜街未呀！」壽頭此時已然興起，口沫橫飛：「呵呵，結果？結果咪兩條傻西咪好似粵語殘片咁日日行樓梯，仲要肥過肥西！仲有呀，屋漏兼逢連夜雨，落雨果時真係要幾戶人一齊攞臉盆出黎裝住屋頂滴落黎架雨水呀，陰公！」茂壽有點不以為然：「有無咁誇呀，仲西飛利過粵語殘片？」壽頭道：「何止呀，果條傻西人都三十仲要比個所謂患難糟糠飛能埋！真係人又老，錢又無，老婆又跟人走佬！真係仲契弟過粵語殘片入邊的苦主呀！」「係真唔係呀，咁傻西都有？」茂壽二人咔咔嘲笑。「賭乜喇，賭成副身家，賭春埋你條底褲都仲得呀！」壽頭氣勢洶洶。見二人都笑不攏嘴，壽頭便倚老賣老，三分顏色上大紅「所以咪話咗你地囉，身在福中不知福，你諗下個條傻西編劇密實姑娘就假正經！荒佢唔係谷到自己成個春袋咁樣？查實佢對你兩位年青有為架才俊都唔知幾咁羨慕妒忌恨呀！」茂壽二人此時仿彿一臉滿足，傲然道：「咁仲唔循例贈番兩句？」壽頭道：「就贈兩句過你地，昨晚郎君正係良辰美景就奈何天，賞心樂事誰家園，誰家園…！」茂壽一邊吃蕉，一邊不屑道：「九唔搭八架條友，冇 Q 理佢咯！」

多龍見他們三人狗唔搭八，離晒題咁，於是插嘴："三位大哥真係有型，確實做乜嘢都非同凡響過人，連取經都可以取到我地打令樓黎，細佬對你地架陰莖，真係有如無邊落木就蕭蕭下，不盡長江滾滾來呀！" "喂，你條粉腸好咯喎，我地忍咗你好耐，成日陰莖陰莖，陰乜春啫你，今日同我地講清楚好喎！" 茂壽三人疾聲道："冇嘢冇嘢，幾位大哥誤會喇，查實細佬自出娘胎講嘢就已經口窒窒架喇，發音問題嚟架啫，形式架嘢絕對遮掩唔到細佬對三位大哥架敬仰之情！"

壽頭道："見你精靈醒目，就話你知喇，其實我地三人唔係奉皇上命，更唔係要去取經。查實，我地係奉咗天上大羅金仙之命，前來查探吠陀時代果位居住係大自在天法雲地身上果碌擎天柱有成千狗幾年咁長架終極戰神樓陀羅架芳蹤，並且要係年尾年頭呢十日八日同佢至少開番幾個視像會議，當然如果有機會可以真人面談，坐底大家一齊飲杯鐵觀音整番幾件流沙包都係一個唔錯架選擇！最後，如果大家能夠誠心誠意打開心扉咁深入交流，即是係話用個心同埋個靈魂黎交流架話，簡單d呢講，比如你地都有見過太極圖喇，半邊白又半邊黑個壇嘢呀！具體d嚟講，咪黑能到同白能到好似佢兩個狗樣咁囉！比d想像力喇，兩條一黑一白架魚仔係水中黏埋一齊，係咪好似陰陽交溝咁哩？千祈唔好誤會，我唔係指緊你兩個交溝呀，你兩個係男黎架，至多係話不同性取向，絕唔能夠稱之為陰陽交溝！果位樓陀羅老人家佢亦都係男架，當然我亦都無可能話叫你地去同陰陽陰陽呀咁樣架！咁除咗唔尊重呢位人類史上偉大架大神聖者之餘，更加係唔乎合大自然架法則，完全沒有生理學上架基本常識。咁至於黑之中有一點白，白之中又有一點黑，學術d嚟講咪就係少陰少陽老陰老陽咁囉，即係陰之陽同陽之陰呀！俗d嚟講，咁樣理解喇，即係我中有你，你中有我呀！咁陰中陽陽中陰又唔一定代表不同性傾向，呢個問題需要以後更深入探討！但至少我中有你你中有我咪即係話可以握握手做個好朋友，收工唔使打囉！噿，搞完呢場大龍鳳，friend底喇大家！friend底之後仲可以一齊跳番幾PART舞，正如你地所知，佢老人家最鐘意就係跳舞，男人架野有酒飲有舞跳咯噃，咪即係有偈傾有知己做囉，食住個勢搭埋佢膊頭咯喎，咁一切都易話為喇！佢老人家一開心，自然咪忘記埋點樣去毀滅呢個世界囉，古有公瑾羽扇綸巾談笑之間使幾廿萬怒漢灰飛煙滅，勢估唔到今日也有我壽頭居士談笑之間拯救埋匇世界咁本事！哈哈哈⋯"

"多龍兄，唔使標晒汗咁喎，條友一直以來都有嚴重人格分裂，間歇性精神失常，再輕輕咁加埋爆晒燈架自戀自 high 精神錯綜複合綜合症！你睇一時人魚館長，一時達叔，一時家英哥咁！我地都忍 Q 左佢好耐，都慣晒喇！嚟喇，乖，抹番 d 雞眼咁大架汗先喇！"阿茂說著便向多龍遞上一片紙巾，一切彷彿都盡在不言中。男人架關係其實都好怪，有時遍遍就係建立係 d 咁唔起眼架時候上面。

"意思即係話，我地係奉命前來阻止大神濕婆去毀滅呢個世界！"多龍終於緩緩的點了點頭。

"喂喂，你做乜春呀？攞住把曲尺度乜 Q？short 左呀？"只見壽頭雙手護褔吃吃驚叫。阿壽尷尬的道："冇事冇事，只不過一時好奇，頭先聽見你話濕婆大神身上架擎天柱有千狗幾年咁長，想度一下咁話啫！"說完他也不禁伸手搔搔後腦，更顯窘態。

壽頭聽完後便瞇眼笑了笑："哦，發育階段架青少年好奇係正常架，血氣光剛呀嘛！大神果碌擎天柱咪好似我地由千狗幾年後返到黎呢度架距離囉！"只見茂壽二人突然眼射精光，獅子咁大個口："咁咪長過長實和黃？邊度有人頂得順呀！"壽頭連忙打住道："唔好講咁多喇，因住等陣兒童不宜，cut 你地台詞呀！"

此時，多龍自動請纓拍晒心口："三位大哥，搵人咋話，濕婆咋話，包係我身上喇，我係陀地，呢個環頭起晒卡，地方唔係好大啫，成個中原左近啫！"壽頭三人不以為然："大拿拿濕婆喎，你去邊度搵呀？仲有，濕婆佢法力無邊，千變萬化，仲西飛利七十三變呀！"多龍插嘴："有幾咁架勢堂先？"壽頭答道："西飛利到連我地齊天大聖架金睛火眼攞住奧林巴斯特種顯微鏡都睇唔到佢架真身呀！"

只見多龍用唇語講了幾句話，嚇得茂壽三人吃驚不止："乜話，你憑乜話當今國師就係顯婆嚟哩！我地呢度都講下法律架喎，你係唔能夠係無證無據架情況之下砌人地生豬肉架喎！仲有，要提醒返你一句，所有疑點利益歸於被告架！"只見多龍輕揚著臉，一臉驕傲，一字一字的吐出來："我敢用身家性命財產擔保，天下間，無一個男人嚟到我打令樓係可以頂得順，完整無缺咁行得出去架！"壽頭三人面面相覷，都不禁齊齊點頭表示絕對認同。多龍更是意氣風發了："緊係喇，你地真係當我流架？我由一條粉腸走到今日，一步一腳印，堅持自我，永不鬆懈，永遠被模仿，但從未被超越！唔通你地以為我打令樓天下第一樓架美譽係水返嚟架？"只見壽頭有點不解："門面嘢就無謂再吹喇，認真喇，真係想問一問你，你呢度d女咁x，門可羅雀，烏蠅都比我拍死咗幾打！咁多個人咁多口飯，仲有黑白兩道呀，苛捐雜稅呀，人情世故呀，之如此類呀咁樣！從未被超越，呢層我地有信心，你呢批朱西，仲要係咁敬業樂業架朱西認真就算唔絕後我地都敢話係空前呀！當然好難被超越喇！查實，我地好好奇你究竟係點樣一步一腳印撐過嚟仲唔執笠果下先好嘢喎！"

多龍正色道："大哥，首先，每個人都有娘親生架！當然，審美觀呢家嘢真係好主觀，但我個角度嚟講，佢地個個貌美如花，而且聽教聽話又賣力！我當正晒佢地係自己親生女咁樣！所以，請你地都要稍為尊重一下佢地！"三人見多龍如此蘋果香蕉橙兼夾自帶杏家祥屬性！都不禁暗自驚嘆，難怪那此如狼似虎，全無人性架官差們都要買佢怕！一時間，竟面面相覷，不知如何應對。半晌，只見阿茂唧唧哼哼："超，貌美如花？咁確實真係個個都'如花'咁架樣！"多龍也不多作理會，兀自續道："大哥你地有所不知，其實我地呢間打令樓都真係吃咗好多苦頭，一開始黑白兩道架兄弟都借住各種名義收片！到咗最後，我實出無錢可交，只有委屈一下女女們，讓她們替我肉償錢債！奇怪架係，自此以後官差流氓們都冇再踏足過我地呢度半步！連稅局都差大爺們都話免晒我地稅咁話喎！你知喇，得人恩果千年記，我多龍又豈是忘恩負義架小人？放是，我就諗住投桃報李，免費叫啲女女送上上門服務，以示感激黑白兩道大哥們高抬貴手之恩囉！誰知，諗起都古怪，果啲大爺們非但止唔要上門服務，仲月月送錢比我地使，但求以後啲女女係佢地眼前消失，唔好再搵佢地咁話喎。我都真係莫名奇妙，一頭霧水呀，如墜五里霧中呀！"多龍一抬起頭，誰知已經有三只大拇指豎過來！壽頭三人齊聲叱喝："多龍兄，高！妙！無得頂！學都嘢喇今日，請受三位細佬一拜！"多龍受寵若驚道："兄弟們，先唔好客氣住喇！我想講架係，呢個天下間，就只有當今國師一人對我啲女無動於衷，仲要對住佢地又講佛偈又諗經，成個普渡眾生咁架樣，仲要每月初一十五都要過嚟呢度為佢地講經！你地話奇怪唔奇怪？"

壽頭搶道："即使當今國師就係濕婆化身，但濕婆神通廣大，佢老人家真身經常駕住六龍遊走於天地之間，有時仲超出三界外，不在五行中，似有若無，如實仿虛，似太極乎又如無極哉，所謂道生一，一生二，三生萬物！試問多龍兄弟，我地又可以去邊度搵呢！"多龍突然揄起一把羽扇，衣袂風飄的道："所謂田螺殼裡可以造道場，一物一天地，以小見大，一粒塵埃亦可以觀盡三千千大中小世界！在下雖然不才，但小樓寒舍確實係蘊含日月精華，袖珍著整個大千世界！你地睇，登登登登！"

壽頭三人抬頭一看，只見大廳左右各一句"躲進小樓成一統，管祂春夏與秋冬！"頭上又是一橫匾，赫然寫著四個大字"元亨利貞！"只見壽頭暗暗點頭，嘴裡又諗著："好句好句！元仍博大，仍指天下之大，又如易經的第一卦，乾為天！亨即通達，四通八達，萬國朝貢，四海歸心！利即恰當，凡事合乎道合乎法理！貞呢個字，簡直係包羅萬象，世上架所有恆久真理，都一字寄之若貞，如太陽又東方升起，豬乸唔識爬樹，你兩條契弟好Q咸濕又樣衰！呢啲都係永恆架真理，即使你地兩個再投多幾次胎，都一樣係改變唔到架事實嚟架！"

多龍興致很好的道："閒話少說，都係請幾位大哥進內一遊！"茂壽二人一想起那三千佳麗便心有餘悸，步步為營，不敢造次。只見一路上確實有著大千世界。到了一處，多龍便介紹道："此處便是泰山閣喇！請大家入去參觀下喇！"只見阿壽驚呼："咪喇，尋晚你件嘢五百幾磅，一路起勢咁騎上嚟話要幫我捽骨，真係拆骨就有份，打死我都唔會再入去架喇！"壽頭聽著，背心真透寒，暗自慶幸："好彩尋晚入去果個唔係我，否則呢個心理陰影成世都洗唔甩呀！"雖說心裡暗自慶幸，但他此時已經氣通任督二脈，暗自運勁，隨時準備使出鐵砂掌，寒冰掌，降龍十八掌等等看家本領，以防一個冷不及防，晚節不保！

又到了一處，多龍盛情的介紹道："各位大哥，呢度係就係崑崙山，開講又話，不到崑崙非好漢呀！"壽頭愣了一下，疑道："幾時有聽過呢句嘢呀！"說著說著他們發現好像少了一人似的，回頭一看，只見阿茂兩腿像椿一樣釘在地上，頭往下垂，突然披著一頭散髮似的，身體不住抖動，激動的聲音都在空氣中震蕩開來"我終於明白為何烈士譚嗣同要留下一句我自橫刀向天笑，去留肝膽兩崑崙喇！我打死都唔會再入呢個扒街崑崙山架喇！"說著擺出一副垂死抵抗，大不了英勇就義的模樣。凡此種種，壽頭都看在眼裡，他經己打內勁提到袖口處，心裡盤算著待會有甚麼風吹草動，他至多跟多龍來過魚死網破，就憑他如來神掌之威名，諒多龍也不敢造次！

突然壽頭大為不解："炮房？甚麼意思？"只見多龍急忙解釋道："無嘢無嘢，寫錯字啫，本身係諗住寫炮台架！啫係澳門架大炮台囉，好鬼古老架喇，建於明神宗年間，位於柿山之上，原本係耶穌會大三巴教堂架祭天台，後黎先轉為軍事防禦設施，防乜野？防海盜囉，你知啲海盜無性架喇，一上岸就會搶Q晒啲錢同女人，根本就毫無半點悲天憫人之心，一日都怪佢唔識字，從未讀過波野波羅蜜多時呀，色即是空，空即是色呀，馬太福音呀，路加福音果啲野囉，如果佢地識字去讀下，又點會做埋啲咁架傷天害理之事哩！"

"點解啲啊哦啊聲唔停咁架？"壽頭一臉無辜的問道："唔好玩我喇大哥，你地有無物理學常識架？連活塞運動都唔知？唔係呀化？呢個世界科學日新月異，會進步架喇，唔進步咪被淘汰囉！咁而世界都進步，大炮無理由唔跟住時代潮流進步架？落後就要捱打，聽過未呀？捱打咪即係又要比人搶晒啲錢同女人，分分鐘比人做低埋囉！所以第一次世界大戰前夕，大炮咪進步成為坦克囉！"阿壽插嘴道："越啊越大聲喎！"只見多龍有點不耐煩："可唔可以唔好將個主意力放係啊啊呢啲咁無聊架聲道呀？你認為有任何教育意味嗎？集中啲，宜家講緊係科技同進步！喂喂喂，果間房唔入得架，乜都冇架，純粹柴房呢啫！"阿茂心生好奇："唔係呀，又幾棧鬼喇，我反為有興趣入去見識下喎！"多龍緊張的道："耶，有乜好睇喇，果間純粹柴房，我平時住開架，入邊凌亂不堪，我份人無所求架，一向慣咗委屈自己架喇，你地嘅上賓緊係住上房，我一副賤骨頭，無所謂囉！過前邊睇睇喇，有啲新奇又刺激一次過滿足晒三個願望架好野比你地睇呀！"

多龍越是緊張，壽頭三人越想進去一探究竟，只見多龍終於頂唔順，扳起面，準備反枱："邊度有你三個咁賤咁扒街架人呀，都話晒係狗竇都仲要捐入去，有寶嘛？唔該你地幾條茂里有啲上進心，有啲愛國心，好冇，拜托！"說時遲，那時快，阿壽已經本能的從多龍褲檔穿了過去，風風火火的推開了房門："嘩，好省鏡呀！真係好似初戀呀！"

只見多龍狂呼："做乜春呀！都話咗唔好入去架喇！無野睇，無野睇，走喇！條女七老八十，斬柴架啫，傻西！姣到你咁架樣，初七鬼戀呀，過主喇！"只見阿茂阿壽二人著了魔似的："佢就係我地架初戀！"壽頭一切都看在眼內，心裡暗覺不妙，莫非眼前這位驚為天人的仙女就是雪山神女？若是如此，濕婆也一定就在附近！而多龍既虛偽賤格又色膽包天，必須多多提防。

此時，阿壽那邊悄悄響起悠悠樂音！

愛戀沒經驗
今天初發現
遙遙共他見一面
那份快樂太新鮮…
默默望著是默默望著那目光似電
那剎那接觸已令我倒顛…

只見阿壽彷彿散發出一種超乎尋常的魅力，背景更像八九十年代的香港街頭，總之成個學生王子，斯文敗類咁架 feel 喇！

乜咁唔架？乜咁唔架？乜咁唔…
噫，乜咁唔架！
嘻……
邊度都有晨光…

這邊廂阿茂也不甘示弱！
如陽光伴我 清新笑迎面
願照遍我心 自視每天快樂過
如陽光伴我 心中更明亮
再細細說聲 但願每天快樂過
乜咁啱？乜咁啱？嘿嘿嘿…
乜咁啱架？乜咁啱…
嗨！乜咁啱架！
啊……
邊度都有晨光…

"你兩條扒街，兄弟呢架！宜家為咗條女，你地睇下自己似乜！"壽頭對他們饒以大義！但阿茂阿壽二人不幹了"一日都係佢賤喇，都話咗嘉欣係鍾意我，係你條福街死唔要面，佢都係為咗唔想令我難做，所以先選擇離開架咋！一日都係你呢個唔知羞！""嘿，唔該你喇，唔信吓盆水，都信吓塊鏡喇，你邊忽吸引到佢呀，嘉欣由始至終都只係鍾意我一個，現實太殘忍，人地係唔想傷害你，驚你條傻西睇唔開先至選擇離開架啫！仲係度大言不慚！"

壽頭大聲斥道："咪嘈！"阿茂阿壽反起了白眼，尖起鼻子，不屑的對壽頭道："老坑，你咪估我地唔知你諗乜！你都係心痛自己架壽包同壽桃啫係咪？我地會還返比你！"聽到這裡，壽頭不怒，反而嘿嘿冷笑："你兩條傻西出能晒羞，仲夠膽係到呲文呲武！知唔知乜野叫著起龍袍都唔似太子？唔係個個食咗我架壽桃壽包都會溝死女架！壽包仔壽桃妹有靈性架，識認人架，你睇下佢地宜家係度笑你兩個傻西呀！"

如果太多牛奶味，朱古力味無掟企，嘿嘿！
等到朱古力味返晒嚟，牛奶味又唔爭氣！嘻嘻嘻！
愛她朱古力奶，有牛奶味又有朱古力味！
識味，錫晒你！

阿茂阿壽那裡聽的入耳，那裡能夠理解壽包仔壽桃妹壽頭叔叔的忠告勸告！只見他們又是新一輪鬥法！

噠！啲打啲打…

噠！啲打噠噠…

嗯嗯嗯嗯…

不在乎天長地久 只在乎曾經擁有

浪漫靈感 去柯屎！

他們正是你方唱罷我登場！阿壽更是自問自答，傻能咗咁！

睇下我隻錶！

點解啫！

一分鐘喇！

夠鐘喇！

今日幾多號？

乜話？

今日幾多號呀？

吓？

依家係下午三點五十六分！由呢一刻開始，我地就係一分鐘咁情侶！記住呢一分鐘喇！

"唔好意思，你地係邊個，我唔識你地架！我走先喇！"冰山雪女就這樣揚長而去了！只遺下兩個痴心漢子架孤單身影！真係多情自古空餘恨，此恨綿綿無絕期！

阿茂阿壽火都黎埋："我地要 port 佢，我地要 port 又呢條扒街編劇！今日我地唔撈喇！佢真係串都阿媽都唔認得，仲要次 Q 次吟能埋詩作能埋對懶係型咁！真係蘋果香蕉橙，今日有佢就無我地！"

電光火石之時，他們只覺眼前白光一閃，原來已經被壽頭用鬼影擒拿手擒咗入桃花源入邊。他們驚魂甫定，便聽見壽頭喪插："你兩條茂里係咪傻架，你地知唔知果個係濕婆條女呀！濕婆佢好可能已經黎咗喇，你地係咪嫌命長呀？"只見多龍打笑緩和一下場面氣氛："哼！呢度係咪好靚，成個世外桃園咁呢？著草都著到咁高尚架環境，除咗打令樓，你地仲可以去邊度搵喇！呢度就係桃園閣喇，即係東漢未年劉關張桃園三結義架地方呀！當時世道唔好，無世界撈，狗賊並起，群魔亂舞，石破天驚，風起雲湧……"

只見壽頭別了他一眼："搶能晒我啲台詞，無大無細！咁使唔使我地順便係呢度來個桃花三結義，出錢請埋你做見證人咁話呀？"豈知多龍答道："正有此意！由於三位大哥置生死於度外，時刻準備英勇就義架氣概，實在令到小弟對你地架欽勁有如無邊落木蕭蕭咁下，不盡長江滾滾咁來！所以，小弟今日抖膽係三位大哥以蛋擊石，螳臂擋車咁樣自殺式去鬥濕婆之前，為你地舉行一個簡單而隆重架儀式，使你地英勇就義之前結義金蘭，咁都不失為一個千古佳話喇！既然橫死掂死就黎釘，咁個儀式一切從簡！即係求其旺財尋晚食剩架豬頭魚骨蝦春鴨腎雞屎忽用黎將就一下咪算囉！至於要燒黃紙我尋晚有用淨架廁紙喎！"

只見壽頭靈機一觸："多龍，快啲比幾支香我，有咗香，有埋你剛才講果五牲，我自然有辦法請幾個大羅金仙落黎結陣拖延一下濕婆架時間！"只見茂壽齊聲問道："邊幾尊大神咁巴閉呀？"壽頭清了清嗓子，乾咳了幾下："咁又唔係話好巴閉，不過係天蓬元帥，捲簾大將軍同埋齊天大聖孫悟空，仲有劉關張三位啫！"茂壽不解："呢度都無馬騮，你又點請到齊天大聖呀？"壽頭得意道："所以話你地無腦又要認叻！既然請到天蓬元帥同捲簾大將軍，你仲怕佢地架師兄唔賣呢個面嘛！所以話平日叫咗你地多啲出黎交際應酬溝女飲茶，唔好成日匿埋屋企睇咸碟打飛機，識人緊要過識字呀，明冇！"

"時間到，上香！上香！上…"只見壽頭與多龍你眼望我眼又我眼望你眼，壽頭終於失去耐性："香呢？扒街！濕婆就黎到喇！"只見多龍頓了一頓，緩緩的回道："你一路淨係識問我要香，又唔講清楚邊個牌子，香都有分牌子架！你又香呀香呀咁，乜牌子都唔又講，咁萬一攞錯咗咁點算呢？呢個責任我擔唔起個嘛！"只見壽頭氣炸了臉："夠鐘喇，扒街，仲唔快春啲攞黎！"多龍更加不滿了："都問咗你要邊個牌子囉？我地呢度實在係有好多牌子，如林永馨李祥馨壽包壽桃壽面壽頭牌等等…，咁你想要邊個至得架？”壽頭沒好氣的道：“依家濕婆真係黎緊喇，唔好乜香物香喇，算喇，都預咗扒街喇，黎喇，講兩句嘢表達吓自己心情喇！”

“我看見那站在神面前的七位天使，有七枝香賜給祂們。另有一位天使拿着金香爐，站在祭壇旁，有許多香賜給祂。要和眾聖徒的祈禱一同獻在寶座前的金壇上。那香的煙，和眾聖徒的祈禱一同獻在……”只見壽頭怒吼：“咔，你翕乜春呀！濕婆黎到大家都玩完架喇！”多龍無奈的道續諗：“當頭幾支香燒燃時，有災殃來臨，摧毀地球的三分一…一根墜落的香開啟了無底架蟲洞，釋放咗入面無數架蟲蟲去咬那些額頭上刻住傻西呢兩個字架人…！”

“依家乜野時候呀？你再講埋啲咁架廢話，信唔信我真係攞燭龍黎鞭 Q 你！”壽頭歇斯底里的怒吼著：“人魚背上佈滿了迂迴的圖案，那是世界在成長過程劃下的迷圖。這些都已成局，係無法改變架事實。它們都生活在大海，比人古老，低聲朗誦著遠古的唐詩，例如滄海明月珠有淚啲咁架句子…”多龍話未說完，只見壽頭怒髮沖冠的正要用燭龍鞭策自己，頓時大呼冤枉：“又係你話叫人表達心情，又話要形容世界末日，仲唔準雨腥暴力色情，一切皆因怕教懷細路！仲衰到唔比人陳述句，話擔心觀眾睇完產生心理陰影！規定要引經據典都不在話下喇，衰在要喺咁架同時仲要推陳出新！呢樣又唔得，果樣又唔著，咁查實你想我講乜春呀？唔該！”

相見時難別亦難 東風無力百花殘
春蠶到死絲方盡 蠟炬成灰淚始乾
曉鏡但愁雲鬢改 夜吟應覺月光寒
蓬山此去無多路 青鳥殷勤為探看

“你地睇，我地偉大架濕婆同佢條女架低調悲傷又充滿傳奇色彩架愛情故事！濕婆佢老人家最鍾意玩缺憾美，認為只有遺憾的才完美！即係話妻不如妾，偷不如想囉！佢老人家認為日日相見肯定會流失晒啲

feel，所以要求自己一年先可以同條女見一面！咁咪可以好似牛郎織女咁真愛永存歷久常新囉！當然，佢老人家堅係識貨，搵咗我打令樓黎做炮房，呀唔係，係邂逅架地方先喘！"

只見壽頭眼甘甘咁望住多龍，明明啲表情包明明多到可以質爆個袋，但係遍遍又衰在條拉鏈好似卡住一樣，搖極都搖唔開！只好口噏噏的老套說道："點解會咁架？濕婆咁就比你攪掂咗？仲枉我一步一腳印，默默努力爭取出場機會！仲要事先花七七四十九秒準備埋 A 計劃 B 計劃添！仲有我早幾日出錢請健身教練幫我操出黎果啲胸肌腹肌老鼠肌，仲有仲有之前租碟返屋企苦練架諸如鐵砂掌寒冰掌如來神掌等等果啲嘢呢！你條契弟明明應承咗比足十分鐘我 Show quali 架喎，依家又咁喪盡天良黎搶晒我啲戲份，因住生仔無屎忽呀！"

多龍更無奈了："喂，大佬，我都唔想架！你果啲老套到無朋友架所謂鐵砂掌刨冰掌呀果啲一來對付唔到濕婆，二來你自己知唔知呢啲特技製作費成本有幾高呀？仲要比啲觀眾嫌老套索性唔買飛入場睇添呀！你當人地電影投資商係開善堂架嘛！我就唔同呢，宜家淨係拉兩聲二胡，標幾滴馬尿，亂作幾句甚麼三歲死老婆，四歲死老公，五歲賣豆腐，六歲比人食埋豆腐，好在七歲就認識咗濕婆，八歲從此人生不再坎坷，九歲仲叫自己個仔同個孫同佢上埋契！咁架劇情製作費低都不特止喇，仲要氹到濕婆佢老人家開開心心！佢經已獨孤求敗咁架境界喇，名又有利又有權又有女又唔愁仲衰到要長生不老果下你吹佢唔脹，咁佢仲為乜啫？咪為咗貪過癮囉！過癮架至高境界係乜？咪就係一副悲天憫人咁架 look 囉！你話喇，呢個劇情你估唔估到先？"壽頭呆若木雞的搖了搖頭："咁又估唔到！"多龍得勢不饒人："咪就話囉！觀眾咪就係最 buy 啲估佢唔到架劇情囉！仲望乜喇，收工喇，happy ending 喇！仲係度等運到呀？呢個舞台唔屬於你架，過主喇，返番屬於你個時代喇！"

阿茂阿壽一同失戀，都已經意興闌珊，於是趕忘拉著結拜大哥壽頭走喇！點知壽頭一記鐵砂掌劈埋過去，打都佢地噏晒老母咁話："大哥，我地係桃園結義架好兄弟喎！"只見壽頭面如死灰："你地都見喇，濕婆都未出場就收能晒工，好明顯呢齣嘢就係小本制作而且毫無發揮你兩個架偉大演技架空間喇！就當發咗場夢，當自己從來都未黎過，從來都未認識過我咪就係囉！"只見茂壽二人還死纏難打，他頓時火都黎埋："過主喇！同你地好熟呀？唔好扮偉大喇，要返去你地自己返，唔好阻住我發達！我都忍上面班杏加玲好耐架喇，自己一邊係度日日開 party 梳乎，一邊道貌岸然咁老點我去做烈士做模范兼雷鋒！仲送埋條咁架朱西比我，寄語叫我效仿諸葛孔明，能化我去做智者咁話喇嗮！你地自己望下條朱西，問下自己個良心哽唔哽得落先！"

"唔該你講時講，千祈唔好出手出腳，出手出腳都算喇，咁至底限度可以可以唔好攞住張朱西相係咁隊落我地塊面度好唔好！有無理過我地感受架！"只見阿茂百般無奈。壽頭怒吼："我叫你地睇清楚啲呀！我對咗廿狗幾年喇！宜家淨係叫你地認真咁近距離咁觀察一陣啫！"阿茂駁斥道："你係咪心理變態架！你對咗廿狗幾年係你閣下架事，唔代表你宜家可以係度監人乃後架！拎開小小好毋！"

壽頭已經失控："我係唔拎開呀！你地今日一定要睇清楚！等你兩個扒街仲係度日日迫我做道德能！""拎開喇唔該！當我地怕你係喇！""打我都唔拎！你地一定要睇飽佢！"

只見暗處有一把神聖架聲音悄悄响起："壽頭，得饒人處且饒人！你處心積累，呃大家比個機會你番黎古代！現在都已經如願已償，背棄埋天庭，搭上咗勾欄女仲想要共赴巫山，點解仲唔肯放過啲無辜架年輕人呀！"只見壽頭突地吃了個驚，歇斯底里的道："吓鬼呀！出黎！你係乜水！我唔會卸你架！"只見阿壽嚴肅的說道："對唔住呀，由於時間架關係，我已經開咗 video call！"

只見視頻內的壽面奶奶滿面風霜的唱著："登登登登，登登登登！only you，陪咗我幾廿年，都已經老夫老妻，點解捨得揼低我，ooonly you…！帶我去食西北風，only you 會 head 住我，比到啲 warm feeling 過我！我痴心迷戀架，就只有 only you…"

"扒你個街""唔好打喇，壽頭大哥，你咪住我打令樓算囉！細路仔唔識世界，佢地應該無心架！""無心？隔住千狗幾年個 video call

咁都比佢兩個扒街打得通，咁都叫無心！""唔好打喇，大哥，我地真係無心架！""唔好走呀，我就攞碌木黎毆你兩個賤精！""Sorry 囉！""毋又走呀…"

"等等，不如等我地問埋你個問題先至再打過我地鑊甘架都未遲喇！雖然呢套戲慳水慳力，間接攪到濕婆大神始終未有機會露出盧山真面目，之但係好似大哥咁架智者應該都大約估到佢老人家匿係邊樹先係架！"茂壽二人被打之餘突發其想，對壽頭作此一問。只見他淡淡的回道："小編話濕婆佢就喺每個人架心中喎！"只見茂壽二人啐了一口："超！條溝唔到女架宅男咁能老土，啲台詞一係就九唔搭八，一唔係就毫無新意架廢話！"壽頭最後也不忘為與自己素未謀面的小編辯解一下："唔好次 Q 次都揭人瘡疤，係咁針住人地溝唔到女兼比人飛呢個話題好無？佢雖然係一個溝唔到女架可憐蟲，但係人地始終有一顆發揚中國傳統文化架心喇！所以，唔該你地積下口德，唔好再針住人地溝唔到女呢個話題死唔斷氣好無？咩你地唔覺得咁樣係好無職業道德同埋完全唔合乎人道主義嗎！仲有呀，法例都無規定唔俾人溝唔到女係咪？有頭髮又邊個想做辣哩？你估小編佢又好想自己溝唔到女喇喎？況且，你地亦都唔能夠因為人地寫到自己咁樣衰兼夾溝唔到女，就懷恨在心不斷咁嘲笑人地溝唔到女先得架？咁樣咪五十步笑百步，係咪？不如大家一齊祈禱，祝小編河洛子先生早日成功溝女，好毋？"

第四節 金偵卦

以下收藏一門獨家自創占卜法，以母之名，名曰金偵卦：

金偵卦者，備三要件也！

一、用即場時間排盤取四柱八字，然後刟去年支和日支兩字，專求其餘六字，這六字作圖看，極像龜形！月支時支為底氣，四天支為引化，六字作一氣看，六字為一個整體，一只龜。

二、現場實景即感，如天氣溫度色彩濕燥，其至是自身身體的反應或眼前最能引起即時注意和吸引力的人事物，比如兩個玩耍的小孩或一只唱歌小鳥等等……現場實景尤如天圓地方之空間，這天圓地方之空間又形似龜形，意像文錢。

三、一個龜殼和三個文錢，取文王卦！這個龜殼之形又與八字取六字之龜形之寓意相呼應；而三個文錢又與現場實景天圓地方相呼應！環環緊扣，其妙也無窮！

即場六干支作為所測之事之長遠宏觀趨勢，現場實境作為即時微觀細節去觀察，而文王卦則其用最妙，提攜綱領，依實際情況和經驗判斷而用。現限於篇幅未能細述！以後有緣再立一書，定然鉅細無遺羅列出來，以饗諸君，未感藏私！

感 言

　　本人施少偉，筆名河洛子，澳門人，自小對玄學命理文哲學深感興趣，亦有幸得名師指導，在此致以感謝和敬意！

　　本書最主要獻給本人生命中最重要的兩個人，母親吳金偵和女兒施曼莎 Caroline。簡單一句，她們二人就是我繼續精彩地活下去和無私奉獻社會的動力。

　　另外，閩南客本為一長篇小說，只寫了一半，便無頭緒的停了筆，初稿粗劣，書中文詞還未來得及修改潤色便唐突地呈獻於世，望諸君見諒！本篇有虛有實，虛寫文房四寶古文化建築乃至戲劇人生，實寫澳門打拼浮沉的閩南客。至於未完成的下半部份，望將來有機會得以完成！

　　圓學罕有地試圖將科哲心易幾學混於一“圓”爐，探討維度人生風水玄學甚至靈魂上帝之有無，試著潛入思想的深淵，看看玄溟處冒著的幾點光泡底下是否有點點針孔鎖著關於過去將來的無邊熾烈星空！等待我們的是九霄極樂抑或一切皆空？

　　阿茂與阿壽則是以搞笑幽默的風格向中華傳統文化和八九十年代香港電影黃金年代致敬，雖然看似有點不倫不類，卻真摯地表達了自己對童年時光無限緬懷之心情！愚公似的用筆耙地，想把那個逝去的時光耙出來……

預言

　　本人於 2018 年 10 月 10 日向出版社交稿，本書亦預計於 2018 年 12 月左右出版。在此抱趣味心態，特作幾項預言，付刊為證！

1. 美國總統川普將不會在 2020 年連任，如果他強行參選，甚至官司纏身，後果可悲！

2. 2018 年的中美貿易戰將於 2019 年 6-8 月左右偃旗息鼓，不了了之，至少形同虛設！當然結果肯定是美國佔了便宜！而且中國大陸必須要挺過現在至 2019 年 8 月的陣痛期！

3. 2019 年美國國運輝煌，坐享其成！經濟等各方面甚至比 2018 年更好！至於我國，只能靠自己刻苦努力！習近平主席提到的自力更生正恰如其份！

4. 本人建議印度 2019 年總理候選人 Rahul Gandhi(生於 1970 年，開國總理尼赫魯的四世孫) 人生永遠不要參加總理大選，否則下場可悲！

5. 曾身陷囹圄一無所有的一代拳王 Tyson 晚景風光，甚至在娛樂圈大放光彩！

金書圓學

作　　　者 ： 河洛子
編　　　輯 ： Annie
封 面 設 計 ： Steve
排　　　版 ： Leona
出　　　版 ： 博學出版社
地　　　址 ： 香港香港中環德輔道中 107-111 號
　　　　　　余崇本行 12 樓 1203 室
出 版 直 線 ： (852) 8114 3294
電　　　話 ： (852) 8114 3292
傳　　　真 ： (852) 3012 1586
網　　　址 ： www.globalcpc.com
電　　　郵 ： info@globalcpc.com
網 上 書 店 ： http://www.hkonline2000.com
發　　　行 ： 聯合書刊物流有限公司
印　　　刷 ： 博學國際
國 際 書 號 ： 978-988-78017-8-8
出 版 日 期 ： 2018 年 12 月
定　　　價 ： 港幣 $388

Published and Printed in Hong Kong

如有釘裝錯漏問題，請與出版社聯絡更換。

定價：港幣 $388 元

ISBN: 978-988-78017-8-8

9 789887 801788